本书为国家社科基金西部项目（17XFX020）的研究成果
本书获西北民族大学"中央高校基本科研业务费专项资金项目"资助
（Supported by the Fundamental Research Funds for the Central Universities）
（31920230074）

王天雁 著

生态文明视域下牧区草地承包经营法律制度研究

中国社会科学出版社

图书在版编目（CIP）数据

生态文明视域下牧区草地承包经营法律制度研究/王天雁著 .—北京：中国社会科学出版社，2023.9
ISBN 978 - 7 - 5227 - 2647 - 2

Ⅰ.①生… Ⅱ.①王… Ⅲ.①草地—承包经营—土地管理法—研究—中国 Ⅳ.①D922.364

中国国家版本馆 CIP 数据核字（2023）第 191013 号

出 版 人	赵剑英
责任编辑	党旺旺　马婷婷
责任校对	闫　萃
责任印制	王　超

出　　版	中国社会斜学出版社
社　　址	北京鼓楼西大街甲 158 号
邮　　编	100720
网　　址	http://www.csspw.cn
发 行 部	010 - 84083685
门 市 部	010 - 84029450
经　　销	新华书店及其他书店
印刷装订	三河市华骏印务包装有限公司
版　　次	2023 年 9 月第 1 版
印　　次	2023 年 9 月第 1 次印刷

开　　本	710×1000　1/16
印　　张	23.75
插　　页	2
字　　数	308 千字
定　　价	128.00 元

凡购买中国社会科学出版社图书，如有质量问题请与本社营销中心联系调换
电话：010 - 84083683
版权所有　侵权必究

序　言

陈小君[①]

生态文明，是人类自工业文明之后的新阶段，是人类遵循人与自然和谐发展的客观规律获取的物质与精神成果之和，反映了人类文明发展的历史趋势。在生态文明建设引领下，着眼于纾解我国牧区草地生态维系和牧民生计之间的矛盾是一项历史过往复杂、长期而艰巨的系统工程，不仅需要完备的法治加以保障和系统治理，而且需要科技、金融、财税等法政策的一体协同配合。

本书依托国家社科基金项目，以社会主义生态文明观为基本遵循，以现代草地生态和法治思维为理论依据，针对牧区草地承包经营行为进行研究，发现草地承包经营制度推行后，草原生态反而持续恶化，草地利用细碎化和放牧空间压缩，进而导致牧民被迫过度放牧。尤其在干旱半干旱草原等非平衡生态系统中，由于草地植被分布的异质性和气候的变异性，现行的草地财产权利模式和草地管理方式显得水土不服。对此，本书通过大量的实证考察，针对性提出引入"草地共治"模式以试图改变草原生态现状，借以完善我国的草地利用和管理制度，

---

① 中国法学会民法学研究会副会长，广东外语外贸大学"云山（法学）工作室"首席专家，民商法教授，博士生导师，土地法制研究院名誉院长。

提出并论证大力推行划区轮牧和草地经营方式多元化，实现草地适度规模经营；建立健全牧区集体经济组织法人组织形式，保障牧区草地承包经营制度有效落实和适度规模经营的实现；按照社会主义生态法治观的要求，完善《民法典》《农村土地承包法》和《草原法》相关规定的系列观点，包括相关立法的设计。这些观点均颇有建树。其研究观点对于解困上述生态文明与牧区草地承包经营问题的冲突，践行以人为本、尊重自然、顺应自然、保护自然的观念，丰富中国不同区域内的土地承包经营理论与实践，完善相关立法，用法律制度推进人与自然和谐共生，具有重要价值。

囿于研究主题和实证材料，本书研究在广度上尚无法兼顾其他配套制度和政策完善，仍有持续深入探索的空间。对于国外草地治理的制度经验，亦欠缺实地考察。本书中涉及的"草地共治"模式，虽然已在部分牧区得到推广和应用，但是深入的追寻评估和经验总结还在路上，具体规则的设计仍有待实践检验并需不断完善丰富。

期待天雁博士立足于未来，坚持不懈地躬身田野草场的制度实践，不断汲取来自一线的养分滋养法治理论。同时，与本书研究内容相关联的配套制度和政策走向（例如新型草地经营主体制度和集体统一经营法律制度）、对国外实际操作经验的总结（例如最有效的管理模式在法律上如何体现）、对实践中新型草地经营组织形式（例如股份合作社和新型专业合作社等更广泛意义的"草地共治"模式），等等，均需要投入更多的学术热情结合更强烈的专业志趣与社会责任，充分照临可能被遗忘的草原人与自然同向聚合的生态文明建设。通过法治研究，构建草原生态保护和牧区经济协调发展的制度框架。

目　录

导　论 ··· 1
　一　研究背景 ··· 1
　二　问题的提出 ··· 3
　三　文献综述 ··· 4
　四　研究目标和意义 ······································ 16
　五　研究思路和方法 ······································ 17

第一章　牧区草地承包经营制度的历史演变 ··············· 20
　第一节　牧区草地基本经营制度的形成和发展 ············ 20
　　一　牧区民主改革时期 ································· 21
　　二　牧区社会主义改造时期 ····························· 27
　　三　牧区人民公社化时期 ······························· 29
　　四　改革开放后牧区草地承包经营制度的形成和发展 ···· 31
　第二节　牧区草地经营方式的历史变迁 ···················· 42
　　一　承包制实施前的草地经营方式：定居游牧 ·········· 42
　　二　承包制实施后的草地经营方式：定居定牧 ·········· 47
　第三节　反思：草地退化与草地承包经营制度的相关性 ···· 53

一　草地退化的历史演进 ························· 53
　　二　草地退化的原因分析 ························· 58
　　三　草地承包制与草地退化的相关性 ··············· 69

第二章　草地承包经营法律制度的规范分析：从政策到法律 ······ 76
　第一节　草地承包经营法律体系梳理 ················· 76
　　一　宪法和法律 ································· 77
　　二　司法解释 ··································· 80
　　三　行政法规和国务院规范性文件 ················· 80
　　四　部门规章和部门规范性文件 ··················· 82
　　五　地方性法规、单行条例和地方政府行政规章、行政
　　　　规范性文件 ································· 83
　第二节　草地承包经营具体法律制度的规范考察 ······· 84
　　一　草地财产权体系解读 ························· 85
　　二　草地承包经营权的取得和消灭 ················· 90
　　三　草地经营权设立和流转规则解读 ··············· 97
　　四　与生态保护相关的草原利用管理政策和法律制度 ··· 105
　第三节　草地承包经营法律制度评析 ················· 124
　　一　草地承包经营法律体系评析 ··················· 125
　　二　草地承包经营之财产法律制度评析 ············· 131
　　三　与生态保护相关的草地利用管理法律制度评析 ··· 136

第三章　草地承包经营法律制度的社会实证分析 ··········· 143
　第一节　调查基本情况 ····························· 143
　　一　调查地点和调查对象 ························· 143
　　二　调查过程和样本状况 ························· 144

第二节　调查资料分析 …… 146
一　草地承包经营权的取得方式 …… 146
二　草地退化与草地承包方式的认知 …… 153
三　草地经营方式与草地生态保护的认知 …… 156
四　草地经营权的流转状况 …… 160
五　草地生态保护与牧民生计保障 …… 165
六　草地家庭承包经营制度改革的认知 …… 183

第三节　调查结论及问题分析 …… 185
一　草地家庭承包经营法律制度实施中的问题 …… 186
二　草地生态保护与牧民生计保障之间的矛盾 …… 191

第四章　草地承包经营法律制度改革的理论基础 …… 195
第一节　生态文明的基本理论 …… 195
一　生态文明的概念和特征 …… 195
二　生态文明的本质和结构 …… 199
三　社会主义生态文明观的核心要义 …… 206

第二节　现代草地管理理论与草地利用管理法律制度再检讨 …… 211
一　现代草地管理理论：平衡论和非平衡论及其演变 …… 212
二　现行草地承包经营和管理制度的内在逻辑分析 …… 219
三　生态文明视角下草地利用管理法律制度再检讨 …… 223

第五章　草地承包经营法律制度改革的具体路径 …… 228
第一节　草地管理模式更新：生态学的视角 …… 228
一　草地管理的国外经验及启示 …… 229
二　草地管理的共治模式及构建 …… 236

第二节　草地承包方式和经营方式的完善 …………………… 242
　　一　草地承包方式完善：多元自治模式 ………………… 242
　　二　草地经营方式改革：放牧的时空维度 ……………… 245
第三节　牧区集体经济组织法人组织形式重塑 ………………… 254
　　一　牧区集体经济组织法人的典型类型：试点经验 …… 255
　　二　重塑牧区集体经济组织法人组织形式的考量因素 …… 258
　　三　牧区集体经济组织法人组织形式的选择 …………… 264

第六章　生态保护与草地承包经营法律制度的完善 …………… 270
第一节　草地承包经营法律制度的完善 ………………………… 270
　　一　草地承包经营法律体系的完善 ……………………… 270
　　二　草地承包经营具体制度的完善 ……………………… 276
第二节　草地生态保护法律制度的完善 ………………………… 289
　　一　划区轮牧制度的构建 ………………………………… 290
　　二　草畜平衡管理和禁牧休牧制度的完善 ……………… 295
　　三　草地生态补偿政策的立法构建 ……………………… 303

结　语 ……………………………………………………………… 309
附录一　条文建议稿 ……………………………………………… 314
附录二　调查问卷 ………………………………………………… 324
附录三　访谈提纲 ………………………………………………… 334
附录四　分省调研数据汇总 ……………………………………… 337
参考文献 …………………………………………………………… 355

导 论

一 研究背景

统计数据显示，在我国1.2亿少数民族人口中，70%以上集中生活在草原，但六大牧区省份农牧民人均收入只有全国农民人均收入的84%，全国268个牧业及半牧业县中，国家扶贫开发重点县占57%，涉及牧民约5000万人。① 家庭承包经营制度是为解决改革开放初期草地利用中的"牲畜承包，草场共有"导致"草原无主、放牧无界、使用无偿、建设无责"的"公地悲剧"问题而在牧区被逐步推进的。但是，伴随着20世纪90年代末北方草原频繁发生的沙尘暴，其背后的草地退化和过度放牧问题逐渐引起社会公众和政府部门的广泛关注和高度重视。20世纪初，国务院正式出台《关于加强草原保护与建设的若干意见》（国发〔2002〕19号），通过建立基本草地保护制度、实行草畜平衡制度、推行划区轮牧、休牧和禁牧制度以及退耕还草等制度措施强化草原生态保护。在此过程中，草原生态保护制度，特别是草畜平衡、禁牧休牧等政策措施的实施，使牧民的草地承包经

---

① 参见刘加文《大力开展草原生态修复》，《草地学报》2018年第5期。

营权益受到极大限制，来自牧业的经济收益下降，由此导致草原生态保护与牧民生计保障之间的矛盾和冲突日益凸显。这是本书研究的历史和社会背景。

本书的研究亦是基于以下重大政策背景：首先，生态文明建设已经被确定成为我国经济和社会发展中具有优先地位的重大战略部署。生态文明是人类遵循自然生态规律和社会经济发展规律，实现人类社会与自然生态有机融合、和谐发展的一种文化伦理形态。草地作为我国面积最大的陆地生态系统，不仅是北方重要的生态安全屏障，也是畜牧业主要的生产资料来源，对于促进牧区经济发展和保障牧民生产生活意义重大。国务院《关于促进牧区又好又快发展的若干意见》（国发〔2011〕17号）专门针对牧区经济社会发展和生态保护作出重要部署。2015年中共中央、国务院印发《关于加快推进生态文明建设的意见》和《生态文明体制改革总体方案》，就生态文明建设作出全面专题部署，并且明确牧区草原生态保护的重要地位。草地或草原[①]作为自然生态系统的有机组成部分，不仅是重要的自然资源和土地类型，而且在保障生态安全、维护国家食物安全、维护社会和谐稳定方面发挥着其他自然资源所无法替代的作用。这是本书研究的重大政策背景。

其次，牧区土地制度改革与牧区生态保护同步进行，牧民生计保障问题突出。草地承包经营制度作为我国农村土地承包经营制度的

---

① 植物地理学和地植物学家通常把"草原"看作一种特殊的自然地理景观，是在干旱的气候条件下产生的，是陆地植被的一种植被型，其含义是"以多年生微温旱生草本植物为主组成的植物群落"，如温带草原、热带草原、草甸草原、荒漠草原等。草地则是草原的泛称或统称，指地表覆盖草原、草甸等植被的土地，是土地资源的一种利用类型。草场是指用于畜牧的草原、草甸等统称，是生物资源的一种类型，是发展畜牧业的重要物质基础。在法律上，《民法典》和《农村土地承包法》都称草地，而《草原法》则称草原，在一些政策性文件中也称草场，本书从土地资源利用的角度探讨该种类型的土地利用问题，不再严格区分草原、草地和草场。

重要组成部分，其不仅涉及牧民财产权益保障和牧民生计问题，而且涉及牧区经济和社会的可持续发展。2016年，中共中央、国务院印发《关于完善产权保护制度依法保护产权的意见》，提出深化农村土地制度改革的方针政策，为保障农牧民财产权益提供了坚实的政策支撑。党的十九大报告则提出承包地"三权分置"改革，保持土地承包关系稳定并长久不变，第二轮土地承包到期后再延长三十年等重要制度安排。2018年年底《农村土地承包法》修改，将上述农村土地制度改革的重要成果转化为法律。这些政策和法律的出台奠定了我国农村（包括牧区）土地制度改革的基本框架和未来方向。在生态效益优先的政策背景下，如何保障牧民草地承包经营权益不受损，有效增加牧民财产性收入，成为我国牧区土地制度改革过程中需要面对的重大课题。

二 问题的提出

"集体所有，按户承包"曾被认为是提高中国农村土地利用效率、增加农户经济收益的符合中国国情的有效制度安排，但是这种来源于农耕地区且被证明行之有效的制度安排在牧区推行过程中却面临着"水土不服"，甚至失效的危机。在草地承包经营制度推行后，牲畜的私有化和草地的家庭承包经营打破了传统的游牧轮牧的草原利用方式，虽然短期内提高了牧民的经济收益，但是由于草地利用的细碎化和放牧空间的压缩，普遍的超载过牧成为牧民的必然选择，由此导致草原生态持续恶化。为解决草原生态退化问题，国家被迫采取禁牧休牧、草畜平衡管理、生态移民等政策措施，以期扭转草原生态退化的趋势。但是，由于监管成本过高，移民代价高昂并且影响牧民收入，在上述政策措施实施过程中，仍然面临诸多障碍，巩固草原生态保护成果的压力较大。在当前日益严格的生态保护约束条件下，如何加快牧区经济发展，保障牧民草地承包经营权益不受损，提高广大牧民生活水平，更好地处理草原生态、牧业生产和生活的关系，走上生态保护与牧民生产生活协调发展之路，是党和政府制定政策、做出决策时需要考虑的重大现实问题。本书以生态文明理论为基础，通过检视现行草地承包经营和草原生态保护法律制度的实施效果，试图寻求一种可持续发展的草地利用方式，对目前生态保护和草地承包经营中存在的利益冲突提出解决的路径和方案，并进行具体的制度设计。

三 文献综述

目前草地承包经营，特别是家庭承包经营制度，是为解决草地制度改革初期"牲畜承包，草地共有"导致的"草原无主、放牧无界、使用无偿、建设无责"的"公地悲剧"问题而在牧区逐步推进的。但在此过程中，伴随着草原生态的加速恶化，草地家庭承包经营与草原生态退化之间的相关性逐渐成为学者争议的焦点问题，亦成为探索草地承包经营法律制度改革的逻辑起点。

（一）国外研究现状

在如何有效地管理包括草地在内的共享性自然资源，避免其被过度利用方面，国外法律制度比较完善，特别是政治经济学和社会学方面的研究成果，相对成熟。对于草原利用中出现的生态退化问题，国外经济学者劳埃德、哈丁、奥斯特罗姆和艾奇逊等将其解释为"公地悲剧"或者说"无管理的公地悲剧"，[①] 并提出多种解决模式，一是采取私人利用模式（如草原），二是对无法明确产权的资源，

---

① Lloyd, W. F., "Two Lectures on the Checks to Population", *Population and Development Review*, Vol. 6, No. 3, Sep., 1980. Hardin, G. "The Tragedy of the Commons", *Science*, Vol. 162, No. 3859, 1968.

政府直接管制;三是社区自治模式;① 四是建立符合当地实情的管理模式和管理措施。② 西方政治经济学界的这些理论成果无疑为草原等共享性资源的管理和立法提供了重要的理论支持,成为草地资源立法的重要制度性资源。例如美国的《泰勒放牧法案》(1934)《公共草原改良法》(1978)、《草地革新法》(1995),加拿大的《环境评价法》(1995)以及澳大利亚的《草原管理条例》(1936)、《牧场管理的国家原则和指导方针》(1999)等,都是对上述不同草地管理模式的实践。其总体思路是草地资源的利用管理应区别于耕地的普遍私有化方案,针对国情和当地实际情况设计多元化的产权模式,采用私有化、国家管制或者公共治理等不同草地管理模式进行有效利用和管理。

(二) 国内研究现状

毫无疑问,草地承包经营制度,特别是家庭承包经营制度在牧区的推行,是数千年草原游牧生产方式的重大变革,对牧区经济和社会的影响是深远的。特别是近年来不断袭击华北的沙尘暴及其背后的草地沙化等问题引起公众的广泛关注,政府开始斥巨资治理草原生态,草原承包经营制度和草原生态之间相关性即成为众多学者关注的焦点,引起学者对草地家庭承包经营制度的反思和改革。

1. 草地家庭承包经营制度的困境

继我国家庭联产承包责任制改革在农区取得成功经验后,牧区也相继推行草地家庭承包经营制度。学者研究表明,从改革的结果来看,牧区畜牧业得到较快发展,牧民收入稳步增长,草原建设持续投入,

---

① [美] 埃莉诺·奥斯特罗姆等:《公共事物的治理之道:集体行动制度的演进》,上海译文出版社2000年版,第32—44页。

② Acheson, J. M. "Institutional Failure in Resource Management", *Annual Review of Anthropology*, 35 (1), 2006.

经济效成绩显著。① 但是，从草原生态发展来看，自20世纪80年代以来，牧区草原生态环境急剧恶化，《2000年中国环境状况公报》显示，至20世纪末，全国90%的草地存在不同程度地退化。② 《国务院办公厅关于加强草原保护修复的若干意见》（国办发〔2021〕7号）指出，虽然我国草原生态持续恶化的状况得到初步遏制，部分地区草原生态明显恢复，但当前我国草原生态系统整体仍较脆弱，草原生态形势依然严峻。学者研究认为，普遍认为实施草原承包制度取得长足"发展"的近20年，恰好是草原退化和荒漠化空前加剧的时期。③ 草地承包经营和"双权一制"的草地私人利用模式并没有如政策预期般解决草地利用的"公地悲剧"，反而破坏了草原牧区的地方规范，加剧了草原利用的冲突。④ 对于草地承包经营制度实施后出现的草地退化问题，诸多学者就此进行原因分析，主要有以下三种观点。

第一，草地家庭承包制落实不彻底，草地家庭承包经营权排他性缺失。有学者认为草地的不完全承包和土地承包制度的不确定未来是内蒙古草原生态迅速退化的主要原因之一。⑤ 有学者认为草牧场使用权承包到户仅仅是明晰草牧场使用权主体的初级形式，其与长期、稳定、有效的草牧场产权制度还有相当的差距，不能等同而言。⑥ 亦有学者认为草原的特殊性决定了在草原地区简单模仿农区，仅仅在名义上将草

---

① 参见乔松等《牲畜归户、草场承包是草原畜牧业经营管理的新形式——牧区调查报告》，《理论研究》1984年第16期。
② 参见国家环境保护总局《2000年中国环境状况公报》，《环境保护》2001年第7期。
③ 参见达林太、娜仁高娃《对内蒙古草原畜牧业过牧理论和制度的反思》，《北方经济》2010年第11期。
④ 参见王晓毅《从承包到"再集中"——中国北方草原环境保护政策分析》，《中国农村观察》2009年第3期。
⑤ Longworth, J. W. "Wool Industry in China: some Chinese Perspectives", *The China Journal*, Volume 28, 1990.
⑥ 参见敖仁其《草原放牧制度的传承与创新》，《内蒙古财经学院学报》2003年第3期。

原承包到户并不能保证承包者对承包草地的收益权,①"公地的悲剧"问题恶化和相应的草原退化并不是因为实行家庭承包制,恰恰相反,是因为实行家庭承包制的不彻底。② 上述观点得出的结论是,草地退化和草地承包经营制度之间没有直接的因果关系,草地承包经营制度落实得不彻底,没有采取有效的措施解决草地利用的排他性问题才是草地退化的最主要原因。

第二,草地家庭承包经营制度割裂游牧文化,忽视草地生产的特殊性。有学者研究认为草原是共享性公共资源,简单承包或者私有化不可能建立有效的产权,反而使牧民的行为失去有效监管和控制。③ 草原具有不同于耕地的独特生态功能,照搬农村普遍实行的集体所有制不一定完全行得通,④ 盲目地推行草地家庭承包经营是"三牧"(牧业、牧区、牧民)问题的源头。⑤

部分学者则以传统游牧方式为视角检讨草地家庭承包经营制度的缺陷。研究认为牧区经济和生态环境出现的问题多由于畜牧业内部的生产组织和生产经营方式对草地分割到户的产权方式不适宜,因为"草畜双承包"使牧民放弃了传统的游牧生产方式。⑥ 受农耕强势文化的影响,"定居""草原承包"不仅破坏草原生态系统(人—畜—草)的多样性和完整性,而且加速草原地区游牧文化的衰落,导致了一场

---

① 参见杨理《完善草地资源管理制度探析》,《内蒙古大学学报》(哲学社会科学版) 2008年第6期。
② 参见杨理《草原治理:如何进一步完善草原家庭承包制》,《中国农村经济》2007年第12期。
③ 参见杨理《基于市场经济的草权制度改革研究》,《农业经济问题》2011年第10期。
④ 参见敖登托娅、乌斯《内蒙古草原所有制和生态环境建设问题》,《内蒙古社会科学》(汉文版) 2004年第6期。
⑤ 参见徐斌《"三牧问题"的出路:私人承包与规模经营》,《江西农业大学学报》(社会科学版) 2009年第8期。
⑥ 参见达林太、娜仁高娃《对内蒙古草原畜牧业过牧理论和制度的反思》,《北方经济》2010年第11期。

特殊的"私地悲剧"。①牲畜的私有化和草地的承包经营形成的小规模、分散式的"小牧经济"模式，只重视草原的经济功能，完全改变传统游牧经济的运行模式，这是草原生态负荷加重的客观原因。②

由上述观点可知，草地所具有的不同于耕地的生态功能，使其在利用方式上不能完全采用耕地的分散和细碎化的经营方式，否则不仅损害草地生态的整体性，而且会加剧草地的过度利用风险。受上述研究启示，未来草地承包经营制度改革的方向应当是促进适度规模经营，而非简单的产权制度改革。

第三，以草地家庭承包经营制度为基础实施的草原生态治理措施缺乏实效。草地承包经营非但没有如政策预期般解决"公地悲剧"问题，反而加速了草地退化。国家实施的草地生态保护制度，例如基本草地保护制度、草畜平衡制度、划区轮牧、休牧、禁牧制度、围栏建设，生态保护补偿制度等，并没有产生预期效果。有研究表明，经过多年的实践，由于决策的简单化和决策过程的再集中，以限制牲畜数量为主要手段的草原生态保护方式不仅没有遏制草原生态环境恶化的趋势，反而直接加剧了牧民的贫困化。③

上述研究表明，草地家庭承包经营制度的缺陷实质上反映出解决草原"公地悲剧"的两种典型方案（私人利用和政府规制）的缺陷。因为设置草原承包经营权的本质上是试图通过草原利用的私人化来界定

---

① 参见敖仁其、达林太《草原牧区可持续发展问题研究》，《内蒙古财经学院学报》2005年第2期；恩和：《草原荒漠化的历史反思：发展的文化维度》，《内蒙古大学学报》（人文社会科学版）2003年第3期。

② 参见代琴《草原承包制度的困境及改革路径》，《社科纵横》2013年第2期；阿不满：《甘南牧区草原承包到户后的现状调查》，《草业科学》2012年第12期；恩和：《内蒙古牧区过度放牧发生原因及生态危机研究》，《内蒙古财经学院学报》2009年第1期。

③ 参见王晓毅《从承包到"再集中"：中国北方草原环境保护政策分析》，《中国农村观察》2009年第2期；海山：《内蒙古牧区贫困化问题及扶贫开发对策研究》，《中国畜牧杂志》2007年第10期。

草原使用权的边界，实现草原收益权的私人拥有。国家为保护草地生态环境采取的一系列限制草地承包经营权的方案，实质上是政府规制模式在草地管理领域的运用。这充分说明，照搬西方"公地悲剧"理论设计的草地管理政策并不能很好地解释和解决中国问题，而且对草地管理有很大的负面影响。① 解决中国草地生态退化和牧民生计问题，必须立足本地实际情况，因地制宜采取合理的产权模式和治理方案。

2. 草地家庭承包经营制度改革的基本思路

针对草地承包经营制度的缺陷，个别学者认为草地承包责任制无法取得如同农区的预期效果，应当回到"民族公有制"。② 但是，由于农地制度变迁的惯性力量和国家的强力推动，国家政策和主流观点仍然是坚持并且不断完善草地承包经营制度。主要观点如下。

第一，完善家庭承包经营制度，采取措施明晰草地财产权利。这应当是目前国家政策和主流学者的观点，也是西方国家解决"公地悲剧"经典模式。有学者认为草地退化的主因是牲畜超载过牧和气候变化，而不是草地承包即铁丝围栏草地建设本身，明晰产权将有利于草地资源的可持续利用。③ 有学者则认为，基于互惠原则的有弹性的集体产权、移动放牧和弹性管理能够适应干旱半干旱草地的空间异质性和非平衡生态系统的特点，在干旱半干旱草地应推行多元化的产权模式。④ 上述研究表明，与农地统一的家庭承包经营模式相比较，草地生

---

① Dunlop, Sarah &D. M. Williams, "Beyond Great Walls: Environment, Identity, and Development on the Chinese Grasslands of Inner Mongolia", *The China Journal* 52, 2004.

② 参见敖登托娅、乌斯《内蒙古草原所有制和生态环境建设问题》，《内蒙古社会科学》（汉文版）2004年第6期。

③ 参见王勇《"栏内青草栏外沙"——草场承包加剧了草原生态退化?》，《绿叶》2013年第8期。

④ 参见李文军、张倩《解读草原困境——对于干旱半干旱草原利用和管理若干问题的认识》，经济科学出版社2009年版，第270—271页。"异质性"是生态学领域的概念，是指生态学过程和格局在空间分布上的不均匀性及其复杂性，通俗地讲就是指生境内部的差异和变化。

态系统的复杂性可能需要更加多元化的产权模式，这为未来我国草地承包经营制度改革提供了可以参考的方案。

第二，在完成草地产权初始配置的基础上，改革草地利用方式。有研究通过多国的调查比较证明亚洲内陆的草地退化并不是由载畜量过大引起的，而是因为草原使用方式所致。① 有学者认为家庭承包制是分权的最优选择，以家庭为单位承包，但不应鼓励以家庭为单位来利用草地。② 当然，在明晰草原权利的过程中，必须防止"围栏的陷阱"，因为将草原以户为单位围栏分割的做法不符合草原畜牧业的经营规律。③ 同时，有研究认为，在家庭承包后应当实行多样化的合作放牧方式，例如合作经营或联户经营等，这是实现草牧场资源的合理利用和确保草原牧区可持续发展的最佳经营形式。④ 由此，在家庭承包制实施后，为保护草地生态环境，尽管草地承包经营权是确定的，但是不应当按照分户方式利用，应当尽可能采用适度规模经营方式利用草地。这是未来改革草地利用方式的基本思路。

第三，借鉴游牧文化的合理内涵，以生态文明观指导草原利用。有研究认为，上千年历史过程中综合作用而自发形成的游牧文化，实际上是一种广泛而良好的高度流动性的组织方式，并非落后的生产方式，在今天仍具有重要意义。⑤ 即使推行家庭承包制，也不一

---

① Humphrey C, Sneath D., *The End of Nomadism: Society, State and the Environment in Inner Asia*. Durham: Duke University Press, 1999, pp. 175 – 180.

② 参见杨理《草原治理：如何进一步完善草原家庭承包制》，《中国农村经济》2007年第12期；徐斌：《"三牧问题"的出路：私人承包与规模经营》，《江西农业大学学报》（社会科学版）2009年第8期。

③ 参见杨理《中国草原治理的困境：从"公地的悲剧"到"围栏的陷阱"》，《中国软科学》2010年第1期；阿不满：《甘南牧区草原承包到户后的现状调查》，《草业科学》2012年第12期。

④ 参见敖仁其、达林太《草原牧区可持续发展问题研究》，《内蒙古财经学院学报》2005年第2期；阿不满：《甘南牧区草原承包到户后的现状调查》，《草业科学》2012年第12期。

⑤ 参见达林太、娜仁高娃《对内蒙古草原畜牧业过牧理论和制度的反思》，《北方经济》2010年第11期。

定要放弃游牧。① 在草地承包经营实施后，如何借鉴传统游牧方式经验，实现草地的合理利用，仍需深入探讨，并从制度层面作出合理的设计。

第四，创新草原生态治理模式，采取措施激励牧民主动参与草原治理。有研究认为解决草原退化问题的措施不是鼓励围栏到户，而是充分发挥多样化的地方社区自主治理和村民集体行动的能力。② 亦有研究认为，对于共享性的草原资源，不能将草原简单承包或私有化，而应当建立可交易的牧户草原放牧权，并由社区协调各个牧户之间草原家庭承包中的问题。③

从上述研究来看，草地承包经营制度改革的基本思路本质上是在坚持草地承包"两权分离"、明晰权利界限的基础上，借鉴传统草原游牧生产方式，通过合作经营和自我管理扩大牲畜放牧空间，减轻草地的生态压力，从而实现经济效益和生态效益的平衡发展，这是符合社会主义生态文明观的草地利用方式，值得草原立法借鉴。

3. 草地家庭承包经营方式的改革

由于家庭承包经营会使草原经营规模过小，容易导致草地超载过牧，生态失调，必须改革目前以家庭为主分户承包和经营的草地利用方式。有研究认为解决草原牧区发展问题最终要走规模经营道路，针对不同草原类型分阶段推进草原适度规模经营。④ 主要有以下几种经营模式。

---

① 参见徐斌《"三牧问题"的出路：私人承包与规模经营》，《江西农业大学学报》（社会科学版）2009 年第 8 期。

② 参见王晓毅《互动中的社区管理——克什克腾旗皮房村民组民主协商草场管理的研究》，《开放时代》2009 年第 4 期；杨理：《中国草原治理的困境：从"公地的悲剧"到"围栏的陷阱"》，《中国软科学》2010 年第 1 期。

③ 参见杨理《基于市场经济的草权制度改革研究》，《农业经济问题》2011 年第 10 期。

④ 参见钱贵霞等《不同目标导向的草原畜牧业适度经营规模研究——基于内蒙古四种草原类型牧户数据》，《农业经济与管理》2019 年第 2 期。

第一，股份合作经营模式。早在草地承包经营推行的时候，就研究有提出以草地股份合作制（草地产权股份化和草地畜牧业经营合作化）解决草原畜牧业生产方式宜统不宜分的问题。① 之后，更多的研究基于草地家庭承包经营制度缺陷的反思，提出在家庭承包的基础上，通过经营权的股份化实现若干牧户的联合，采取股份合作等经营形式，优化重组生产要素，实施规模化经营，科学合理充分利用草地资源。② 有研究建议可以参考甘肃玛曲县部分牧村的草地股份制合作经营管理模式，即冬春草地股份制联户合作经营、夏秋草地股份制集体（自然村）统一经营管理的双重机制模式。③ 当然，对于股份制的具体实现方式，目前的研究还没有达成共识，其具体规则仍需从实践中不断总结经验，并且在政策和法律上加以规范。

第二，新型牧业合作经营模式。20世纪50年代的社会主义改造时期，牧业合作经营作为过渡形态的公有制经济实现形式，曾经是符合牧业生产规律的有效经营方式，但随着人民公社化和草地承包制的实行，这种经营方式逐渐成为历史。在草地家庭承包制实施后，较多学者赞成继续推进新型牧业合作社的建设，因为其有利于增强牧民抵御风险的能力，协调和整合牧区社会的生态保护、草原产权和社区契约等制度要素，帮助牧民持续增收，实现人与自然的和谐发展。④

---

① 参见曹晔《中国草地制度改革的实践与理论思考》，《民族经济与社会发展》1996年第5期。

② 参见敖仁其、邢丽萍《试论草地经营的股份化》，《内蒙古财经学院学报》1998年第1期。

③ 参见杨春雷《草地股份制合作经营模式探索——以甘肃玛曲县为例》，《草业科学》2011年第2期。

④ 参见胡敬萍《在希望的草原上——内蒙古自治区牧区的变迁与发展》，《中国民族》2007年第8期；孟慧君、富志宏：《牧区新型合作经济：类型·问题·成因·对策》，《内蒙古大学学报》（哲学社会科学版）2010年第5期；敖仁其：《牧区新型合作经济组织初探》，《内蒙古财经学院学报》2011年第2期。

第三，联户经营模式。目前草原承包过程中，仍然有接近20%的草地是以联户承包的方式落实的，可见联户承包或者联户经营具有适应牧业发展的合理性和科学性。① 曹建军等利用SWOT分析工具，对玛曲草地普遍存在的"单户承包，联户经营"模式进行了全面评价，认为草地联户经营具有生态高效、牧业生产和草畜平衡监督成本低下及社会资源丰富等优点，是解决目前所存在的草原经营制度问题的有效途径。② 亦有研究认为在农牧交错带分户承包经营不利于生产发展和资源保护，宜采取"草原承包到联户，联户生产经营"的方式。③

第四，多元化的经营形式模式。在草地家庭承包的基础上，采用何种方式解决草地规模化利用的问题，并没有统一方式，但总体的改革目标应当是草地经营中能够集中保证轮牧休牧能够顺利运行的草牧场面积。有学者认为在政府切实保障完成草原的产权初始配置，保证牧户独占自己承包草地的收益权的基础上，应鼓励牧户采取灵活多样的合作经营来共同治理草地。④ 草地家庭承包制度的改革实质上是草地经营主体制度的改革，其具体表现形式，可以是以"户"为单位，也可以是联户、股份、租赁、有偿转让等形式。⑤ 从目前发展的趋势看，股份合作牧场及私人牧场将成为畜牧业生产的主要形式。⑥

---

① 参见农业部草原监理中心《稳定完善承包经营制度促进草原可持续利用》，《农民日报》2014年12月30日第3版。
② 参见曹建军等《玛曲草地联户经营SWOT分析及其发展对策建议》，《草业科学》2009年第10期。
③ 参见张美艳、张立中《农牧交错带草原确权承包问题探析——以河北省丰宁县为例》，《农村经济》2016年第1期。
④ 参见杨理《草原治理：如何进一步完善草原家庭承包制》，《中国农村经济》2007年第12期。
⑤ 参见敖仁其《草牧场产权制度中存在的问题及其对策》，《北方经济》2006年第4期。
⑥ 参见敖仁其《草原放牧制度的传承与创新》，《内蒙古财经学院学报》2003年第3期。

4. 草地家庭承包经营法律制度的改革

由于草地家庭承包经营制度的缺陷和家庭承包经营实施中常出现各种问题，草地家庭承包经营法律制度的完善势在必行。这一立法完善需要从以下四个方面展开。

第一，草原立法理念和立法价值的改革。有研究认为目前的草原立法存在理念落后、价值欠缺、内容缺失（例如草原权属的立法规范不明确：所有权"虚置"，流转无序）协调性不足等问题，应当以科学发展观为指导思想，确立可持续发展的立法理念，坚持可持续发展的立法目的，规范草原所有权和草原承包经营权。①

第二，草地承包经营权的权能完善。有研究认为，由于立法规定草原发包方有村级集体经济组织、乡政府、县草原部门等，多主体发包导致在草地承包中存在任意发包、非牧户承包等问题。② 同时，《草原法》的规定过多限制甚至剥夺牧民的自主经营权，其结果势必使草原承包经营权失其本真。③ 上述问题都是未来草地承包经营相关立法修改时需要重点解决的。

第三，草地承包经营权流转规则的完善。有研究认为，在实践中，各地普遍存在不经法定程序流转草原的现象，也存在在草原流转合同签订、承包合同变更、解除和重新订立等环节疏于监督管理的问题。④ 同时，由于承包经营权处分权能的限制，草地经营权的流转方式比较有限，《草原法》规定的承包经营权的调整方式（少数服从多数加政府

---

① 参见刘晓莉《中国草原保护法律制度研究》，人民出版社 2015 年 10 月第 1 版，第 82—100 页。

② 参见农业部草原监理中心《稳定完善承包经营制度促进草原可持续利用》，《农民日报》2014 年 12 月 30 日第 3 版。

③ 参见代琴《草原承包制度的困境及改革路径》，《社科纵横》2013 年第 2 期；刘利珍：《草原承包经营权探析》，《广播电视大学学报》（哲学社会科学版）2015 年第 2 期。

④ 参见农业部草原监理中心《稳定完善承包经营制度促进草原可持续利用》，《农民日报》2014 年 12 月 30 日第 3 版。

批准）与现行农地调整政策明显不符。①

第四，草地承包经营制度中生态保护内容的完善。有研究认为，由于草地承包经营制度更多参照农地承包的经验，经济效益成为优先考虑的价值目标，这不仅表现在草原承包经营权行使过程中承包方生态保护义务的缺失，②还表现在草原承包经营权流转中进入和退出机制的缺失，草地经营者既没有有效的身份限制，也没有最低的准入条件。③在草原"三权分置"改革的背景下，亦有研究认为草原承包经营制度在生态功能与其他诸项功能间存在矛盾，为发挥保护草原生态的功能，应以优先保护生态环境、合理提高草原生产效益为目标，构造草地所有权、草地承包权和草地经营权的权能。④

综合国内外草地承包经营法律制度的研究成果，其突出特征和存在的问题主要有三个方面。

从研究的深度来看，相比经济学和社会学对草原承包经营制度实施效果的全面分析，法学界对草原承包经营制度的特殊问题缺少强有力的回应。分析其原因，主要是因为在土地制度改革中，耕地制度改革的经验被作为所有类型的土地（包括林地、草地）制度改革范式加以推广，主流学者的研究亦主要针对土地制度改革的这种范式进行，鲜有专门针对草地承包经营法律制度的研究成果。

从研究的视角看，针对草原家庭承包经营和生态退化之间相关性，法学研究缺少强有力的回应。草地生态保护的内容并没有全面融入草地承包经营制度研究的全过程，从生态文明角度研究草原承包经营法

---

① 参见刘晓莉《中国草原保护法律制度研究》，人民出版社2015年版，第192页。
② 参见陈徐奉《草原承包经营权与环境保护法律问题研究》，《西南民族大学学报》（人文社科版）2009年第3期。
③ 参见敖仁其《草原放牧制度的传承与创新》，《内蒙古财经学院学报》2003年第3期。
④ 参见代琴、杨红《草原承包经营制度功能间的矛盾与草原"三权分置"的法权构造》，《中国农村观察》2019年第1期。

律制度尚处于起步阶段。

从研究的系统性看,现有的针对草地承包经营法律制度的法学研究成果,多是片段式的针对草地承包经营中出现的问题进行零散的研究,尚未对经济学和社会学提出的草地承包经营制度的缺陷进行系统而深刻的回应。

四 研究目标和意义

(一) 研究目标

本书研究的目标是,以生态文明为视角,通过系统的社会调查考察草地承包经营法律制度的实施效果,借鉴国外立法成功经验和传统游牧文化的合理内涵,探索适合中国国情的可以有效化解草地家庭承包经营制度缺陷的制度安排,促进草原生态保护和牧区经济协调发展,依法保障牧民生计。

(二) 研究意义

牧区草原生态退化和牧民生计问题无疑是影响牧区经济和社会发展的重大问题,随着生态文明建设的全面推进和农地制度改革的深入开展,运用法治思维,从生态文明的角度来研究草地承包经营制度这项在牧区具有重要影响的基本经营制度,无疑具有重要的学术价值和应用价值。

1. 学术价值

首先,本书综合运用多学科知识,以生态文明观和现代草地管理理论为基础,尝试构建一个超越民法学知识领域的草地承包经营法律制度研究框架,有助于深化农地法律制度研究,丰富生态文明法治建设研究。其次,遵循从规范解读到制度建构的研究思路,交替运用实证研究和价值研究的方法,突破草地承包经营法律制度研究方法的局限性。最后，交叉融合不同学科知识，特别是草地管理的最新研究成果，解决农地法律问题，探索出草地承包经营制度的特殊规则。

2. 应用价值

首先，以生态文明理论为基础，构建符合牧区发展需要的草地利用制度，对于保护牧区生态环境，化解牧区社会治理矛盾具有重要的现实意义。其次，有助于化解承包经营和生态保护之间的矛盾，保障牧民财产权利，稳定牧民收入预期，维护牧区社会稳定。最后，有助于推动牧区土地制度改革，为《民法典》《农村土地承包法》和《草原法》的完善提供立法建议。

五 研究思路和方法

（一）基本思路

社会主义生态文明观是充分汲取人类优秀文明成果和中华优秀传统文化智慧的结晶，是我国生态文明建设的指导方针，也是本书研究的指导思想。本书遵循从规范解读到制度构建的研究范式，沿袭"提出问题—分析问题—解决问题"的研究思路。在规范解读层面，运用实证方法，从历史变迁、现行法律规范解读和实施状况等方面分析草原承包经营法律制度存在的问题及其成因，为草原承包经营法律制度的改革提供问题导向。在制度构建层面，首先从宏观层面明确改革的理论基础，即社会主义生态文明观和现代草地管理理论，然后在中观层面设计具体的实现路径，即草地管理模式的更新、草地承包方式和经营方式的改革以及草地所有权行使主体的重塑，最后从微观层面针对具体法律规范和实践中存在的问题提出立法建议。

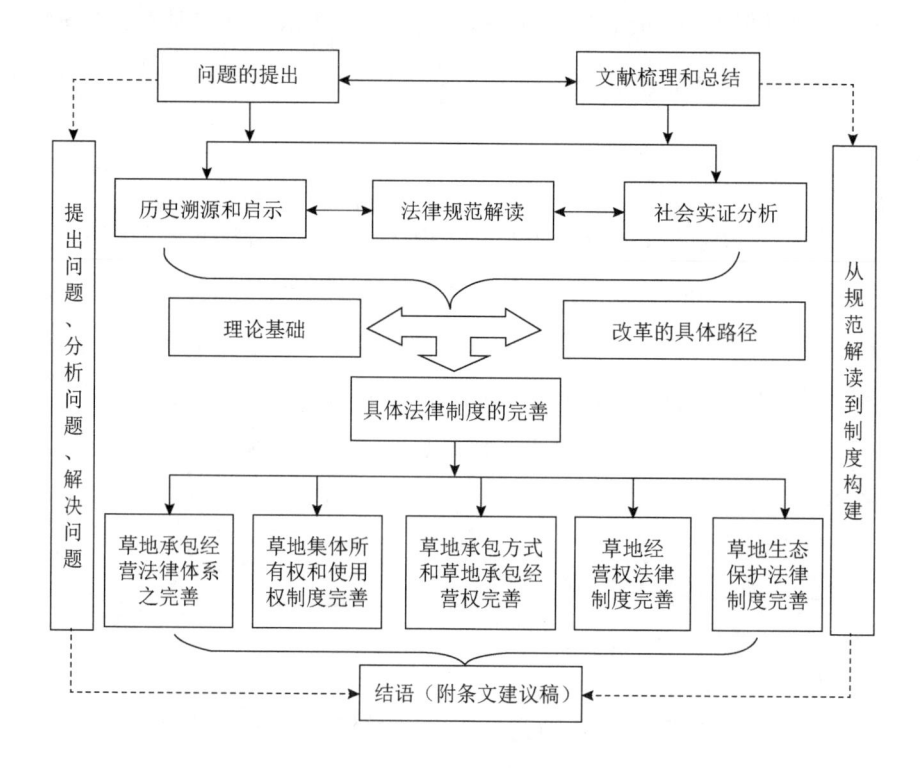

```
                    ┌──────────────┐      ┌──────────────┐
                    │  问题的提出  │◄────►│文献梳理和总结│
                    └──────┬───────┘      └──────┬───────┘
           ┌               │                     │                ┐
           │       ┌───────▼──────┐   ┌──────────▼─────┐          │
      提   │       │历史溯源和启示│◄─►│  法律规范解读  │◄─►社会实证分析   从
      出   │       └──────────────┘   └────────────────┘          │ 规
      问   │                                                      │ 范
      题   │       ┌──────────────┐       ┌────────────────┐      │ 解
      、   │       │  理论基础    │◄─────►│ 改革的具体路径 │      │ 读
      分   │       └──────────────┘       └────────────────┘      │ 到
      析   │                   │                                  │ 制
      问   │           ┌───────▼──────────┐                       │ 度
      题   │           │具体法律制度的完善│                       │ 构
      、   │           └─────────┬────────┘                       │ 建
      解   │      ┌────────┬─────┼─────┬────────┐                 │
      决   │      ▼        ▼     ▼     ▼        ▼                 │
      问   │  草地承包  草地集体  草地承包 草地经 草地生态           │
      题   │  经营法律  所有权和  方式和草 营权法 保护法律           │
           │  体系之完  使用权制  地承包经 律制度 制度完善           │
           │     善     度完善   营权完善  完善                      │
           │                    │                                  │
           └──────────────►结语（附条文建议稿）◄───────────────────┘
```

（二）研究方法

1. 历史分析方法

草地承包经营法律制度的历史分析将草地承包法律制度的形成视作动态发展变化的结果，全面考察其发展演变过程中所产生的各种法律表现形式，例如村规民约、政策、习惯和规范等，从而揭示草地承包法律制度形成的正当性和必然性。

2. 实证研究方法

综合运用历史实证、社会实证和法律实证的研究方法，考察草地承包经营法律制度的历史变迁以及现行法律规范意旨和实施效果，为草地承包经营制度改革提供坚实的实证资料。本书充分利用所在学校的便利条件，深入内蒙古、西藏、甘肃、青海、四川和新疆"六大牧区",采用分层抽样和随机抽样相结合的方法将六省区草原划分为21个典型样本区域,以自填问卷和结构访问等调查方法收集数据。

3. 价值分析方法

运用价值分析方法就是要科学评价草地承包经营法律制度改革的价值目标,做出符合我国国情的价值选择,为草地承包经营法律制度的改革揭示方向。

第一章

牧区草地承包经营制度的历史演变

考察牧区草地基本经营制度的发展演变可以发现，与农区的土地承包经营制度相比，牧区的草地经营制度虽然最终同归于"以家庭承包为基础的双层经营体制"，但是其具体的演变过程和侧重点各有不同。牧区草地基本经营制度大概经历了民主改革、社会主义改造、人民公社化和家庭承包经营四个发展阶段，先后形成"民族公有，放牧自由""民族公有，定居轮牧""全民/集体所有，使用权固定""全民/集体所有，家庭承包经营"等不同的形式。在草地承包制实施前，与农区土地改革和社会主义改造相比不仅草地所有制的改革进程和改革对象有所不同，而且草地经营方式的选择亦差异较大。在草地承包制实施后，虽然最终都以建立家庭承包为基础的双层经营体制为目标，但是草地承包制实施过程中遇到的草畜双承包、"两权一制"以及草地退化和生态保护等特殊问题，亦使其与农区土地承包经营面临的问题有所不同。

第一节 牧区草地基本经营制度的形成和发展

虽然牧区和农区土地基本经营制度最终都演变为以集体所有制和家庭承包经营为基础、统分结合的双层经营体制，但是牧区草地所有制和财产制度却遵循着与农区不同的演化路径,牧业经营方式亦明显不同于农区。同时,和农区基本经营制度改革相比,牧区改革进程相对缓慢,并且各大牧区,特别是西藏牧区,改革的时间节点并不完全同步。

一 牧区民主改革时期

在新中国成立之初,牧区大致存在四种经济形态:一是多数地区社会结构和汉族地区相同或基本相同,封建地主经济或封建领主制占据统治地位,例如新疆和内蒙古大部地区;二是部分地区仍然保留着封建农奴制度,例如分布在西藏、四川、青海、甘肃等地的藏族地区;三是少部分地区保留着奴隶制,例如分布在川滇交界的大小凉山的彝族地区;四是个别地区仍然处在原始公社制度的末期,例如内蒙古东部的鄂伦春、鄂温克地区。①与农业区相比较,这些地区经济和社会发展水平极不平衡,政治制度差异很大,例如内蒙古地区解放前仍存在着由世袭封建王公统治的盟旗制度,西藏地区存在着政教合一的僧侣贵族专政制度。为顺利推进这些少数民族地区和牧区的土地改革,党和政府采取慎重稳进的政策,稳步推进牧区草地所有制和基本经营制度的改革。

(一) 慎重稳进的牧区土地改革政策②

内蒙古地区解放前,由于清政府和民国政府长期以来推行的移民垦荒政策,日本侵略者和国内反动统治者的残酷压迫和掠夺,封建王公贵族领主、上层喇嘛和牧主的封建剥削以及长期战乱影响,牧区畜

---

① 参见国家民族事务委员会研究室编著《新中国民族工作十讲》,民族出版社2006年版,第48—49页。
② 1953年6月15日,中央人民政府民族事务委员会召开第三次(扩大)会议召开,并公开会议文件《关于内蒙古自治区及绥远、青海、新疆等地若干牧业区畜牧业生产的基本总结》,指出牧业区发展畜牧业要遵循"慎重稳进"的工作方针,"根据牧业区社会经济的特点,强调从当地牧业区的实际情况出发,与牧民的切身经验相结合,采取慎重稳进的工作方针,有步骤地进行工作,防止急躁冒进和强迫命令是完全必要的"。该文件成为后期新疆、青海、西藏等牧区进行民主改革的基本工作方针。

牧业生产日趋衰退和萎缩。① 为消灭封建剥削制度，稳定和恢复牧区经济发展，各少数民族解放区按照中共中央在1946年5月4日发布的《关于土地问题的指示》和1947年10月10日颁布的《中国土地法大纲》先后开展了以"废除封建性及半封建性剥削的土地制度，实行耕者有其田的土地制度"为内容的土地改革运动。但是与纯农业区实行的以"没收地主平均分配给农民"为内容的土地改革不同的是，牧区采取的是慎重稳进的土地改革政策，即"不斗不分，不划阶级""牧工牧主两利"的政策，② 究其原因，主要是因为牧区的两个特殊性。

一是牧区阶级关系的特殊性。在土地改革之前，牧区的剥削形式主要有僧侣贵族领主和寺庙的封建特权剥削、旅蒙商人靠不等价交换的剥削和牧主雇工、放"苏鲁克"③剥削。土地改革的首要任务应当是废除封建特权的剥削，而不是消灭牧主经济。作为首先进行牧区土地制度改革的地区，曾任内蒙古自治区主席的乌兰夫指出："牧业经济与农业经济有性质上的不同，牧主与地主也不相同，牧主经济虽有封建剥削，但也带有雇佣劳动的性质，在废除封建特权和封建剥削后，牧主的剥削基本是资本主义性质的，它可以成为新民主主义经济的一个组成部分。"④

---

① 例如内蒙古呼伦贝尔地区1906年有大牲畜和羊176.4万头，到1934年沦陷初期减少到99.9万头，下降43.4%；到1946年，仅剩下69.9万头，比1934年下降30.1%，比1906年下降60.4%。1936年抗日战争前夕，锡林郭勒盟有大牲畜和羊211.5万头，到1946年减少到110万头，比1936年减少48%。1919年，今内蒙古中东部地区有大牲畜和羊521万头，到1936年下降为447万头，减少14.14%，到1936年又降为360.5万头。蒙绥地区1936年有大牲畜和羊937.6万头，到1946年减少为751万头，下降20%。参见内蒙古自治区畜牧业厅修志编史委员会编《内蒙古畜牧业发展史》，内蒙古人民出版社2000年版，第57—58页。

② "不分、不斗、不划阶级"，即不分牧主的牲畜、不批斗牧主、不划阶级成分。"牧工、牧主两利"即放养牲畜的牧工和牧主之间签订合理的分成合同，双方获利。"牧工、牧主两利"政策主要靠改造旧"苏鲁克"制度为新"苏鲁克"制度，经过牧民与牧主协商，订立分成合同，或牧民和牧主代表会议协商，规定出统一的分成标准，实现牧民牧主两利。

③ "苏鲁克"是蒙古语音译，本意为"群"，引申为"畜群"，是1949年前蒙古族牧业区贫穷牧户租放牧主牲畜的称呼。牧民代养牧主的牲畜叫"养苏鲁克"，牧主以劳役形式或分配仔畜方式将畜群交给牧民放牧，称为"放苏鲁克"。

④ 乌兰夫革命史料编研室：《乌兰夫论牧区工作》，内蒙古人民出版社1990年版，第46页。

二是牧区畜牧业生产的特殊性。与农业经济不同，牧区畜牧业生产既依赖牲畜，亦需要一定面积的草地，但其主题始终围绕牧民放养的牲畜。牲畜既是生产资料，又是牧民赖以生存的生活资料。① 由于草原畜牧业具有更大的散漫性、不稳定性和脆弱性，需要保持稳定的畜群结构和规模，是不能像农区土地改革那样实行类似"耕者有其田"的"牧者有其畜"的政策的。② 否则，必然影响牧主的生产经营积极性和畜牧业的恢复发展。

（二）民主改革后草地所有制形态的变革

在牧区土地改革废除封建特权和奴隶制度后，牧区形成牧主经济和个体牧民经济两种带有私有制性质的经济制度，草地财产制度呈现多元化。③

清朝时期，内蒙古地区实行盟旗制度，虽然蒙古王公贵族和寺庙等不享有牧场所有权，但是基于封建特权享有的草地占有权和继承权却一直被延续下来。④ 1947年4月内蒙古自治政府成立后颁布《施政

---

① 参见乌日陶克套胡《内蒙古自治区牧区经济发展史研究》，人民出版社2018年版，第30—31页。

② 参见仁钦《内蒙古牧区工作成就启示研究（1947—1966）》，中国社会科学出版社2019年版，第24页。

③ 中央人民政府民族事务委员会第三次（扩大）会议文件《关于内蒙古自治区及绥远、青海、新疆等地若干牧业区畜牧业生产的基本总结》，1953年6月15日。参见乌兰夫革命史料编研室《乌兰夫论牧区工作》，内蒙古人民出版社1990年版，第289页。

④ 清朝时期，《大清会典》规定："任何蒙古王公都不得随意买卖和处置旗内的土地，放垦或向外租佃土地，要获得清廷的批准，否则将予以处罚。"这实质上确立旗之土地（游牧草原）的公有性质。但是，由于大量草原被封建主垦荒，这些公共草场转化为农田而成为其私有领地。参见邢莉、邢旗《内蒙古区域游牧文化的变迁》，中国社会科学出版社2013年版，第282—283页。民国以后，仍循清朝旧制，在政治上笼络蒙古王公上层，维护封建特权制度。1912年8月19日，民国政府颁布《蒙古待遇条例》，允诺蒙古王公原有之管辖治理权，世袭爵位号，呼图克图喇嘛等封号概仍其旧，并从优支给蒙古王公世袭俸饷等，以坚其内向。致使这种封建等级制度和封建特权制度长期延续。其后，国民政府在设置统治蒙古族的中央、地方机构的同时，仍然沿袭清代和北洋军阀时期的治蒙政策，"尊重王公，崇信活佛"，虽然把王公贵族的世袭制度改为地方长官任命制，但被"举荐"任命的盟长、扎萨克（相当旗长）无一不是王公贵族子弟。参见内蒙古自治区畜牧业厅修志编史委员会《内蒙古畜牧业发展史》，内蒙古人民出版社2000年版，第74页。

纲领》中明确提出:"保护蒙古民族土地总有权之完整。保护牧场,保护自治区域内其他民族之土地现有权利。"①后来,在1948年8月内蒙古干部会议上,东北局书记高岗讲话进一步明确内蒙古牧区土地财产制度的基本政策为:承认内蒙古境内的土地与牧场,为内蒙古民族所有,废除内蒙古封建的土地所有制与牧场所有制;牧畜区实行保护牧群,保护牧场,放牧自由。②上述规定形成内蒙古自治区草地财产基本制度,即草原为内蒙古民族公有,牲畜为牧主和牧民私有,牧主和牧民有自由使用公共牧场的权利。

在西藏自治区和平解放前,地方封建政权和中央政府拥有全部草地实际控制权和最终处置权,西藏地方政府(官家)、贵族、寺院三大领主垄断全部草地的占有权,牧民则以乌拉差役(即贡赋和劳役)为条件、以部落为单位共同使用草地,牲畜由牧户私有私养。③ 和平解放后的八年时间,基于执行《中央人民政府和西藏地方政府关于和平解放西藏办法的协议》的需要,西藏实行民族区域自治,上述封建所有制经济仍然得以保留。④ 在1959年西藏平叛后,牧区开始逐步实施民

---

① 中共中央统战部编:《民族问题文献汇编1921.7—1949.9》,中共中央党校出版社1991年版,第1112页。

② 参见中共中央统战部编《民族问题文献汇编1921.7—1949.9》,中共中央党校出版社1991年版,第1147—1148页。

③ 参见范远红《西藏草场产权制度变迁研究》,重庆四川大学出版社2009年版,第52页。三大领主通过部落控制和管理他们的领地和属民。牧民要以乌拉差役(即贡赋和劳役)为条件获得草场使用权,但他们不像农奴领取份地那样一家一户分划草场,而是以整个部落集体的名义支差,集体使用草场,这样牧民就必须固定在一个部落里,不能随意离去,从而构成领主部分占有牧民人身的一种形式。参见姚兆麟《论民主改革前藏族牧区的牧主式经营》,《中国藏学》1990年第4期。

④ 1951年,西藏和平解放,根据中央人民政府和西藏地方政府于1951年5月23日签订的《中央人民政府和西藏地方政府关于和平解放西藏办法的协议》(简称《十七条协议》),其中内容涉及"对于西藏现行制度,中央不予变更"。这就意味着,从和平解放到1959年春民主改革的近8年时间里,西藏的社会制度仍维持着"政教合一"的僧侣贵族专政的封建农奴制度,官家、贵族、寺院三大领主及其代理人(占总人口不到5%的农牧主阶级)占有西藏大部分草场和大部分牲畜等生产资料。参见范远红《西藏草场产权制度变迁研究》,四川大学出版社2009年版,第52—54页;参见中共内蒙古自治区委员会党史研究室编《中国共产党与少数民族地区的民主改革和社会主义改造》(上册),中共党史出版社2001年版,第324—328页。

主改革。根据《中共西藏工委关于当前牧区工作的指示》和《西藏地区土地制度改革的实施办法》的规定，与农业区进行土地分配、实行农民的土地所有制不同，党在牧区的方针政策为废除三大领主霸占草、牧场的一切封建特权，不改变生产资料所有制，不分配牲畜。① 之后，在1961年第二次牧区工作会议颁发《关于牧区当前若干具体政策的规定（草案）》提出："稳定牧民个体所有制和牧主所有制，至少五年不办牧业合作社。"② "草场公有，放牧自由"，牲畜由牧主和牧民所有成为该时期西藏草地财产制度和经济制度的基本形态。③

在甘青牧区，基于采用和平方法解决西藏解放和社会改革问题的考虑，在藏族聚居区暂不进行土地改革，牧区草地所有制仍然保持解放前的状态。④ 当时草地的占有主要有三种形式：一是名义上"部落公有"，但是实际上由部落头人和牧主直接控制牧场的分配权；⑤ 二是一部分寺院上层喇嘛占有相当大面积的牧场；三是个别地区出现的牧主私有一块牧场的情况。⑥ 在牧业经营方面，牧主和牧户贫富差距明显，部落头人和牧主是部落内最大的牧业经营者，控制草地的分配和使用，直接拥有大量的牲畜，通过雇用大量牧工从事牧业生产；大多数牧户只拥有少量的牲畜，甚至不足以维持其基本生活。⑦

在新疆维吾尔自治区，解放后的牧区土地改革政策同其他牧区基

---

① 参见中共内蒙古自治区委员会党史研究室编《中国共产党与少数民族地区的民主改革和社会主义改造》（上册），中共党史出版社2001年版，第324—327页。
② 范远红：《西藏草场产权制度变迁研究》，四川大学出版社2009年版，第54页。
③ 参见范远红《西藏草场产权制度变迁研究》，四川大学出版社2009年版，第54页。
④ 参见中共内蒙古自治区委员会党史研究室编《中国共产党与少数民族地区的民主改革和社会主义改造》（下册），中共党史出版社2001年版，第800页。
⑤ 参见之明《论青海藏族牧区封建制度的基础与特点——民主改革前青海藏族牧区社会性质探讨之二》，《中国民族》1963年第1期。
⑥ 青海少数民族社会历史调查组：《民主改革前青海藏族牧区社会性质的几个问题》，《民族研究》1960年第2期。
⑦ 姚兆麟：《论民主改革前藏族牧区的牧主式经营》，《中国藏学》1990年第4期。

本相同，基本方针是在牧区和半农半牧区不进行土改，不没收和分配牧主的畜群；对清真寺、麻扎、宗教学校和喇嘛庙的土地、财产加以保护，属于公共所有的各种"瓦哈甫"①地不予改变。② 在牧业经营中，牧主及寺庙占有大量牲畜、牧场，以无偿、半无偿劳役方式雇用牧工放牧。同时，为调解牧场纠纷，各地成立各级牧草地管理机构，采取协商互让的方式，合理地调整牧草地，推行划区轮牧。③

总结民主改革时期各大牧区所有制形态和经营制度的特点，与农区土地改革以平均分配土地实现"耕者有其田"的土地改革目标不同，为稳定畜牧业生产，牧区在"慎重稳进"方针指导下，并没有推行土地改革。在草地所有制方面，由于废除牧区封建主、寺庙特权和农奴制度，大部分牧区草地则由封建领主或王公贵族等垄断占有转为草地为民族公有或部落公有，由牧主和牧民共同使用，当然个别地方草地仍然归牧主私有（如青海、新疆）。但是，这些草地的所有制形态并没有在国家宪法和法律层面得到明确规定，1950年的《土地改革法》甚至明确规定"本法不适用于少数民族地区"。同时，牧区也没有采取与农区土地改革类似的分牲畜和分草地的"牧者有其畜"的政策，牲畜仍然归牧民和牧主私有，这导致牧业经济中仍然存在大量的牧主经济，例如，在1952年，内蒙古自治区占牧区人口1%的牧主仍然占有20%左右的牧区牲畜。④

---

① "瓦哈甫"是古维吾尔语音译，是解放前新疆维吾尔族地区（主要在南疆）伊斯兰教宗教上层人员占有的土地、房产、水磨等的通称。

② 参见《关于在新疆农业区实行土地改革的决议》，载中共内蒙古自治区委员会党史研究室编《中国共产党与少数民族地区的民主改革和社会主义改造》（上册），中共党史出版社2001年版，第189页；另参见《中国共产党与少数民族地区的民主改革和社会主义改造》（下册），中共党史出版社2001年版，第540页。

③ 参见吐娜《民主改革时期党在新疆蒙古族牧区的工作》，《新疆社会经济》2000年第1期。

④ 参见内蒙古自治区畜牧业厅修志编史委员会编《内蒙古畜牧业发展史》，内蒙古人民出版社2000年版，第98页。

二 牧区社会主义改造时期

(一) 牧区畜牧业改造的基本政策:从"慎重稳进"到"稳、宽、长"

在最先开展牧区社会主义改造的内蒙古自治区,早在1953年12月中共中央蒙绥分局召开的第一次牧区工作会议上就指出,"在蒙绥牧区不仅要有步骤地、有计划地进行国家总路线和总任务的宣传教育,而且对畜牧业经济也是要稳妥地实行社会主义改造的",而不能犯"孤立地看待畜牧业经济,或者不顾牧区畜牧业的特殊性,而采用农业区的一般的办法来对待畜牧业经济的错误"①。1957年10月乌兰夫同志在《在党的八届三中全会上的讲话》中明确提出牧区社会主义改造,"政策要稳,办法要宽,时间可以长,允许因地制宜的进行工作"。此即所谓牧区社会主义改造的"稳、宽、长"政策,即牧区社会主义改造不需要与农区同步,可以根据自身特点逐步将个体经济和牧主经济改造为社会主义性质的所有制经济。在1956年7月中共中央批复新疆维吾尔自治区党委《关于畜牧业社会主义改造问题的报告》中亦提出畜牧业社会主义改造必须建立在十分稳妥和可靠的基础上。②

(二) 社会主义改造对牧区畜牧业生产资料所有制的影响

与农区以改造农民的土地等生产资料个人所有制不同,牧区畜牧

---

① 乌兰夫革命史料编研室:《乌兰夫论牧区工作》,内蒙古人民出版社1990年版,第76—77页。

② 中共中央批复新疆维吾尔自治区党委《关于畜牧业社会主义改造问题的报告》中明确指示:"对畜牧业进行社会主义改造,必须切实注意保护和发展畜牧业生产这个中心环节,工作步骤和方法必须建立在十分稳妥、可靠的基础上。"参见国家民族事务委员会研究室编《新中国民族工作十讲》,民族出版社2006年版,第58页。

业的社会主义改造则主要针对牧民或牧主的牲畜等生产资料的个人所有制。在社会主义改造初期，牧区畜牧业主要以发展互助合作社和初级合作社为主，牧民或牧主以牲畜入社或入场（公私合营牧场），按照入股的牲畜或劳动力获得报酬。①但是，在社会主义改造后期，受农区社会主义改造集体化浪潮的影响，牧区也开始发展高级合作社，即将社员私有的牲畜和其他生产资料等转为合作社集体所有。② 对于草地所有制形态的改革，一方面原先个人私有的草地在合作化过程中通过入股或公私合营的方式转化为集体所有或国家所有③；另一方面，由于土地改革中各大牧区并未进行草地分配，在中央政府宣布废除王公贵族或领主的封建特权后，草地事实上已经成为公有之地，为牧民或合作社共同使用，并不存在所有制改革的问题。

---

① 例如，按照《新疆维吾尔自治区畜牧业生产合作社示范章程（草案）》的要求，在互助组（在新疆牧区的类型有牲畜合群轮放、合群专人放牧、合伙雇工放牧）的基础上，本着牧民自愿互助的原则，组织和建立半社会主义性质的牧业生产合作社。对于入社社员的牲畜和其他的主要生产资料，大多按照各种牲畜的口齿和生殖能力，参照市价以当地群众习惯使用的标准绵羊为标准折股入社。社员的牲畜入社，都付给一定的报酬。牲畜和劳动力分益，一般采取"对半"或"劳四畜六"的比例分益。《新疆维吾尔自治区公私合营牧场示范章程（草案）》规定，实行公私合营牧主的牲畜以及与其有关的生产资料，全部折股入场，由场统一经营，采取"按股分红"的办法分配。

② 《高级农业生产合作社示范章程》第13条："入社的农民必须把私有的土地和耕畜、大型农具等主要生产资料转为合作社集体所有。"第19条："社员私有的成群的牲畜，一般地应该由合作社按照当地的正常的价格作价收买，转为合作社集体所有，价款在几年内分期付还。价款付清的期限和没有付清的价款的利息问题，由合作社同本主协商解决。""在合作社初建的时候，对于成群的牲畜，也可以暂时仍属社员私有，由合作社统一经营，按照当地的习惯议定本主应得的报酬。"

③ 例如新疆维吾尔自治区党委办公厅1956年5月23日印发《关于畜牧业社会主义改造中几个具体问题的处理意见（草稿）》规定："全自治区的牧、草场和土地的占有情况，大体有私人占有、寺庙占有、民族部落占有和国家占有等4种占有形式。这些牧、草场和土地入社后，社员自有的和租用、借用私人、寺庙、民族部落和国家的牧、草场与土地，应全部转归牧业社统一使用。"结合该文件颁布的背景，此处的"占有"实际上指草场的所有制形态。参见中共内蒙古自治区委员会党史研究室编《中国共产党与少数民族地区的民主改革和社会主义改造》（上），中共党史出版社2001年版，第251页。

三 牧区人民公社化时期

在牧区畜牧业社会主义改造后期，1958年5月，党的八大二次会议提出社会主义建设的总路线，通过《中共中央关于在农村建立人民公社问题的决议》，全国范围内开始掀起农村人民公社化的高潮和农业生产"大跃进"运动，除西藏以外的所有少数民族牧区也被卷入人民公社化浪潮之中。

（一）牧区人民公社化的基本政策

伴随着农区人民公社化的高潮，牧区畜牧业的社会主义改造开始向人民公社化迅速推进，原有的"稳、宽、长"政策被牧业生产"大跃进"政策所取代。1957年年底，尽管全国少数民族牧区的社会主义改造尚处在起步阶段，从牧区加入合作社的户数占牧区总户数的比重来看，内蒙古、新疆和青海分别为27%、38%和18%，而发展缓慢的甘肃和四川只有3%和0.2%，但是，从1958年9月到年底的短短几个月时间，各少数民族地区在这股人民公社化洪流的冲击下，却纷纷建立人民公社。[①] 这导致部分牧区在没有彻底完成合作化和集体化，甚至没有彻底完成民主改革，绝大部分初级牧业生产合作社还没有来得及转成高级社的情况下，就仓促建立人民公社。为纠正牧区人民公社创建过程中出现的"共产风"和"一平二调"等"左"倾错误，1962年公布的《农村人民公社工作条例（修正草案）》（简称"人民公社六十条"）和1963年中共中央批转国家民委党组提交的《关于少数民族牧业区工作和牧业区人民公社若干政策的规定（草案）的报告》（简称"牧业四十条"）明确提出，"必须采取适合当地具体情况的方法和

[①] 参见仁钦《内蒙古牧区工作成就启示研究（1947—1966）》，中国社会科学出版社2019年版，第186页。

步骤，在牧业区逐步实现畜牧业的社会主义改造，发展集体所有制和全民所有制的经济""牧业区的一切工作，必须充分照顾牧业区畜牧业经济的特点和民族特点"。

(二) 牧区人民公社时期的草地所有制形态

在牧区快速进入人民公社时期后，尽管对于草地的所有制仍然缺乏宪法和法律的明确规定，但是从"人民公社六十条"和"牧业四十条"等中央政策文件规定解读，草地所有制存在集体所有和全民所有两种不同的公有制形态，公社、生产队和国有牧场等享有长期固定的使用权。① 根据"牧业四十条"的规定，牧区人民公社"一般实行公社、生产队两级集体所有制，以生产队为基本核算单位""生产队范围内的畜群，都归生产队所有。生产队范围内的草原，根据各牧业区的不同情况和历史习惯，划归生产队固定使用。""草原长期固定给人民公社、合作社、国营牧场和公私合营牧场使用。"比较特殊的是，随着社会主义改造的完成，内蒙古自治区将草地所有制形态由草地民族公有制改造为单一的全民所有制形态。1963年颁布的《内蒙古自治区草原管理条例（试行草案)》第四条明确规定，内蒙古自治区境内所有草牧场均为全民所有，固定给基本核算单位或生产队联合使用。②

总结草地承包制实施前的草地所有制和财产制度的变迁，可以发现牧区畜牧业民主改革和社会主义改造所针对的主要是牲畜等生产资料的个人所有制。在草地所有制改革方面，在民主改革时期，

---

① 比较特殊的是内蒙古自治区所实行的单一的全民所有制形式，1961年颁布的《内蒙古自治区牧区人民公社工作条例（修正草案)》规定："草牧场为全民所有，固定给生产大队使用，生产大队有永久使用权和经营保护权"1965年和1973年的《内蒙古自治区草原管理条例》规定："自治区境内所有草原均为全民所有。"

② 参见内蒙古自治区畜牧业厅修志编史委员会编《内蒙古畜牧业发展史》，内蒙古人民出版社2000年版，第179页。

由于牧区政治的复杂性和畜牧业的特殊性，并没有进行土地革命将草地分配给牧民，也没有彻底废除个别地方的私有牧场（新疆、青海），草地所有制呈现多种形态。在社会主义改造和人民公社化后，由于合作化和集体化的实施，生产资料的私有制被彻底废除，草地所有制形态逐渐呈现单一化的公有制，即全民所有和集体（人民公社）所有。

四 改革开放后牧区草地承包经营制度的形成和发展

（一）牧区草地承包经营制度的确立

现行农村经营制度和土地制度改革起源于1978年11月安徽省凤阳县小岗村的"包产到户"改革。为解决人民公社"大锅饭"（平均主义）的弊端，其率先突破原人民公社"生产队统一核算和分配"体制，实行"包产到户""包干到户"为主的各种生产责任制。这种生产责任制在1982年中央一号文件中被正式明确下来，称为"联产承包制"。由于上述政策文件的颁布，农村基本经营制度得以确立，即在坚持土地公有制（全民所有制和集体所有制）的前提下，实行以农户或小组为承包单位的联产承包责任制。

受到农区联产承包责任制改革的影响，牧区亦开始推进牧业经营体制和生产责任制的改革，其大致可以分为"包畜到户""作价归户，联产承包""草畜双承包""草场有偿承包"和落实草原"双权一制"五个阶段。

1. 包产到户、包畜到户和分户饲养

内蒙古牧区是全国较早开展生产责任制改革的地区。早在1977年1月，内蒙古自治区党委召开的全区畜牧业工作座谈会上即指出要恢复被"文化大革命"所影响"定产、定工、超产奖励"（简称"两定一奖"）生产责任制，至1980年，牧区实行该生产责任制的生产队已占 95.4%。① "两定一奖"责任制对于恢复被"四人帮"干扰破坏的牧业生产管理秩序意义重大,有利于强化社员的责任心,调动牧民群众的生产积极性,但是在推行的过程中仍然存在奖罚标准不合理和奖励措施激励不足等问题。有鉴于此,1980 年 8 月内蒙古自治区党委常委扩大会议在认真总结 30 年经济建设主要经验教训的基础上,强调在农村牧区要允许"包产到户""包产到劳力""口粮田"在内的一切可以增产增收的生产责任制。② 当年,杭锦旗部分社队在抗灾保畜斗争中,即采取了"包畜到户"的办法,具体内容是:集体把牲畜承包到户,实行保本交纯增、费用自理、超产归己、并适当提交积累。这种生产责任制把经营成果同承包者的利益紧密结合,有效地调动了牧民群众的生产积极性,很快在全区和全国得到推广。③ 内蒙古自治区党委、自治区人民政府在 1981 年 4 月 8 日发布《关于抓紧落实生产责任制的紧急通知》,允许各种生产责任制并存。1982 年内蒙古自治区大部分牧区陆续实行"包产到户"的责任制,即生产队把集体牲畜承包到户。④ 1983 年西藏农牧区普遍实行包干到户的生产责任制。⑤

2. 牲畜作价归户,联产承包

"包产到户"的责任制虽然解决了牧业生产过程中的"大锅饭"问题,但是由于牲畜的所有权仍然归人民公社,在分配过程中,实物形态(牲畜)的承包和分配兑现手续烦琐,容易出现重视自留畜、忽

---

① 参见内蒙古自治区畜牧业厅修志编史委员会编《内蒙古畜牧业发展史》,内蒙古人民出版社 2000 年版,第 226—227 页。

② 参见内蒙古自治区畜牧业厅修志编史委员会编《内蒙古畜牧业发展史》,内蒙古人民出版社 2000 年版,第 230 页。

③ 参见内蒙古自治区畜牧业厅修志编史委员会编《内蒙古畜牧业发展史》,内蒙古人民出版社 2000 年版,第 242 页。

④ 参见张蕾《改革开放初期内蒙古牧区经济体制改革与畜牧业发展研究》,《农业考古》2014 年第 1 期。

⑤ 参见范远红《西藏草场产权制度变迁研究》,四川大学出版社 2009 年版,第 60 页。

视承包畜的倾向和承包户收益与生产责任结合不紧密的问题。内蒙古自治区个别牧区率先开始"突破",例如,科尔沁左翼后旗伊胡塔公社在1982年开始实行"牲畜作价承包",即将集体牲畜作价承包给牧民,实行作价保本、提留包干、现金兑现的办法,用现金来处理集体与承包户的关系。① 随后,该经验得到内蒙古自治区党委的高度肯定并在全区推广。1984年年底,内蒙古自治区牧区基本上全面推行了"牲畜作价,户有户养"的生产责任制。同年,在西藏自治区,中央召开第二次西藏工作座谈会并批转《西藏工作座谈会纪要》,提出在牧区实行"牲畜归户,私有私养,自主经营,长期不变"的政策,在坚持草地等主要生产资料公有制的前提下实行家庭自主经营责任制。②

3. 草畜双承包责任制

牲畜作价归户事实上是将原属于公社和生产队所有的牲畜私有化的做法,完全将牧民自身利益和牧业生产责任结合起来,其对于牧业生产的激励效果是明显的。但是,在草地公有共用的前提下,如果没有效的管理措施,这种生产责任制所带来的负面效益就是草地的"公地悲剧"。正是基于这种理论前提,在牲畜作价归户的同时,草地承包亦接踵而至。1983年3月,内蒙古自治区《草原管理条例》起草领导小组召开的草原管理条例试行试点交流会上提出,"落实草原责任制是落实和完善农牧业生产责任制的重要组成部分。只落实土地和牲畜生产责任制,而不落实草原责任制,只是落实了农牧业生产责任制的一半,而且会加重吃草原大锅饭的问题。要把落实草原责任制当作完善农牧业生产责任制的重要内容抓好"③。同年颁布实施的《内蒙古

---

① 参见内蒙古自治区畜牧业厅修志编史委员会编《内蒙古畜牧业发展史》,内蒙古人民出版社2000年版,第243页。
② 参见范远红《西藏草场产权制度变迁研究》,四川大学出版社2009年版,第60页。
③ 参见乌日陶克套胡《内蒙古自治区牧区经济发展史研究》,人民出版社2018年版,第203页。

自治区草原管理条例（试行）》明确规定"草畜双承包"责任制。"草畜双承包"责任制的实施使得畜牧业生产和草原经营紧密挂钩，实现了人、草、畜和责、权、利的统一，解决了牧区社会主义畜牧业长期以来没有解决的根本问题，走出了一条符合内蒙古牧区实际的有中国特色的社会主义畜牧业发展道路。①

"草畜双承包"责任制推行后，牧区原有的人民公社体制正式宣告解体，集体草原随着牲畜的归户被划分到户或自然村，由牧户长期承包使用。1987年国务院批转的《全国牧区工作会议纪要的通知》（国发〔1987〕73号）（简称"1987年《会议纪要》"）中指出，"牧区要稳定和完善'草场公有，承包经营；牲畜作价，户有户养；服务社会化'和'专业承包，包干分配'等多种形式的生产责任制"。"要明确草场管理使用权，防止发生草场纠纷。冬春草场适于承包到户的要承包到户，不适于承包到户的可以承包到联户或自然村。""各级领导部门在制定政策的时候，必须照顾到牧区与其他地区的差异，不要照搬农区的经验和做法"1987年《会议纪要》对牧区生产责任制进行了全面总结，指明未来牧区基本经营制度的改革方向，对于牧区全面推行草地承包制意义重大，对本书草地承包经营制度改革的研究亦颇具启发。当然，此阶段草地虽然划分到户，但多数牧民还是以几户组成的浩特为单位经营畜牧业，甚至仅承包到联户或自然村，并没有真正落实到户。②

4. 草地有偿承包

"草畜双承包"责任制的推行极大地调动了牧民生产的积极性，

---

① 参见内蒙古自治区畜牧业厅修志编史委员会编《内蒙古畜牧业发展史》，内蒙古人民出版社2000年版，第244页。

② 参见李文军、张倩《解读草原困境对于干旱半干旱草原利用和管理若干问题的认识》，经济科学出版社2009年版，第71页。

但是"草原无价,放牧无界,滥牧无妨"的放牧观念又导致了牲畜吃"草场大锅饭"的问题。① 1985年9月,内蒙古自治区党委、人民政府颁布《关于加速发展畜牧业若干问题的决定》规定:"凡使用国有草原或集体所有草原的单位和个人,都应缴纳草原管理费",并对草原管理费的标准、收取和管理使用做了原则规定。② 草原管理费,即草原有偿使用制度,在内蒙古自治区地方性法规中得到确定,并在阿鲁科尔沁旗等地试点推进。1989年10月15日,内蒙古自治区农委向自治区人民政府提交《关于进一步落实草牧场使用权,实行草牧场有偿承包使用制度初步意见的报告》,建议在阿鲁科尔沁旗现场会议的基础上,在牧区、半农半牧区建立草牧场有偿承包制度。1990年1月,内蒙古自治区人民政府在《关于进一步深化农村牧区改革的意见》中进一步明确建立牧区草牧场有偿使用制度。③ 至1990年年底,草地有偿承包制度已在内蒙古自治区全区牧区和半牧区基本普及。

内蒙古自治区草牧场有偿承包的经验亦引起中央和国家层面的关注和肯定。1990年年初,农业部召开的全国农牧业厅局长会议上,内蒙古自治区畜牧局对草牧场有偿承包使用的情况和经验进行介绍,草牧场有偿承包使用制度开始在新疆、青海、四川、黑龙江等牧业比重大的省区得到推广应用,并取得显著成效。④ 据统计,截至1994年年

---

① 参见内蒙古自治区畜牧业厅修志编史委员会编《内蒙古畜牧业发展史》,内蒙古人民出版社2000年版,第244页。

② 乌日陶克套胡:《内蒙古自治区牧区经济发展史研究》,人民出版社2018年版,第210页。

③ 文件指出:"在今后,三到五年内,把牧区草牧场有偿使用的制度建立起来,使村级集体经济有所发展,为建立双层经营体制和新的格局打下基础。"内蒙古自治区畜牧业厅修志编史委员会编:《内蒙古畜牧业发展史》,内蒙古人民出版社2000年版,第267页。

④ 参见内蒙古自治区畜牧业厅修志编史委员会编《内蒙古畜牧业发展史》,内蒙古人民出版社2000年版,第267页。

底,全国已有 25 个省、市、自治区约 7200 万公顷草地上落实了不同形式的草地有偿承包责任制,占可利用草地的 32%。①

5. 草原"双权一制"和家庭承包制的落实

草地有偿承包制度有利于促使牧民纠正草地无价的错误观念,自觉调整和优化畜群结构,科学合理利用草地。但是,有偿承包制度的有效实施依赖于草地使用权确权到户和责任到户,否则会产生收费基础数据缺失和收费随意性的问题。事实上,就全国牧区而言,当时草地真正承包落实到户的仅限于围栏草地和打草地,这部分草地占可利用草地总面积的比例很小(5% 左右),而大面积的放牧场实际上属于"假承包"。② 为彻底解决上述问题,内蒙古自治区人民政府在 1996 年颁布《内蒙古自治区进一步落实完善草原"双权一制"的规定》(内政发〔1996〕138 号),明确规定:"草原承包责任制一定要落实到最基层的生产单元,凡是能够划分承包到户的,特别是冬春营地、饲料基地和基本打草地等一定要坚持到户;对一些确实难以承包到户的放牧场,必须承包到浩特或嘎查,并应制定各牧户权、责、利统一的管理利用制度。"至此,1987 年《会议纪要》精神提出的多种形式的生产责任制并存已经演变为家庭承包经营为原则,承包到浩特或嘎查为例外的责任制形式。至 1997 年年底,内蒙古自治区已落实草原"双权一制"的有 44 个旗县市,已承包到户的草地面积为 5100 万公顷,占全区可利用草地总面积的 80.27%。③ 据农业部统计,截至 2005 年,全国

---

① 参见内蒙古自治区畜牧业厅修志编史委员会编《内蒙古畜牧业发展史》,内蒙古人民出版社 2000 年版,第 268 页。
② 参见乌日陶克套胡《内蒙古自治区牧区经济发展史研究》,人民出版社 2018 年版,第 229 页。
③ 参见内蒙古自治区畜牧业厅修志编史委员会编《内蒙古畜牧业发展史》,内蒙古人民出版社 2000 年版,第 299 页。

被承包草原面积2.08亿公顷，占可利用草原面积的68.3%。①

随着牧区生产责任制和家庭联产承包责任制的落实，牧区和农区的基本经营制度逐步趋同和稳定，并且在《宪法》中得到确立。1991年党的十三届八中全会通过《中共中央关于进一步加强农业和农村工作的决定》，明确提出建立"以家庭联产承包为主的责任制、统分结合的双层经营体制"。1993年《中华人民共和国宪法修正案》对1982年《宪法》第八条第一款进行了修改，家庭联产承包为主的责任制被确立为劳动群众家庭所有制经济的典型形式。1999年《中华人民共和国宪法修正案》总结农村基本经营制度改革二十年的经验，将第八条第一款中的"以家庭联产承包为主的责任制"修改为"家庭承包经营为基础、统分结合的双层经营体制"。该条规定的修改标志着家庭承包经营为基础的体制作为我国农村（包括牧区）基本经营制度的法律地位最终确立。② 至此，农区和牧区统一的基本经营制度基本形成，草地家庭承包经营成为牧区草地承包制的基本形式。

(二) 牧区草地财产制度的形成和发展

在牧区基本经营制度逐步确立的过程中，牧区草地所有制和财产制度亦在逐步改革和完善，并通过政策和法律加以确立。

1. 牧区草地所有制的确立

在人民公社时期，尽管宪法和法律没有对草地所有制作明确规定，但是"人民公社六十条"等中央政策性文件皆肯定草原的集体所有制。比较特殊的是1963年内蒙古自治区人民委员会颁布的《内蒙古自治区草原管理条例（试行草案）》规定："自治区境内的草原均为全民所

---

① 参见陈洁、罗丹等《中国草原生态治理》，上海远东出版社2009年版，第290页。
② 参见张悦《中国农村土地制度变迁基于意识形态的视角》，经济管理出版社2011年版，第117页。

有。"随着1982年《宪法》的颁布，第六条和第九条明确规定草原属于国家所有，由法律规定为集体所有的除外。1982年《宪法》明确规定草地所有制有两种公有制形态，即全民所有和集体所有，这是新中国成立后首次在《宪法》中明确列举规定草地的所有制形式。之所以如此规定，从1983年《〈内蒙古自治区草原管理条例（试行）〉草案的说明》中可以窥见，"自治区境内的草原，属于社会主义全民所有和社会主义劳动群众集体所有。这是对草原所有制的一项重要改革。改革的主要理由是：第一，单一的草原全民所有制必然造成吃草原'大锅饭'，使牧民对草原的合法权益得不到保证，不利于草原的管理和保护。第二，草原是畜牧业最基本的生产资料，它同种植业的耕地具有同样的性质。我国新《宪法》规定农业的土地实行两种所有制。对草原也应当实行两种所有制，应当允许牧民对草原有集体所有权。第三，实行草原单一的全民所有制同当前畜牧业生产力水平不相适应……"①之后，1985年颁布实施的《草原法》第四条亦明确规定："草原属于国家所有，即全民所有，由法律规定属于集体所有的草原除外。"

1982年《宪法》所确立的草地所有制结构，不仅是我国土地所有制在牧区的具体运用，也是我国改革开放后牧区草地制度改革的基础和逻辑起点。不管是之后颁布的《土地管理法》和《农村土地承包法》对农村土地制度的修改完善，还是之后党的十七届三中全会文件提出的"现有土地承包关系要保持稳定并长久不变"政策和党的十八届三中全会后提出的农村土地"三权分置"改革②，都是在坚持农村

---

① 内蒙古自治区档案馆：《内蒙古自治区畜牧业政策资料摘编1947—1983》（内部资料）1983年，第220页。

② 2013年11月，十八届三中全会通过《中共中央关于全面深化改革若干重大问题的决定》，指出"坚持农村土地集体所有权，依法维护农民土地承包经营权，发展壮大集体经济。鼓励承包经营权在公开市场上向专业大户、家庭农场、农民合作社、农业企业流转，发展多种形式规模经营"。

土地（包括草地）公有制的前提下针对土地家庭承包经营制度的不断改革和完善。

2. 牧区草地财产制度的确立

围绕着草地所有权和草地使用权所建立的草地承包经营权或草地经营权是目前牧区草地财产制度的核心。在《宪法》确认的草地公有制基础上，牧区家庭联产承包为主的责任制确立后，围绕草地所有权的财产制度亦逐渐形成。最早制定和颁布实施的草原管理方面的地方性法规，即1983年《内蒙古自治区草原管理条例（试行）》，其第七条规定草原使用权可以承包给单位或个人长期使用。1985年实施的《草原法》第四条规定，全民所有的草原可以固定给集体长期使用，并核发证书，确认使用权，集体所有和集体长期固定使用的全民所有的草原可以由集体或个人承包。这是我国首次以法律形式明确规定草地的财产制度，即国家所有或全民所有草地上的"国家所有权—集体使用权—承包经营权"三阶层财产制度和集体所有草地上的"集体所有权—承包经营权"二阶层财产制度。

之后，随着家庭联产承包责任的确立以及《农村土地承包法》（2002）的颁布、《草原法》（2002）的修订和《物权法》（2007）的颁布，围绕草地所有权的草地利用制度逐渐成形和确立。通过法律和政策，牧户承包经营获得的草地使用和占有的权利逐渐财产化，草地承包经营制度最终演化为一种财产制度。

3. 新时期牧区草地承包经营制度的发展

家庭经营为基础、统分结合的双层经营体制是我国农村，包括牧区的基本经营制度，也是牧区土地（包括草地）制度改革的重大成果，其核心是将草地的集体所有权和草地承包经营权分离，赋予承包牧户相对独立的承包经营权利，从而形成了集体统一经营和牧民承包经营"统和分"两个层次。但是，随着牧区经济和社会发展，牧区劳动力大量向城市转移,牧区畜牧业生产水平不断提高,牧民承包草地的经营权流转明显加快,草地适度规模经营已经成为必然趋势。新时期牧区草地承包经营制度改革即是在上述背景下展开的,主要体现在以下两个方面。

第一,保持牧区草地承包关系稳定和长久不变。"保持土地承包关系稳定并长久不变""耕地承包期届满后再延长三十年"是 2018 年《农村土地承包法》修改的主要内容,是落实党的十九大报告精神、继续完善以家庭承包经营为基础的农村基本经营制度的具体体现。

为保持农村(包括牧区)土地承包关系的稳定,中共中央和国家立法机关先后颁布政策文件、制定法律法规从制度上保障该政策目标的落实。在中央政策层面,从 1997 年的《关于进一步稳定和完善农村土地承包关系的通知》到 1998 年的《中共中央关于农业和农村工作若干重大问题的决定》都明确提出长期稳定以家庭承包经营为基础、统分结合的双层经营体制,稳定完善牧区土地承包关系。2008 年党的十七届三中全会通过的《中共中央关于推进农村改革发展若干重大问题的决定》明确指出:"赋予农民更加充分而有保障的土地承包经营权,现有土地承包关系要保持稳定并长久不变。"党的十九大报告再次强调:"保持土地承包关系稳定并长久不变,第二轮土地承包到期后再延长三十年。"在法律层面,2002 年通过的《农村土地承包法》第四条规定:"国家依法保护农村土地承包关系的长期稳定。"2018 年修正的《农村土地承包法》将该条款修改为"保持农村土地承包关系稳定并长久不变"并且作为基本宗旨调整到第一条之中,进一步明确农村土地承包经营作为农村基本政策的长期稳定性。从"长期稳定"到"长久不变"的修改,体现出中央政策和法律对于农村承包关系和土地权属关系的基本态度。一方面,保持承包关系的稳定并长久不变,是从根本上确保农户对于农村基本经营制度和土地承包关系的稳定预期,保障农户的土地财产权益，这有利于维持农业经营的持续投入、农村经济持续发展和农村社会保持稳定。另一方面，通过规范农户和农民集体之间的土地承包经营法律关系，保障土地承包合同双方当事人的权利，可以稳定农地财产权利法律关系。这些政策文件虽然主要针对农区耕地承包关系出台，但是对于牧区草地承包同样适用。特别是在"三权分置"政策实施后，赋予牧民稳定长久的草地承包权，可以有效激励草地经营权人通过流转草地适度规模经营，促进草地经营产业化和现代化。从某种程度上，稳定并长久不变的草地承包关系，是实现牧区社会稳定和长治久安的制度保障。

第二，新时期牧区的草地"三权分置"改革。2007年通过的《物权法》首次从物权层面规定家庭承包经营权为用益物权，从法律层面上彻底解决了"两权分离"模式下农民集体和农户之间在土地承包关系中的权属之争，明确农户家庭承包经营权的长期性，为土地承包关系的稳定提供了坚实的制度基础。之后，随着2014年中共中央办公厅、国务院办公厅《关于引导农村土地经营权有序流转发展农业适度规模经营的意见》的颁发以及2016年中共中央办公厅、国务院办公厅《关于完善农村土地所有权承包权经营权分置办法的意见》等政策文件的印发，"三权分置"政策在全国，包括牧区全面推广。2018年修正的《农村土地承包法》和2020年通过的《民法典》则以法律的形式将"三权分置"的改革成果予以固化，明确规定集体土地所有权、土地承包经营权和土地经营权的权能和流转等问题，这是新时期我国农村土地制度改革的新创举，也是新时期牧区草地承包经营制度的新发展。

依据"三权分置"政策，承包方将草地流转他人经营将会产生"三权分置"的情形，即集体土地所有权、草地承包经营权和草地经营权并存。为稳定发包方和承包方之间的承包关系，2018年修正的

《农村土地承包法》第 44 条规定："承包方向他人流转土地经营权，不影响其依法享有的土地承包权，承包方与发包方的承包关系不变。"即使草地经营权人擅自改变草地的农业用途、弃耕抛荒连续两年以上、给草地造成严重损害或者严重破坏土地生态环境，发包方也不能终止与承包户之间的土地承包关系，而只能在承包方合理期限内不解除草地经营权流转合同时，要求承包方终止草地经营权流转合同，并且请求草地经营权人对草地和草地生态环境造成的损害予以赔偿。同时，2018 年修正的《农村土地承包法》第 24 条明确规定土地（包括草地）承包经营权实行统一登记制度，从而纠正了过去登记部门林立，重复登记、交叉登记导致土地权属不清的问题，登记后的权利归属清晰明确，自然有利于保障牧民的草地承包经营权。"三权分置"政策入法后，牧区草地集体所有权、承包经营权和经营权之间的法权关系将会得到明晰，更有利于保障牧区草地适度规模经营的实现。

第二节　牧区草地经营方式的历史变迁

在牧区草地基本经营制度由人民公社时期"草地公有，集体统一经营"转变为"草地公有，家庭承包经营"的同时，牧区草地经营方式亦随之发生变革。受到草地承包经营和草畜划分到户的影响，传统的游牧和半游牧方式逐渐被定居放牧和舍饲圈养所代替，草地的利用方式渐渐固定化和零碎化。

一　承包制实施前的草地经营方式：定居游牧

（一）定居游牧政策的演变

在牧区解放之前，大部分牧区主要以游牧方式开展畜牧业生产。

最早推行定居游牧政策的是内蒙古自治区。中共中央内蒙古分局在1951—1952年提出逐步在有条件地区推行定居游牧的政策。① 定居游牧政策是对传统游牧制度的继承和发扬，不仅能够利用定居的优势改善牧民生活，即有利于公共卫生文化教育设施的集中建设利用，有利于牧民组织起来开展互助合作，有利于方便牧民生活、改善居住条件；② 而且能够结合游牧的特点，科学放牧，防止定居点的草地退化。这项政策在内蒙古自治区实施之后，逐渐得到中央的重视和推广。1953年6月15日，在《中央人民政府民族事务委员会第三次（扩大）会议关于内蒙古自治区及绥远、青海、新疆等地若干牧业区畜牧业生产的基本总结》中指出："定居与游牧各有好处与缺点。定居对'人旺'好，但因天然牧场、草场产草量有一定限度，对牲畜发展与繁殖不利……而定居游牧，在目前的生产条件下，则可以蔽有两者的优点和克服两者的缺点。"1956年6月，内蒙古自治区党委在第三次牧区工作会议上提出，推行定居游牧政策，首先要在合作社中推行，个体经济可以逐步实现。③

---

① 大体有三种形式：一种是半农半牧区和靠近农区的牧区，历史上已经形成了定居的，逐步实行移场放牧和建立轮牧制度；一种是原来的纯游牧区，初步划定了冬春牧场和营地，在冬春季节实行定居，夏秋季节游牧；还有一种是划分了四季牧场及打草场，建立了固定的冬春营地，并在冬春营地上进行了基本建设，进而实现定居游牧，例如呼伦贝尔纳文慕仁盟、锡林郭勒盟游牧区，实行春季接羔固定放牧，昭乌达盟牧区实行夏季游牧，察哈尔盟实行定点游牧，定居区冬天走敖特尔。内蒙古自治区畜牧业厅修志编史委员会编：《内蒙古畜牧业发展史》，内蒙古人民出版社2000年版，第85页。

② 参见乌尼尔《与草原共存哈日干图草原的生态人类学研究》，知识产权出版社2014年版，第83页。

③ 会议提出在合作社中发展定居游牧的基本政策：第一，在条件许可的地方，划给合作社以固定的牧场、打草场，以保证合作社有充足的饲草。第二，给合作社以经营人工饲料基地的自然条件和供给农具、调配农业技术工人等技术条件，使其能种植蔬菜、饲草粗饲料。第三，逐步在定居地建设简单的房屋。第四，给予打井、搭棚等技术物质方面的帮助。为扶助牧民定居与进行基本建设，划拨一笔长期的畜牧业基本建设贷款。第五，努力做好草原勘察规划，为定居游牧规划服务。第六，加强牧区经济中心与交通建设，使合作社能够围绕经济中心定居。乌日陶克套胡：《内蒙古自治区牧区经济发展史研究》，人民出版社2018年版，第98页。

随后的人民公社大集体时期，在1961年中央批转的国家民委党组《关于少数民族牧业区工作和牧业区人民公社若干政策的规定（草案）的报告》中，不但明确人民公社、合作社、国营牧场和公私合营牧场对草原有长期使用的权利，更明确其有保护培育之责，应当通过推进"八项"畜牧业的增产措施①，改变游牧为定居游牧，彻底改变游牧经济的落后状态。② 由政策解读，在人民公社时期，推行"定居游牧"仍然是牧区改革的基本政策。在定居游牧政策下，畜群仍然是移动的，老人、妇女和孩子则在政府的鼓励和倡导下定居，从而形成畜动、人不动的牧业经营方式。③

（二）定居游牧的具体方式

在新中国成立前，牧区大多维持传统的大范围游牧方式，《汉书·匈奴传》写道，"美草甘水则止，草尽水竭则移……""逐水草而居"成为草原游牧民族的典型生活方式。在新中国成立后，随着定居游牧政策的推行，传统的游牧生产方式逐渐发生变化。

1. 典型的定居游牧方式

在新中国成立后，根据牧场的条件和季节变化不同，不同牧区采取了不同的定居放牧方式。第一种是传统游牧方式，在部分牧区仍然维持了传统的终年游牧方式，草地划分为三季（春秋冬）或四季草地，按照季节、草地质量和水源情况等跨区域放牧。例如，在呼伦贝尔盟和锡林郭勒盟东部，适应牲畜多劳动力少的情况，实行终年游牧，每

---

① 即文件所提到的水（人畜用水、发展水利）、草（饲草、饲料）、繁（牲畜繁殖、成活和成长）、改（改良品种）、管（畜群放牧和饲养管理）、防（防治病害、兽害、自然灾害）、舍（搭棚、盖圈、建立厩舍）、工（工具改革）八项畜牧业增产措施。

② 参见1963年3月13日中共中央批转国家民委党组《关于少数民族牧业区工作和牧业区人民公社若干政策的规定（草案）》。

③ 参见李文军、张倩《解读草原困境对于干旱半干旱草原利用和管理若干问题的认识》，经济科学出版社2009年版，第20页。

年迁徙达数十次，迁徙距离最远达200千米。①

第二种是完全的定居放牧。对于部分牲畜较少的牧民，由于劳动力不足，没有"套包"或"蒙古包"、车辆等转场放牧的设施和工具，只能围绕定居点固定放牧。②

第三种是"半游牧半定牧"或定居游牧方式。由于定居游牧政策的推广，大部分牧区采取该种方式。在实行定居游牧的地区，老人孩子和体弱多病的人往往驻留在固定的住所内，而青壮年劳动力则管理牲畜迁徙；在游牧的过程中，牧民往往视气候状况、水源状况、地形状况和牧草生长情况，选择四季放牧场，有的地区冬春定牧，夏秋游牧，有的地区春、夏、秋三季游牧，冬季定牧。③ 这种游牧方式往往是牲畜较多（中等以上规模）的牧户以互助合作方式放牧或合牧经营，将畜群分成若干"套包"，牧民分工合作组织放牧。④

2. 游牧放牧的具体方式

在游牧的过程中，牧民根据气候和草地状况，往往采取多种游牧方式。⑤

一是赶牧。牧人在畜群的后面或侧面控制牲畜，其前进的速度取决于体壮的牲畜或"头羊"的行动。这种方式一般用于荒漠、半荒漠地区，其优点为牲畜可自由采食，缺点为草地的利用不均匀、不充分。

二是领牧。领牧的方式是牧民走在畜群的前面，面对牲畜，观察

---

① 参见邢莉、邢旗《内蒙古区域游牧文化的变迁》，中国社会科学出版社2013年版，第161页。
② 参见仁钦《内蒙古牧区工作成就启示研究（1947—1966）》，中国社会科学出版社2019年版，第58页。
③ 参见邢莉、邢旗《内蒙古区域游牧文化的变迁》，中国社会科学出版社2013年版，第161页。
④ 参见仁钦《内蒙古牧区工作成就启示研究（1947—1966）》，中国社会科学出版社2019年版，第58页。
⑤ 参见邢莉《草原牧俗》，山东教育出版社2017年版，第40页。

牲畜采食情况，缓慢向后退，以控制畜群前进的速度。领牧方式有时需用两人，一人在前，另一人在后，负责控制两侧的牲畜，并把落后的牲畜赶入群中。牧人应注意控制放牧速度的快慢，既避免牲畜不能饱食，又注意草地的利用不过重。

三是天牧或瞭牧。以往马、牛、骆驼等大牲畜都不跟人放牧，牧人十天左右察看一下，此为"天牧"或"瞭牧"。此种方法适用于高山地区，但相对来说，是一种较为落后的方式。

在游牧放牧的过程中，牧民往往采用各种方法控制羊群，既可以让牲畜吃好，又可以适当利用牧场，例如从放牧的队形看，牲畜分布有两种方式，一是满天星式，二是"一条鞭式"。①

3. 游牧放牧的组织

在民主改革和社会主义改造时期，牧区虽然实施"自由放牧"的政策，但是放牧并非无序和无界的。游牧往往在政府牧业管理部门的组织下有序开展，例如内蒙古自治区多在盟、旗领导下统一勘察与计划牧场，有组织地以畜类和季节分配牧场。②

在人民公社时期，以内蒙古自治区为例，与合作化时期比较，以往自由放牧的形式被有组织有计划的放牧形式所代替，牲畜往往集中起来，以生产队为单位统一组织管理，按不同畜种，根据季节及当年牧草生长、水源、雪情等情况搬迁，调换牧场。③嘎查内的牧场则依据

---

① 所谓满天星式，即牲畜均匀地散布在草场上，不分首尾，而呈松散自由的形式。这种队形可适用于各种地形和不同的季节。所谓"一条鞭式"，即牲畜单层整齐地排成一列，牧民面对畜群左右走动并缓退，其队形横列前进。牧人往往依草场、季节、牲畜种类、采食情况来变换放牧队形。刚出牧时，牧民一般采用一条鞭队形，以稳住羊群吃草，待吃饱后，则散开呈满天星队形。邢莉：《草原牧俗》，山东教育出版社2017年版，第40页。

② 参见仁钦《内蒙古牧区工作成就启示研究（1947—1966）》，中国社会科学出版社2019年版，第59页。

③ 参见邢莉、邢旗《内蒙古区域游牧文化的变迁》，中国社会科学出版社2013年版，第358页。

自然条件被划分为四季牧场,每个畜群被分配了不同的牧场,实行四季轮牧和"走点"。① 夏季牧场往往是在靠近河边的地方,冬季牧场多是在山坳或林地中间,因为山坳和林地中间往往风小,适合牲畜度过严寒的冬天。② 在青藏高原牧区和新疆高寒牧区,同内蒙古牧区类似,亦按季节划分牧场,转场浅牧。冬季牧场一般位于河谷、低地草滩,春季则将牲畜转场到海拔稍高的春草地,盛夏前后牧民再将牛羊赶至海拔最高的夏草地,雪季到来后牧民逐级赶牲畜下走,重回冬牧场。③

综合承包制实施前草地经营方式可见,随着定居游牧方式的推行,牧民为方便生活逐渐围绕定居点建设生产生活和文化等设施。在畜牧业生产方面,虽然随着牧区行政区划和行政管理体制的建立,牧民游牧的范围有所缩小,但是仍然在一定范围内通过行政部门和生产队的组织保持了传统的划区轮牧和转场放牧的游牧方式,基本实现了"人畜两旺"和合理利用草原的政策目标。虽然这种游牧方式随着牧民的定居在逐步消失,但是其积累的传统放牧知识和草原利用经验,对于当前牧区草地利用制度改革和划区轮牧的实施仍然具有重要的参考价值。

二 承包制实施后的草地经营方式:定居定牧

(一)承包制实施后草地经营政策的演变

随着草地承包制的逐步落实,传统的游牧方式逐渐被以家庭为单

---

① 参见王晓毅《环境压力下的草原社区内蒙古六个嘎查村的调查》,社会科学文献出版社2009年版,第61页。
② 参见王晓毅《环境压力下的草原社区内蒙古六个嘎查村的调查》,社会科学文献出版社2009年版,第29、61页。
③ 参见范长风《自然之道文化眼里的青藏牧民及其自然资源管理》,中国发展出版社2017年版,第162页;另参见陈祥军《回归荒野准噶尔盆地野马的生态人类学研究》,知识产权出版社2014年版,第143、184页;张立中主编:《中国草原畜牧业发展模式研究》,中国农业出版社2004年版,第31页。

位的定居放牧所代替。在1983年《〈内蒙古自治区草原管理条例（试行）〉草案的说明》中指出，"家庭联产承包已经成为畜牧业主要的经营形式""有利于克服当前在利用草原问题上的吃'大锅饭'的弊端"，对草原载畜量作出规定，可以比较好地解决畜草关系问题，使畜牧业生产的发展逐步纳入科学的轨道。[①] 国务院批转的《全国牧区工作会议纪要的通知》（国发〔1987〕73号）则明确规定，"牧区经济的根本出路是由传统畜牧业向现代畜牧业转化，由自给、半自给生产向较大规模的商品生产转化"。"当前要保护草原，改变掠夺式放牧，逐步引导牧区从自然放牧向集约化方向发展，从单一经营向多种经营发展，从游牧半游牧向定居半定居发展。"从上述政策文件来看，相比较人民公社时期的定居游牧方式，草原的生产经营主体由人民公社和生产队转换为家庭牧户，与家庭承包制相伴随的草原逐渐被分割分配给各个牧业户和生产队经营，原有的大范围游牧逐渐被现代畜牧业和定居放牧所替代。

同时，为保护草原生态，合理利用草地，1984年《草原法》明确规定，严格保护草原植被，禁止开垦和破坏、砍挖固沙植物和其他野生植物或者采土；合理使用草原，防止过量放牧。但是，上述规定在牧区经济效益优先的指导方针下并没有得到严格遵守，由此导致20世纪末期草原生态环境急剧恶化，全国各类天然草地全面退化。草原生态保护受到高度关注，2002年，国务院颁布《关于加强草原保护与建设的若干意见》（国发〔2002〕19号），全国人大常委会全面修订《草原法》，明确规定建立基本草地保护制度，实行草畜平衡制度，推行划区轮牧、休牧和禁牧制度等草原利用和保护制度。随着草地生态保护措施的逐渐落实，牧民原有的草地利用方

[①] 参见内蒙古自治区档案馆《内蒙古自治区畜牧业政策资料摘编1947—1983》，内部资料1983年版，第223—224页。

式开始受到限制，以草畜平衡为目标的减畜政策成为草原生态保护的重心，原有的粗放型经营方式被迫向舍饲圈养转型，草地退化趋势逐步减缓。

随着党的十七大报告首次提出建设生态文明的目标，党的十八大报告更是将生态文明建设纳入中国特色社会主义事业总体布局，生态文明建设开始成为我国经济社会发展的战略目标。"生产生态有机结合、生态优先"成为牧区经济发展的基本方针。2011年国务院发布《关于促进牧区又好又快发展的若干意见》（国发〔2011〕17号），明确提出建立草原生态保护长效机制。同时提出，实施"建立草原生态保护补助奖励机制""稳定和完善草原承包经营制度""加快实施游牧民定居工程"等八个方面二十项重要的扶持政策和重大项目。从该文件解读，为纠正草地承包制实施以来"重生产功能，轻生态功能"的问题，政策所采取的措施是在继续推进草地承包经营制度的稳定和完善的前提下，通过实施草畜平衡管理、禁牧休牧轮牧和生态补奖政策，推动畜牧业发展方式由天然放牧向舍饲、半舍饲转变，促进牧民转产转业，减轻天然草原的载畜量和放牧压力，从而实现草原生态保护和牧民生计保障的双重目标。

（二）承包制实施对草地经营方式的影响

从牧区草地经营方式的历史考察，承包制的实施是对草原千年以来游牧经营方式的重大变革。这种变革不仅反映在草地经营主体由集体经营转变为家庭经营，更反映在牧业经营和草地利用方面，传统的游牧方式日渐式微，现代畜牧技术和生产方式的推广使舍饲或半舍饲圈养以及定居或半定居渐渐成为牧民生产生活的常态。

1. 草地承包制实施后草地的生产功能空前强化

农区家庭承包经营制的实质在于通过家庭分散经营改变人民公社吃"大锅饭"的统一生产经营体制，通过赋予家庭更多的土地经营自主权而激励农户的生产经营积极性，提高农业生产效益。在农区家庭承包经营制引入牧区后，其原有的政策目标必然为牧区承包制所继受，牧区草地的生产功能被极大地强化。随着牲畜归户和草地划分的实施，牧民的生产经营积极性空前高涨，许多农牧民将增加牲畜数量，提高牧业收入作为重要目标。地方政府亦将提高经济效益和增加牧民收入作为发展畜牧业经济的首选目标，不仅为舍饲圈养和人工种草提供资金支持，而且为改良牲畜品种提供技术支持。原来传统的放牧方式正在逐渐被集约化的饲养方式所代替。[①] 草地的生产功能被空前强化，政策制定者在实施草地承包制时所预设的防止牧民吃草原"大锅饭"的生态保护目标并没有达到预期。

2. 草地承包制实施后草地经营主体的变化

在人民公社时期，生产队和生产大队作为牧业经营的主体，承担着分配草地和组织放牧的职责。但是在草地"双权一制"和家庭承包制实施后，牲畜作价归户，分散经营，草地逐渐划分到户，原有的集体统一经营体制被分散的家庭经营所代替。家庭牧户或家庭承包户成为牧业生产的基本单位和牧业社会的生活单元，对特定范围内的草地拥有使用权和牲畜所有权，牧业经营的收益和风险完全由牧户承担，牧户成为完全的市场主体。"承包制空前地增加和强化了牧民的家庭功能，浩特和嘎查的功能程度不同地被消减，苏木功能则转化为主要为家庭和嘎查的管理服务。"[②]

3. 草地承包制的实施对牧民生产经营方式的影响

在家庭承包后，由于草地划分到户，牧民只能以家庭为单位在划分的草地范围内放牧，不能私自使用他人或公有牧场，大范围游牧的

---

① 参见王晓毅《从承包到"再集中"——中国北方草原环境保护政策分析》，《中国农村观察》2009 年第 3 期。

② 王俊敏：《一种新型社区——牧区社区》，《内蒙古大学学报》1993 年第 2 期。

基础已经丧失。随着草地的划分，牧民只能在自己的草地上建造房屋和牲畜圈舍等生产生活设施，传统的游牧方式逐渐被定居半定居的舍饲或半舍饲牧业经营方式代替。在牲畜私有和草地承包后，牧民开始围绕划分的草地建设定居点并分散居住，并且开始更加关注自己草地的边界，防止其他牧民的牲畜越界。牧民之间的关系呈现疏离和原子化，原有的游牧方式和草地利用的社会规范被逐渐改变，甚至不再发挥作用。① 上述变化反映在以下牧民的访谈中。

> 牧民 DMCHG：我们这里 1984 年分草场后就不游牧了，陆续定居。在自己分到的草场上建房屋。因为草场很大，每个牧户之间至少有几华里的距离。1984 年后成家立业的牧民，不能分得草场，因为草场分完了。此后每个新成立的家庭只能从自己父母的草场中分得相应的部分，建房居住。所以草原上有两三栋房子是紧挨着的，不挨着也距离很近，通常是至亲，不是父子就是兄弟关系。
>
> 过去我们住蒙古包，现在游牧生活逐渐被定居所代替，草原上的牧民建起土坯或砖瓦房，蒙古包越来越少了。现在还有蒙古包，但是都是以前用过的，没有新做的。夏天到离家远的牧场放牧时还有用，如到邻近苏木嘎查租用的草场时牧民会带着蒙古包前往，在那里居住一段时间到夏末返回，我们叫"夏营地"，那儿水好，草也好……②
>
> 牧民 BD：我这辈子游牧习惯了，我认为游牧好，不分草场

---

① 参见王晓毅《从承包到"再集中"——中国北方草原环境保护政策分析》，《中国农村观察》2009 年第 3 期。
② [被访谈人：DMCHG，男，70 岁，蒙古族，东乌旗道特淖尔镇会计。访谈人：白丽丽，访谈时间：于 2007 年 5 月，在东乌珠穆沁旗道特淖尔镇。] 邢莉、邢旗：《内蒙古区域游牧文化的变迁》，中国社会科学出版社 2013 年版，第 369 页。

好。饲养牲畜就是靠游牧，靠草场，游牧牲畜可以吃各种各样的草，有营养的草，在围栏里的牛羊像要饭的，只能吃外围的草，牛羊要自由自在地吃草，大草原才好，越自在越好。游牧牲畜抓膘好，配种率90%，定居配种率60%。

另外定居比游牧费用大，游牧投入少收入多。牧民算了一笔账：同样养100头牛，定居费用17万（元），游牧只需6万（元）；一只羊游牧和定居差40元，牛差400元，钱花销在买草上，我家1984年包产到户分到草场3700亩，只是打草场，没有放牧场。所以我要走。现在冬营地、夏营地都没有了；我认为打草破坏草场，以前冬营地、夏营地不打草，游牧时夏营地5—7天一轮流。过去打草量占草场的10%—20%，现在打草量大，破坏草场。呼伦贝尔大草原曾经有120多种草。现在种类少了。草场现在在退化，这是事实，不信，你们看看我的草场，草场是盐碱地……①

总结草地承包制实施后对牧民生产经营和草地利用方式的影响，可以发现草地家庭承包制虽然并未改变草地集体所有或国家所有的所有制结构，但是从根本上改变了牧民利用草地的方式，即由传统的游牧方式改变为半游牧和舍饲圈养。传统的有组织的游牧方式被家庭分散放牧或联户放牧所取代，嘎查（生产队）和苏木（生产大队）不再统一组织放牧，而是进行草地统一管理和信息、技术服务等工作，这是牧区草地经营体制的重大变革。

---

① ［被访谈人：BD，男，62岁，蒙古族，老牧人。访谈人：邢莉与中央民族大学2012届民俗学毕业生桂丽，访谈时间：2007年7月，在锡尼河镇西苏木牧民家中。］参见邢莉、邢旗《内蒙古区域游牧文化的变迁》，中国社会科学出版社2013年版，第375页。

第三节　反思：草地退化与草地承包经营制度的相关性

草地承包制的实施既是对草地基本经营制度的改革，亦是草地所有制的落实和草地财产制度的形成过程。草地承包到户对于传统草地游牧方式带来的冲击是革命性的，这不仅表现为以产权明晰为原则的农区土地财产制度对牧区草地利用制度的改造，导致牧民失去对传统公共牧场的放牧权，而且表现为在失去集体统一组织和管理后，牧业经营和草地利用的主体由集体变为单个家庭牧户，牧业经营的成本和风险都将由单个牧户承担，这导致由于草地利用失去来自集体的外部约束力量而可能加剧草地过牧和退化的风险。草地家庭承包制由此受到来自学界的诸多质疑，甚至有人认为正是草地承包制的实施加剧草地退化。① 那么，草地承包制究竟与草地退化是否有相关性，或者何种程度的相关性？若要对该问题给予科学明确的答案，则首先必须对草地退化的进程和状况有所梳理，然后对造成草地退化的诸多原因进行客观分析，并从中找到导致草地退化的根本原因。

一　草地退化的历史演进

草业科学研究表明，草地退化是植被和土壤协同退化的结果，其具体表现为植物群落多样性减少、草地生产力下降和土壤物质损失、理化性质变劣。② 草地退化不但影响草地的生态功能，而且会导致草地

---

① 参见徐斌《"三牧问题"的出路：私人承包与规模经营》，《江西农业大学学报》2009年第1期，其认为"三牧"（牧业、牧区、牧民）问题的根源来自盲目的推行草场家庭承包经营。
② 参见张骞等《青藏高寒区退化草地生态恢复：退化现状、恢复措施、效应与展望》，《生态学报》2019年第20期；周丽等：《退化高寒草甸植被与土壤特征》，《草业科学》2016年第11期。

生产力的下降，影响草地利用。当然，草地退化并非朝夕之间可形成的，而是在各种自然和人为因素影响下，由量变而至质变的过程。

（一）草地承包制实施前草地退化状况①

调查数据显示，由于开垦荒地和超载过牧等原因，在承包制实施前我国草地面积就在不断减少，草地生态在不断恶化。据统计，新中国成立初全国牧草地面积为 58.79 亿亩，至 20 世纪 80 年代降至 50.04 亿亩，净减少 8.75 亿亩，减少 14.90%，其中内蒙古自治区、新疆维吾尔自治区、青海省及西藏自治区区域草地共减少 10.51 亿亩。② 最具有典型性的是，从 20 世纪 60 年代起，随着人口的增加和"以粮为纲"政策的实施，大面积毁林开荒，垦草种粮，导致科尔沁草原—坝上—鄂尔多斯草原—宁夏地带的农牧交错区成为我国沙漠化最为严重地区，占全国沙漠化土地面积的 73%，使原本水草丰美的草原成为内蒙古地区风蚀最严重、环境最恶劣、生活最贫困的地区。③

（二）20 世纪 80 年代初至 21 世纪初草地退化状况

综合各种调查数据，20 世纪最后的二十年，全国草地生态呈现加速退化的趋势。根据《中国土地资源》全国第一次土地资源调查数据，④ 1996 年全国牧草地面积为 39.91 亿亩，比新中国成立初期的

---

① 关于草地退化的标准学界仍然有争议，根据农业部制定的《天然草地退化、沙化、盐渍化的分级指标》（GB 19377—2003），草地退化是指天然草地在干旱、风沙、水蚀、盐碱、内涝、地下水位变化等不利自然因素的影响下，或过度放牧与割草等不合理利用，或滥挖、滥割、樵采破坏草地植被，引起草地生态环境恶化，草地牧草生物产量降低，品质下降，草地利用性能降低，甚至失去利用价值的过程。根据该指标草地退化分为未退化、轻度退化、中度退化和重度退化。本章亦根据该标准来判断草原退化程度。

② 参见吴传钧、郭焕成《中国土地利用》，科学出版社 1994 年版，第 81 页。

③ 参见盖志毅《制度视域下的草原生态环境保护》，辽宁民族出版社 2008 年版，第 6 页；吴传钧、郭焕成：《中国土地利用》，科学出版社 1994 年版，第 81 页。

④ 第一次全国土地调查开始于 1984 年 5 月《国务院批转农牧渔业部、国家计委等部门关于进一步开展土地资源调查工作的报告的通知》（国发〔1984〕70 号），一直到 1997 年年底结束。

58.79亿亩减少32.11%；牧草地占土地总面积的比重由1949年的41.20%下降到1996年的28.00%，下降13.20%。① 自20世纪80年代以来，全国牧草地面积减少速度明显加快。据学者统计，1980—2000年，我国天然草地退化面积每年以2250万亩的速度增加，每年的退化面积约为草地总面积的0.50%。②《2000年中国环境状况公报》显示，至20世纪末全国90%的草地存在不同程度地退化，其中中度退化以上草地面积已占半数，全国"三化"草地面积已达20.25亿亩，并且每年还以3000万亩的速度增加，草地生态环境形势十分严峻。③

(三) 20世纪初以来草地退化状况

20世纪初，随着京津风沙源治理工程、退牧还草工程、西南岩溶地区治理等重大草原生态保护工程的启动和草原生态保护补奖政策的全面实施，草地退化趋势有所缓和，部分或大部分地区草地生态都在逐步恢复或好转。这主要表现在三个方面。

其一，进入21世纪以来，全国草原综合植被覆盖度逐年提高。草原综合植被覆盖度是主要反映草原牧草生长浓密程度的指标，可在一定程度上反映草地退化的状况。④《2018年全国林业和草原发展统计公报》的统计数据显示，2018年全国草原综合植被覆盖度达到55.70%，较2006年的34.00%提高了21.7个百分点。⑤ 显然，由于最近二十年草原保护工程的逐步实施，全国天然草原生态在逐步恢复，草原生态保护成效显著。

---

① 参见李元主编《中国土地资源》，中国大地出版社2000年版，第129页。
② 参见苏大学《中国草地资源调查与地图编制》，中国农业大学出版社2013年版，第356页。
③ 参见国家环境保护总局《2000年中国环境状况公报》，《环境保护》2001年第7期。
④ 草原综合植被盖度是指某一区域各主要草地类型的植被盖度与其所占面积比重的加权平均值，主要反映草原牧草生长浓密程度。
⑤ 参见国家林业与草原局《2018年全国林业和草原发展统计公报》，国家林业和草原局网站，http：//www.forestry.gov.cn/sites/main/main/lyzt/zht.html，2022年3月1日访问。

其二，全国草原面积减少趋势减缓，部分草原甚至逐步恢复。2001—2012 年每年中分辨率光谱像仪（MODIS）的最大归一化植被指数（NDVI）数据分析的结果表明，全国具有恢复趋势的草地面积占草地总面积的 60.55%，有恶化趋势的草地面积占草地总面积的 39.45%。① 根据国土资源部第三次全国土地调查的数据，截至 2019 年，全国天然牧草地 21317.21 万公顷，相比较 2009 年的第二次调查数据天然草地面积 21785.13 万公顷和 1996 年第一次全国土地调查的天然草地面积 26273.93 万公顷，近十年来全国天然草地面积虽然整体上仍然呈现减少趋势，即减少 467.92 万公顷（占比 2.15%），平均每年减少约 46.8 万公顷，但是减少的幅度相比较 21 世纪初已经大幅减缓。② 《2017 年度中国林业和草原发展报告》指出，局部地区生态环境明显改善，全国草原生态环境持续恶化势头得到有效遏制。以内蒙古呼伦贝尔草原为例，随着草原生态保护工程力度的加大，草原植被覆盖度和草原生产力开始波动式增加，到 2014 年基本接近 20 世纪 80 年代平均水平。③

其三，虽然草地退化趋势有所缓和，但是草地生态形势依然严峻，部分地区草地生态恢复的基础仍然不牢固。《国务院办公厅关于加强草原保护修复的若干意见》（国办发〔2021〕7 号）指出："党的十八大以来，草原保护修复工作取得显著成效，草原生态持续恶化的状况得到初步遏制，部分地区草原生态明显恢复。但当前我国草原生态系统整体仍较脆弱，保护修复力度不够、利用管理水平不高、科技支撑能

---

① 参见刘钟龄《中国草地资源现状与区域分析》，科学出版社 2017 年版，第 85 页。
② 参见李元主编《中国土地资源》，中国大地出版社 2000 年版，第 222 页；中华人民共和国国土资源部、国务院第二次全国土地调查领导小组办公室编著：《中国土地资源与利用》，地质出版社 2017 年版，第 162 页。
③ 参见中华人民共和国国土资源部、国务院第二次全国土地调查领导小组办公室编著《中国土地资源与利用》，地质出版社 2017 年版，第 84 页。

力不足、草原资源底数不清等问题依然突出,草原生态形势依然严峻。"综合比较国土资源部三次全国土地调查数据,全国天然草地面积整体上减少趋势有所缓和,但部分地区草地面积仍然呈现显著减少趋势。结合2001年至2012年每年MODIS的最大NDVI数据分析,全国部分地区草地面积减少趋势呈现不均衡分布状态,其中西北区和青藏高原区草地面积略有增加趋势,蒙宁区草地面积呈先增加后减少的趋势,其余分区(东北区、中原区、东南区和西南区)草地面积均呈现显著减少趋势。①

综合草地退化演进的历史,可以发现,草地退化在新中国成立以后是持续存在的,草地面积有所减少,退化面积有所扩大,只不过在改革开放之前草地退化程度并不突出,亦没有引起政策和法律的特别关注。但是,在20世纪80年代至21世纪初,随着草地面积加速减少,草地退化程度呈加速发展状态,草地"三化"日益严重,北方沙尘暴频繁发生,退化草地生态治理开始受到政策高度关注。②进入21世纪后,虽然采取了越来越严厉的草地生态保护措施,草地退化状况有所缓解,部分地区草地生态也在逐步恢复,但是由于前期退化草地面积较大,生态修复任务十分艰巨。草地生态仍然面临着"三化"、过度放牧、矿山开采和工业化、城镇化等因素的威胁。第五次全国荒漠化和沙化监测结果显示,截至2014年,全国荒漠化土地面积仍然有261.16万平方千米,占国土面积的27.20%,沙化土地面积仍然有172.12万平方千米,占国土面积的17.93%。③由于这些荒漠化和沙化土地中有

---

① 参见刘钟龄《中国草地资源现状与区域分析》,科学出版社2017年版,第309页。
② 内蒙古草原牧区沙尘暴与沙尘天气,1950—1990年,平均每两年发生一次,1991年以后几乎每年发生多次,如1998年在40天内连续发生6次,2000年发生13次,2001年,我国发生了32次沙尘暴,其中14次源起于内蒙古地区。参见王关区《我国草原退化加剧的深层次原因探析》,《内蒙古社会科学》(汉文版)2006年第4期。
③ 参见李鹤《我国荒漠化土地和沙化土地面积连续10年"双缩减"》,《中国林业》2016年第2期。

很大部分是原先的天然草原，中国仍然是世界上荒漠化最严重的国家之一，草地生态修复任重道远。

二 草地退化的原因分析

分析导致草地退化的因素和原因，不仅可以为退化草地的生态修复和重建提供科学依据，从而制定科学有效的政策措施和合理的规划，而且可以根据草地退化的因素分类施治，为草地生态保护立法提供可资借鉴的经验。尽管在不同牧区和地域，草地退化的主导因素可能有所不同，但是能够达成共识的是，草地退化是内因和外因综合作用的结果。[①] 其中内因来自草地生境本身的脆弱性，外因则来自人为因素和自然因素两个方面。[②]

（一）草地生境的脆弱性

草地生境的脆弱性，即由于草地所处的环境条件较为恶劣，草地自身孕育着退化的内在因素。[③] 从我国天然草地的生境条件考察，我国天然草地多为水热条件差、干旱缺水的荒漠类草原、严寒的高海拔草甸草原和品质差的热性次生草地，而品质好的温性草甸草原、温性草原和山地草甸草原则较少。

根据中国科学院20世纪80年代对我国天然草地按草丛质量、产草量及生态条件所作的综合评价，在我国天然草地中最适于牲畜放牧饲养，草质质量好、产草量高的一等草地（以草甸草原与草原为主），仅占全国草地总面积的12.85%；适于牲畜放牧饲养，草质较差或产草

---

① 参见贾慎修《草地学》，中国农业出版社1995年版，第249页。
② 参见苏大学《中国草地资源调查与地图编制》，中国农业大学出版社2013年版，第359页。
③ 参见龙瑞军、董世魁、胡自治《西部草地退化的原因分析与生态恢复措施探讨》，《草原与草坪》2005年第6期。

量较低的二等草地（以荒漠草地为主），占全国草地总面积的38.93%；勉强适于牲畜放牧饲养，草质很差或产草量很低的三等草地（以荒漠、沙生、盐生、沼泽和南方灌丛草地为主），占全国草地总面积的47.86%；不宜放牧的草地，约占全国草地总面积的0.36%。① 从该评价可见，我国天然草地中八成以上的都是草质较差或很差的二三等草地，而且多分布在干旱半干旱或高寒地区。这是我国天然草地利用和生态保护所面临的客观情况，由此决定我国大部分地区天然草地很容易受到外界因素的影响，一旦退化则往往很难恢复或需要花费很长的周期和代价才能恢复。也就是说，相比较耕地，在草地利用过程中，特别是对荒漠和半荒漠草地的利用，我们必须将生态保护始终放在优先地位，否则会导致难以弥补的草地生态灾难。

（二）自然因素的影响

草地退化的自然因素主要来自气候干旱、草原鼠虫害和风蚀水蚀等。这些自然因素多为暂时和局部的，虽然并非草地退化的主导因素，但是由于草地生境本身的脆弱性，会导致短期内局部草地生境恶化，加剧草地退化。

1. 气候干旱

我国北方草原多分布在年降水量小于400毫米的干旱半干旱或高寒地区，不同年度间气候条件差异显著。据近40年的气象资料分析，我国草原区降水变率达46%—95%，多雨年与少雨年年降水量相差2.6—3.5倍，如典型草原地带的丰雨年，降水量可达400毫米以上，干旱年不到200毫米。② 气候变化和干旱会导致草原植被生境条件恶

---

① 参见李元主编《中国土地资源》，中国大地出版社2000年版，第227页。
② 参见苏大学《中国草地资源调查与地图编制》，中国农业大学出版社2013年版，第362页。

化，发育迟缓，草地生产力下降。当然，在多数情况下，特别是在干旱半干旱草原，草地植被会在长期自然选择的过程中形成适应草原气候环境变化的自我调节机制，植物种群之间相互补偿，并且在雨水较多时实现自我修复，不会导致草地退化。有学者认为，过度放牧所导致的草地退化实际上不过是草地植被对气候干旱等随机因素变化的反应。①

但是，当气候持续干旱超出草地生态系统的自我修复能力时，草地生态系统会出现退化，草地逐渐向干旱类型演变。这种气候干旱不仅表现为气温升高、平均降水量减少，更表现为干旱周期缩短，旱灾频率增加。这些因素导致局部草地生境持续恶化，草地生态恢复周期缓慢，甚至趋向退化。例如内蒙古地区20世纪80年代比60年代的平均降水量减少54毫米，温度升高1.1℃，进入20世纪70年代后，大约每隔2年出现一次全区性干旱。② 有研究通过对比青藏高原无人区草地1987—1988年与2000年的TM资源卫星影像资料时发现以下五个问题：第一，西藏羌塘高原无人区和青海可可西里无人区，气候变暖，蒸发量增加，致使很多湖泊干涸消失，永久积雪和冰川覆盖的面积明显缩小；第二，未遭受人们经济活动干扰的区域，草地面积也在缩小；第三，长江源头无人区的草地，沙化面积扩大；第四，草地植被覆盖度降低；第五，干旱的高寒草原和高寒荒漠草原类型由沟谷低海拔区域向有冰雪水补给的相对较湿润的高海拔区域推进。③ 显然，在这些无人区并没有人类活动和过度放牧问题，但是仍然出现草地面积缩小、

---

① 参见李向林《草原退化的生态学透视》，载《现代草业科学进展——中国国际草业发展大会暨中国草原学会第六届代表大会论文集》，2002年，第349—354页。

② 参见包文忠等《我国北方草地资源面临的生态危机及对策》，《中国草地》1998年第2期。

③ 参见苏大学《中国草地资源调查与地图编制》，中国农业大学出版社2013年版，第362页。

湖泊及其湖泊周围草地退化，合理的解释只能是气候变暖、降水量减少，草地干旱导致草地退化。将气候干旱认定为草地退化的主导因素并不能普遍地适用于所有类型和所有地域的草地，必须综合特定地域草地退化中自然因素和人为因素的贡献度，才能科学地判断特定地域草地退化的真实主导因素。

2. 草原鼠虫害

草原鼠虫害导致的草地退化是由于草原各种有害啮齿动物和昆虫啃食或挖掘草地植物根茎，导致牧草枯死，草地裸露，失去利用价值。《2018年全国林业和草原发展统计公报》数据显示，全国草原鼠害危害面积38681.55万亩（2578.77万公顷），约占全国草原总面积的6.6%，草原鼠害防治面积为9513万亩（634.2万公顷），占鼠害总面积的24.6%；全国草原虫害危害面积为18517.50万亩（1234.5万公顷），约占全国草原面积的3.1%，草原虫害防治面积为7312.50万亩（487.5万公顷），占虫害总面积的39.5%。① 虽然鼠害和虫害就全国牧区而言并不普遍存在，但是在局部地区，鼠虫害却会成为草原退化的主导因素。如果对草原鼠虫害不能及时和有效防治，则会导致草原产草量降低，利用率下降，形成"虫害—草地退化"的恶性生态循环。②

3. 风蚀水蚀

从我国草地类型的分布来看，北方草原和青藏高原中西部分布有大量的荒漠化草地，这些地方不但植被覆盖度低，土壤疏松多沙质化，而且冬春季多大风。由于地形开阔，这些地域的大风极容易造成地表物质中细质成分和土壤有机质被风带走，并且在沙丘迁移的过程中将

---

① 参见国家林业与草原局《2018年全国林业和草原发展统计公报》，国家林业和草原局网站，http://www.forestry.gov.cn/sites/main/main/lyzt/zht.html，2022年3月1日访问。

② 参见陆元彪等《海北藏族自治州草原鼠虫害调查报告》，《四川草原》1997年第1期。

草地埋压，造成草地沙化和退化。例如甘肃河西（包括中部景泰县）走廊地区，地处巴丹吉林和腾格里沙漠的边缘地区，以及西藏雅鲁藏布江上中游河谷和拉萨河下游河谷，由于大风天气影响，极容易出现风蚀型退化草地。①

水蚀是由于草地坡度较大，土壤中粉沙含量较高，土壤疏松且透水性较强，在雨水集中和降水较多时，受到雨水的冲刷，容易出现坡地土壤有机质流失而导致水土流失。严重的水土流失往往导致天然植被遭受破坏，进而使裸露土地增加，大大降低了原有植被防风固沙、蓄水保土、涵养水源、净化空气、保护生物多样性等生态功能，使区域生态环境恶化，甚至退化。②例如内蒙古自治区大部地区处于干旱荒漠区，是我国水土流失较严重的地区，《内蒙古自治区水土保持公报（2020年度）》监测结果显示，2020年全区水土流失总面积58.14万平方千米，占全区土地总面积的48.61%，其中水力侵蚀面积8.19万平方千米，占总侵蚀面积的14.09%；风力侵蚀面积49.95万平方千米，占总侵蚀面积的85.91%。③

自然因素作为导致草地退化的外来因素，虽然不是各个牧区普遍存在的现象，但是仍然是部分地区局部生态恶化的主导因素。当然，虽然这些自然因素发生的时间和方式具有随机性和不可预测性，但是仍然可以采用科学的手段加以预防和治理，将其造成的草地退化风险降至最低。

---

① 参见苏大学《中国草地资源调查与地图编制》，中国农业大学出版社2013年版，第362页。
② 参见《内蒙古自治区水土保持规划（2016—2030年）》（内政办发〔2017〕8号）
③ 参见内蒙古自治区水利厅《内蒙古自治区水土保持公报（2020年度）》，内蒙古自治区水利厅网站，http：//slt.nmg.gov.cn/xxgk/bmxxgk/202111/t20211122_1956398.html，2022年3月1日访问。

（三）人为因素的干扰

草地退化的人为因素主要包括过度放牧、开垦撂荒、乱采滥挖、滥用水资源和工矿开采等。这些是各类草地利用中长期存在的普遍现象，是导致草地退化的主要人为因素，也是退化草地生态治理的重点和法律政策规制的对象。

1. 过度放牧

在牧区和半牧区，由于多数牧民维持生计和增加收入的主要途径是畜牧业，牧民对天然草原有很强的依赖性，这决定了天然草原的生产力和牧民生计息息相关。在牧区人口增加的情况下，为维持生计和增加收入，增加牲畜饲养量成为必然的选择，而在牧区草地面积不断减少和退化的情况下，草地单位面积的牲畜承载量必然增加。

根据《中国民族统计年鉴》数据统计（见表1-1），在新中国成立初期，全国牧区、半农半牧区县（旗）牲畜总头数接近3000万只，但在20世纪80年代初，草地面积减少14.9%的情况下，牲畜总头数却增加至1亿只以上，是1949年的3.5倍。据农业部统计，西北四个牧业省区平均每头混合畜占有可利用草地已经从新中国成立初期的115亩下降到80年代的40亩。[①]

表1-1　　全国牧区、半农半牧区县（旗）牲畜年末头
　　　　　　（只）数（1949—1993）　　　单位：万头（只）

年份	牲畜总头数	大牲畜	羊
1949	2916.5	1014.2	1902.3
1952	3688.4	1226.9	2461.5
1957	5085.8	1462.7	3623.1

---

① 参见吴传钧、郭焕成主编《中国土地利用》，科学出版社1994年版，第146页。

续表

年份	牲畜总头数	大牲畜	羊
1965	7394.0	1802.9	5591.1
1978	8386.5	2166.0	6220.5
1979	9152.7	2270.6	6882.1
1980	9443.6	2358.0	7085.6
1981	10118.7	2495.5	7623.2
1982	10202.8	2703.8	7498.0
1983	9568.9	2549.2	7019.7
1984	9678.9	2624.5	7054.4
1985	10008.7	2763.3	7245.4
1986	9905.8	2781.0	7124.8
1987	10096.0	2795.6	7300.4
1988	10531.0	2817.0	7714.4
1989	10524.9	2780.5	7744.4
1990	10630.7	2810.8	7819.9
1991	10568.0	2872.2	7695.8
1992	10684.9	2848.7	7836.2
1993	10449.0	2844.7	7604.3

资料来源：《中国民族统计年鉴》（1949—1994年），民族出版社1994年版，第203页。

在承包制实施后的十多年里，虽然牲畜总头数没有明显增加，但是到1996年，由于草地面积大幅减少，使单位草地承载的牲畜头数显著增加。2002年第二次全国草地遥感调查结果表明，自20世纪80年代初至2002年，草原牧区人口增加33%，单位草地承载的牲畜头数增加了46%，按国际标准牛单位计算，全国草地负载量为3.04公顷/（牛·年），已大大低于国际上公认的畜均应占有草地5公顷/（牛·年）的载畜临界线标准。①《2008年全国草原监测报告》显示，全国重点天然草原的牲畜超载率仍然有32%，其中，西藏、内蒙古、新疆、青海、四川、甘肃的牲畜超载率分别为38%、18%、40%、37%、39%、39%。② 可以说，20世纪的后二十年是草地面积加速减少的二十年，亦是牧区草地加速退化的二十年，牧区陷入草地生态退化和牧民生计保障的双重困境。

2. 开垦撂荒

开垦撂荒是仅次于过度放牧的导致草地退化的重要原因。据统计，新中国成立后我国在农业"大跃进""以粮为纲"等政策的鼓励下，共有四次大规模的草地开垦活动（见表1-2），累计开垦草地1900万公顷，占我国草原面积的4.8%，全国耕地面积中有18.2%的来自草原。③ 然而，在这些被开垦的草地中，由于选择不当、计划不周或土地贫瘠等原因，大量土地开垦后即被撂荒。据全国农业区划办公室遥感调查，1986—1996年，仅黑龙江、内蒙古、甘肃、新疆4省区新开垦的174万公顷土地中就有49.2%的被撂荒。④ 这些开垦后被撂荒的土地，往往由于缺乏植被的有效保护而发生风蚀，逐渐导致沙漠化，成为草地退化的根源。⑤

---

① 参见苏大学《中国草地资源调查与地图编制》，中国农业大学出版社2013年版，第359页。
② 参见《2008年全国草原监测报告》，《农民日报》2009年4月16日。
③ 参见李建东、方精云主编《中国草原的生态功能研究》，科学出版社2017年版，第21页。
④ 参见苏大学《中国草地资源调查与地图编制》，中国农业大学出版社2013年版，第359页。
⑤ 参见樊江文等《50年来我国草地开垦状况及其生态影响》，《中国草地》2002年第5期。

表1-2　　　　　　新中国成立以来我国草地开垦情况①

开垦时期	相关政策	草地开垦情况
"大跃进"时期（1958—1960年）	农业"大跃进"运动,强调粮食增产增收	第一次草地垦荒高潮:青海开垦草地67万公顷,新疆开垦345万公顷
调整时期（1961—1965年）	全党大办农业、大办粮食,把农业放在首位	第二次垦荒高潮:黑龙江省在1962—1965年共开垦草地89.3万公顷
"文化大革命"时期（1966—1976年）	以粮为纲,农业学大寨,全面展开农田基本建设	第三次垦荒高潮:青海省于1964—1974年在柴达木盆地开荒1.2万公顷
改革开放以来（1986—2000年）	政府降低农业生产资料价格,减轻农民负担,农产品价格提升	第四次垦荒高潮:1995—2000青海开垦草地2.144万公顷;1986—1996年,黑龙江、内蒙古、新疆和甘肃省开垦草地194万公顷

3. 乱采滥挖

受经济利益的驱使,在草原上乱采野生植物、破坏草地植被以及破坏性开采矿山也是较为普遍的现象,由此导致的草地退化在局部地区较为严重。乱采滥挖具体表现在这三个方面:一是乱采、滥挖草地野生药用植物。20世纪末,每年都有成千上万的牧民涌入草地采挖各种药用植物,例如挖冬虫夏草、甘草、贝母,割麻黄,搂发菜等,造成草原植被大面积破坏,严重的甚至导致草地退化。据统计,甘肃省安西县在20世纪80年代中期每年挖甘草近50万千克,破坏草地面积1300多公顷。②内蒙古在20世纪末期每年生产甘草、麻黄、黄芩、发

---

① 参见鲁春霞等《中国草地资源利用:生产功能与生态功能的冲突与协调》,《自然资源学报》2009年第10期。
② 参见马范、邹继范《甘肃省天然草场的退化及对策（上）》,《甘肃省科技情报》1985年第2期。

菜 1000—1500 万千克，每年破坏草地 7 万公顷。①

二是樵采薪材。在干旱半干旱牧区，牧民往往樵采草地灌木、半灌木作为薪柴解决燃料问题。这些草地灌木被樵采或挖掘后，防风固沙的效果大打折扣，甚至破坏了草地植被，导致周围草地退化。例如在 20 世纪 80 年代，内蒙古鄂尔多斯市的农牧民因大量樵采沙蒿、沙柳、乌柳、柠条等，每户每年就要破坏草原 40 亩左右。② 新疆荒漠区每年需薪柴燃料 350 万—700 万吨，这些薪柴主要来自樵采荒漠灌木，致使近万平方千米的荒漠草地植被遭到不同程度破坏。③

三是矿山开采。在矿产资源比较丰富的牧区，受经济利益的驱使，当地政府部门往往将矿产资源开采视为支柱产业，这导致部分牧区开矿、挖煤屡禁不止，而且矿山开采后往往不回填恢复草地植被，导致草地沙漠化。例如，2018 年的《内蒙古自治区贯彻落实中央环境保护督察"回头看"及草原生态环境问题专项督察反馈意见整改方案》和《草原生态环境问题专项督察反馈意见整改任务清单》中提到，内蒙古目前因矿山开采造成草原严重破坏，现有占用草原开采矿山项目 1536 个，其中未经草原主管部门审核的项目 1257 个，违法比例高达 81.8%，侵占草原 126.7 万亩。④

4. 滥用水资源

水资源的滥用主要表现为在两个方面：一是内陆河上游拦截水资

---

① 参见许志信等《内蒙古的生态环境退化及其防治对策》，《中国草地》2000 年第 5 期。
② 参见暴庆五、王关区《草原生态经济协调持续发展》，内蒙古人民出版社 1997 年版，第 146 页。
③ 参见苏大学《中国草地资源调查与地图编制》，中国农业大学出版社 2013 年版，第 360 页。
④ 参见中华人民共和国生态环境部《内蒙古自治区贯彻落实中央环境保护督察"回头看"及草原生态环境问题专项督察反馈意见整改方案》，生态环境部网站，https://www.mee.gov.cn/xxgk2018/xxgk/xxgk15/201904/W020190401588924275042.pdf，2022 年 3 月 1 日访问。

源或上游工农业过度用水，导致河流下游水量减少，甚至断流，下游沿岸草地植被枯死，形成荒漠化。典型的如新疆维吾尔自治区罗布泊荒漠化的形成。曾经素有"居延大粮仓"美誉的内蒙古自治区阿拉善盟，20世纪80年代后期因黑河上游大量用水，导致居延海干枯，93万公顷梭梭林枯死，沙化面积年增10万公顷，昔日的额济纳绿洲险些变为第二个"罗布泊"。[①] 二是过度开采地下水资源，导致地下水位下降，草地含水量下降，根系较浅植被枯萎衰退，草地沙化。例如20世纪70年代开始，由于石羊河中、上游兴修水库，甘肃民勤绿洲来水量逐年下降，为维持民勤绿洲经济发展，当地开始挖机井大力开采地下水，地面天然沙生植被因根系缺水而大面积衰退死亡，导致民勤地区草地沙漠化越来越严重。[②]

综合草地退化的各种原因，在生境脆弱的北方草地，自然因素和人为因素都是导致草地退化的外在因素。相比较而言，气候干旱、草原鼠虫害和风蚀水蚀等自然因素只是导致草地退化的辅助因素，因为其导致的草地退化只是局部和暂时的，而过度放牧、开垦撂荒和乱采滥挖等人为因素才是草地退化的主导因素。[③] 在草地退化的防治工作中，这些人为因素应当成为治理的重点。当然，如果继续追究草地退化的根本原因，则会发现这些人为因素的背后其实是牧区草地承载的过量人口所导致的牧民生计保障困境。国家林业局2002年组织的沙区普查和社会经济调查表明，北方12省、自治区的干旱半干旱地区沙区人口已达7465万人，人口密度为24人/平方千米，远远超出国际公认

---

① 参见杨汝荣《我国西部草地退化原因及可持续发展分析》，《草业科学》2002年第1期。

② 参见张华、安慧敏《基于GEE的1987—2019年民勤绿洲NDVI变化特征及趋势分析》，《中国沙漠》2021年第1期。

③ 参见龙瑞军等《西部草地退化的原因分析与生态恢复措施探讨》，《草原与草坪》2005年第6期。

的干旱半干旱地区土地的理论承载极限（7人/平方千米和205人/平方千米）。① 由于牧民生计和畜牧业发展的需要，在草地利用过程中往往出现"生计困境—过度放牧—草地退化—生计困境"的恶性循环。可见，如果要从根本上治理人为因素，特别是过度放牧导致的草地退化问题，解决牧民的生计困境才是治本之策。

三 草地承包制与草地退化的相关性

虽然承包制改革后，特别是实施西部大开发战略以来，牧区经济和社会发展取得了很大成就，草原畜牧业发展方式逐步转变，牧民生活水平显著提高，但是在承包制实施过程中草原生态亦呈加速恶化趋势。随着草地退化加剧，牧业生产受到严重影响，牧民收入减少进而加剧了贫困，草原牧区陷入草原退化与生计困境的恶性循环。由于草地承包制实施后出现的草地加剧退化现象，有必要对草地承包制实施的负面效应和其与草地退化之间的相关性作出回应。

（一）相关观点述评

在草地承包制实施后，面对日益严峻的草地退化问题，学者开始就草地退化的原因进行研究，对草地承包制的困境和缺陷进行反思。

1. 肯定说

该观点认为草地承包制的实施是加剧草地退化的直接原因。其理由如下：第一，家庭承包制下的分户放牧方式与非平衡草原生态系统之间存在明显矛盾，根据"公地悲剧"理论设计的草地承包制和私人利用模式并不能适应作为公共产品的草地的管理。② 第二，草地承包制

---

① 参见朱俊凤《中国的沙漠化发展趋势与防治对策》，《中国林业》2002年第13期。
② Dunlop, Sarah &D. M. Williams, "Beyond Great Walls: Environment, Identity, and Development on the Chinese Grasslands of Inner Mongolia", *The China Journal* 52, 2004.

的实施导致草原游牧生产方式终止，草地限制在较小的范围内，无法轮牧，由此的导致草地高强度利用是草原生态负荷加重的客观原因。① 事实表明，被普遍认为取得长足"发展"的20多年，恰好是草原退化和荒漠化空前加剧的时期。② 第三，农村单纯的家庭承包制与牧区的经济生产方式并不相适，将草原以户为单位围栏分割的做法违背草原畜牧业生产的客观规律，这是导致草地退化的直接原因。③ 第四，草地承包制破坏草原生态系统的多样性和完整性，破坏草原生态、草食家畜、牧民社区三者相互依存、相互制约所形成的生态经济和社会文化交织的复合系统，导致了一场特殊的"私地悲剧"。④ 依照上述观点，家庭承包制本质上是国外草地管理的私人利用模式在我国的运用，实际上并不适合我国草地管理，特别是那些荒漠和半荒漠草地的管理。要从根本上治理草地退化，必须改革现有的家庭承包制度和私人利用模式。

2. 否定说

该观点认为草地承包制并非加剧草地退化的原因，恰恰相反，承包制实施得不彻底和产权不明晰才是根本原因。其理由是：第一，草地承包真正落实到户是在20世纪末，在承包制最初实行的时候，仅有1/4的草地被明确承包，其他公用，由此造成牧民缺乏清晰的产权意

---

① 参见恩和《草原荒漠化的历史反思：发展的文化维度》，《内蒙古大学学报》（人文社会科学版）2003年第3期；恩和：《内蒙古牧区过度放牧发生原因及生态危机研究》，《内蒙古财经学院学报》2009年第1期；徐斌：《"三牧问题"的出路：私人承包与规模经营》，《江西农业大学学报》2009第1期。

② 参见达林太、娜仁高娃《对内蒙古草原畜牧业过牧理论和制度的反思》，《北方经济》2010年第11期。

③ 参见李媛媛、盖志毅、马军《内蒙古牧区政策的变迁与农牧业发展研究》，《农业现代化研究》2010年第1期；阿不满：《甘南牧区草原承包到户后的现状调查》，《草业科学》2012年第12期。

④ 参见敖仁其《合作利用牧场制度的理论思考与案例分享》，《原生态民族文化学刊》2011年第3期。

识，导致"公有地悲剧"，加之土地承包制的不确定未来（承包期短）也导致了一些牧民追求短期利益的行为，这是导致"公有地悲剧"和草地退化的重要原因。① 第二，在管理制度不完善的情况下，草地承包制并不是真正的承包制，未围栏的草地和未承包的公共草地成为"公地悲剧"的受害者，草原退化是理性经济人抢占草原饲草和水资源等公共资源的必然均衡结果。② 按照上述观点，造成草地退化的原因是草地承包制以外的其他原因，例如草地过度利用和气候变化等，而非草地承包制本身。治理草地退化的路径是在明晰产权的基础上，完善现有的草地家庭承包制和草地利用方式。③

3. 折中说

该观点认为相比较产权明晰而言，草地的不合理利用才是草地退化的根本原因，而非家庭承包制的实施。其理由如下：第一，在草地划分和固定使用的地区，草原退化和经济问题也比较严重，而在拥有一套灵活流动和可持续性的牧业生产方式的地区，当地生态环境和经济状况也相应较好，高度流动性的放牧方式并不是落后的，实际上是一种广泛而良好的组织方式。④ 第二，与传统的游牧放牧体系相比，草地承包后的定居定牧使草地被分割在小范围内利用，同等数量的牲畜对草地的作用力成倍放大，牲畜对草原重复踩踏和过度啃食，加剧草

---

① Longworth, J. W., "Wool Industry in China: some Chinese Perspectives", *The China Journal*, Volume 28, 1990.

② 参见杨理《中国草原治理的困境：从"公地的悲剧"到"围栏的陷阱"》，《中国软科学》2010年第1期；杨理：《草原治理：如何进一步完善草原家庭承包制》，《中国农村经济》2007年第12期；

③ 参见杨理《草原治理：如何进一步完善草原家庭承包制》，《中国农村经济》2007年第12期；王勇：《"栏内青草栏外沙"——草场承包加剧了草原生态退化?》，《绿叶》2013年第8期。

④ 参见张雯《内蒙古的草原生态与社会变迁——既有的研究发现》，《中国研究》2009年第1期。

地退化。① 由上述观点可知，草地承包经营并不必然导致草地退化，承包后草地被分割利用和过度放牧才是导致草地退化的根本原因，草地承包制改革的途径是加强承包后草地的放牧管理和规模化利用，特别是继承和发扬传统游牧方式中的轮牧方式。

可见，对草地承包制和草地退化之间的相关性理论，学者众说纷纭，仍然很难达成一致。本书认为，虽然各种学说对草地承包制是否导致草地退化很难达成共识，但可以确定的是，草地承包制本身的困境或缺陷是客观存在的，上述学说对此也做出了各自的贡献。就肯定说而言，其显然发现草地承包制本质上是西方草地管理私人产权模式的运用，在其适用到具有公共产品属性的草地管理时，是违背草地利用的客观规律的，治理草地退化必须发挥牧民社区自治的作用。否定说的贡献则在于，其认识到草地承包制对草地产权明晰的作用，应当在强化草地产权边界的基础上，加强草地管理。折中说则避免草地承包制与草地退化之间必然性的争论，将问题的焦点集中在承包制实施后的草地小范围利用的负面效应的防治上，试图通过草地利用的管理而避免草地退化。

（二）本书的回应：一种多元化的草地管理模式

综合关于草地承包制与草地退化相关性的各种学说，本书认为基于不同的理论基础，各种学说事实上都部分发现了草地承包制存在的缺陷，这对于科学认识草地退化的原因是有所助益的，但是如果将某种学说和理论普遍适用到不同资源禀赋的草地时可能会导致"一刀切式"的违背当地实情的困境。具体原因如下。

第一，草地承包制并非草地退化的直接原因，草地承包后的过度

---

① 参见张倩、李文军《分布型过牧：一个被忽视的内蒙古草原退化的原因》，《干旱区资源与环境》2008 第 12 期；代琴：《草原承包制度的困境及改革路径》，《社科纵横》2013 年第 2 期；敖仁其：《草原放牧制度的传承与创新》，《内蒙古财经学院学报》2003 年第 3 期。

利用才是导致草地退化的根本原因。草地承包制对牧区草地制度的影响是双重的：一方面，随着草地承包和草地划分到户，虽然没有改变草地的公有制属性，但是由于牧户的草地承包权利不断稳定和长期化，导致牧民取得的草地承包经营权事实上已经趋向财产化，形成我国特有的草地私人利用模式；另一方面，随着草地逐渐承包到户，牧民在划分范围内的草地上固定放牧成为常态，传统的游牧方式被迫终止。在家庭人口增加的情况下，受到经济效益的刺激和维持生计的需要，放养更多牲畜和尽可能利用草地资源成为牧民必然的选择。

基于上述事实，对草地承包制与草地退化之间相关性的分析，必须从两个层面展开：首先，草地产权制度与草地退化之间的相关性。从草地承包制实施的背景出发，同农区承包制改革相同，事实证明人民公社时期的公有财产模式和吃"大锅饭"的经营体制无法调动牧民生产积极性，也无法解决牧民生计问题。在牲畜归户所有后，如果不能将草地划分到户，赋予牧民对草地完整的财产权，则必然会导致草地的"公地悲剧"问题。可以说，在解决牧民生计的背景下，牲畜承包后，草地的私人利用模式是我国牧区草地制度的必然选择。至于草地承包制实施后出现的草地加速退化，正如前述否定说给出的理由，恰是承包制的不彻底和管理缺失导致草地无序利用的"公地悲剧"的结果。由此，从草地生态保护的角度，在无集体或国家管理的假设条件下，牲畜归户所有后，草地"公有私用"的私人利用模式相比较"公有共用"的公有或共有产权模式显然更有利于保护草地生态。除却上述前提条件和场景，简单地分析草地产权制度和草地退化之间的关联关系，都是不客观和不科学的。

其次，草地经营方式与草地退化之间的相关性。从前述草地经营方式的历史变迁可见，受到草地承包制影响最大的是牧区的游牧经营方式。在草地承包制实施后，受到农区按户承包、分户经营的影响，牧区亦开始逐渐将草地划分到户，并且牧户分户经营。在此过程中，相比较人民公社时期草原由生产队和生产大队组织放牧和管理，分户经营后牧业经营完全由牧户自行组织和承担责任。农村双层经营体制中集体"统一经营"的功能在普遍的分户经营模式中被束之高阁，逐渐强化的草地承包经营权导致集体所有权的"虚化"，由此导致分户经营中草地的无序利用和过度放牧。无管理的草地私人利用模式，同无管理的草地共有产权模式一样，都容易导致草地退化。可见，在承包制实施后，由于片面强调家庭分散经营和经济效益，忽视集体统一经营在草地组织管理放牧的作用，导致牧民对草地的过度利用，才是导致草地生态退化的根本原因。前述肯定说正是发现草地承包制实施后草地分户经营，缺乏集体管理而被不合理地利用，才将草地退化的原因错误归咎于草地家庭承包制和草地私人利用模式。由此，未来草地承包制的改革，应当充分发挥农村双层经营体制在"统"的方面的作用，赋予农村集体经济组织在"统一经营"方面更多的权力，例如草地生态保护、草地调整和规模化经营、轮牧休牧管理和组织生产销售服务等，促进牧民以更加合理的方式利用草地。

第二，不同类型的草地资源禀赋差异较大，由此决定草地管理并不适宜采用单一的产权模式，应当因地制宜根据草地的资源状况由牧民集体决定草地的管理模式。如前所述，我国天然草地中有一成多的属于草质质量好，产草量稳定的草地，而八成多的则属于草质较差或很差的荒漠或半荒漠草地。由此决定，在产草量稳定的草地，草地生产力和恢复能力较强，草地的载畜量也是稳定的，可以根据草地生产力实现按户的草畜平衡管理，这部分草地可以按照农区土地家庭承包的私人利用模式进行管理。相反，在草质较差的荒漠草地，由于草地生产力很容易受到气候干旱因素的影响而产生较大波动，草地的载畜量也是波动的，则按户实施草畜平衡管理面临诸多障碍，如果完全按照私人利用模式进行管理和利用则面临草地过度利用和退化的风险,在此种情况下共同管理的共有产权模式和私人利用模式下的共同管理以及划区轮牧可能更有利于草地的生态保护。① 具体到我国草地承包经营制度,从理论上讲,对于草质较差的荒漠草地,联户承包应当是相比较家庭承包更有利于保护草地生态的产权模式,而私人利用模式下的联户经营或合作社经营应当是相比较家庭分户经营更优的草地经营方式。②

总之,草地承包制实施后出现的草地退化,尽管不能完全归咎于草地承包制本身,但是草地承包实施中的困境,实质上反映出解决草原"公地悲剧"的私人利用模式和国家管制模式的缺陷。草地的私人利用模式试图通过草原利用的私有化来界定草原权利的边界,实现草原收益权的私人拥有,但是非平衡的草地生态系统决定分户放牧的草地经营方式并不符合此类草地畜牧业发展的客观规律,容易导致草地的过度利用。同时,国家为保护草地生态环境采取的一系列限制草地承包经营权的方案,实质上是政府规制模式在生态保护领域的体现,但是在非平衡的草地生态系统中,这种模式注定是失败的。这充分说明,简单照搬西方"公地悲剧"理论设计的草地管理政策并不能很好地解释和解决中国问题,而且对草地管理有很大的负面影响。解决中国草地生态退化和牧民生计问题,必须立足本地实际情况,因地制宜采取合理的草地利用模式和治理方案。

---

① 参见王晓毅、张倩、荀丽丽编著《非平衡、共有和地方性草原管理的新思考》,中国社会科学出版社 2010 年版,第 238—239 页。
② 参见王天雁、哈斯巴根《民族地区草地家庭承包经营法律制度之检讨》,《北方民族大学学报》(哲学社会科学版) 2015 年第 3 期,第 134—137 页。

第二章

草地承包经营法律制度的规范分析：从政策到法律

草地承包经营法律制度的历史分析是通过对草地承包经营制度产生、发展过程的历史考察，揭示草地承包制度演变发展的原因和背景。草地承包经营法律制度的历史分析将草地承包法律制度的形成视作动态发展变化的结果，全面考察其发展演变过程中所产生的各种法律表现形式，从而揭示草地承包经营及相关草原生态保护法律制度形成的正当性和必然性。但是，这种考察并不能代替草地承包经营和相关草原生态保护法律规范和制度的实证分析，即在规范等级体系内进行逻辑和语义的分析，准确揭示法律文本的含义。

第一节 草地承包经营法律体系梳理

考察目前涉及草地承包经营和相关草原生态保护的法律规范，可以从两个维度进行体系梳理：一是纵向体系，从法律层级上来说，不仅涉及宪法和法律，还有司法解释、行政法规、国务院规范性文件、部门规章、部门规范性文件、地方性法规、自治条例和单行条例，等等；二是横向体系，从法律适用的层面，草地承包经营法律体系不仅涉及土地承包经营的一般规定，也涉及草地承包经营的特别规定，特别是与草地承包经营相关的生态保护法律制度，是本书考察分析的重点。

一　宪法和法律

从宪法和法律层面梳理草地承包经营及相关生态保护制度，主要有以下规定。

农村土地承包经营基本制度。《宪法》第8条第1款规定："农村集体经济组织实行家庭承包经营为基础、统分结合的双层经营体制。"《民法典》第330条、《农村土地承包法》第1条和《草原法》第13条亦有相同规定。这是宪法层面对我国农村集体经济基本经营制度的规定，具有纲领性作用，对牧区草地承包经营同样适用。

草地承包经营权的取得。首先，是草地承包经营权的主体。根据《农村土地承包法》第13条、第16条的规定，农村土地承包的发包方包括村集体经济组织或村委会和村民小组，家庭承包的承包方是本农村集体经济组织的农户。上述规定，对草地承包经营权主体的确定同样适用。其次，是草地承包经营权的取得方式。《民法典》《农村土地承包法》规定土地承包经营权的一般取得方式，《草原法》第13条则特别规定草地联户承包方式。再次，是草地承包经营权的取得程序。《农村土地承包法》第19条和第20条分别规定土地家庭承包的原则和程序。该程序对草地承包经营权的取得同样适用。最后，是草地承包经营权的登记和期限。根据《民法典》第332条、第333条和《农村土地承包法》第21条、第23条和第24条规定，国家对耕地、林地和草地等实行统一登记,承包方自承包合同生效时取得土地承包经营权,草地的承包期为三十年至五十年,草地、林地承包期届满后依照前款规定相应延长。相比较耕地的承包期限,草地的承包期是不明确的。

草地承包经营权的内容。《农村土地承包法》第 14 条规定发包方享有发包权、监督权、制止权和其他权利,第 17 条规定承包方享有承包地的使用、收益权利,互换、转让土地承包经营权,流转土地经营权和征占用补偿权等。上述关于土地承包经营权内容的规定,对草地承包经营权同样适用。另外,《草原法》第 14 条和第 15 条对承包方和受让方提出了特别要求,即合理利用草原。

草地承包经营权的移转和草地经营权的流转。"三权分置"和土地经营权的规定是《农村土地承包法》和《民法典》修法时的重点。《民法典》第 335 条规定土地承包经营权的互换和转让,第 339 条至第 341 条则规定土地承包经营权流转时土地经营权的设立。《农村土地承包法》第 33 条至第 35 条规定土地承包经营权的互换和转让的具体条件和程序,第 36 条至第 47 条则具体规定土地经营权的设立、土地经营权合同、土地经营权担保融资等内容。上述规定对草地承包经营权的移转和流转同样适用。另外,《草原法》第 15 条具体规定草原承包经营权的转让条件和要求等。

草地承包经营权的调整和收回。《民法典》第 336 条和第 337 条明确规定承包地原则上不允许调整和收回。《农村土地承包法》第 27 条至第 31 条则具体规定承包地调整和收回的具体条件和程序,以及结婚、丧偶和离婚妇女承包地的收回。上述规定,同样适用于承包的草地的调整和收回。

草地承包经营权的继承。《民法典》并没有明确规定土地承包经营权的继承问题,但是在第 1122 条第 2 款规定:"依照法律规定或者根据其性质不得继承的遗产,不得继承。"《农村土地承包法》第32条仅规定承包人应得的承包收益和林地承包经营权可以继承。根据土地承包经营权的性质和"明示其一,排除其余"的解释规则,土地承包经营权(包括草地承包经营权)是不允许继承的。

草地承包经营权的征收和补偿。《民法典》第338条和第243条规定承包地被征收后的补偿权和补偿范围,《农村土地承包法》第17条第4项亦规定承包方的征收补偿权,但是上述法律并没有明确规定承包地被征收后承包地的补偿标准。《土地管理法》第45条至第49条则具体规定了集体土地征收的条件、程序、补偿范围和补偿标准等。上述规定是处理草地承包经营权征收补偿的直接法律依据。

其他方式的承包取得的草地经营权的特别规定。《农村土地承包法》第51条、第52条对依其他方式承包草地取得草地经营权的也做了明确规定,除了规定可以是本农村集体经济组织的农户或本农村集体经济组织以外的单位或者个人,也规定了享有优先承包权的是本农村集体经济组织成员。同时,《草原法》第13条第3款则规定的条件和程序亦适用于依其他方式承包草地。对于草地经营权的流转,依据《民法典》第342条和《农村土地承包法》第53条的规定,经依法登记取得权属证书的,可以依法采取出租、入股、抵押或者其他方式流转土地经营权。对于草地经营权的继承,依据《农村土地承包法》第53条的规定,继承人可以继承其承包收益,并且有权继续承包。

草地承包经营纠纷解决。关于草地承包纠纷的解决方式,《农村土地承包法》第55条提出可以通过协商、调解、仲裁和诉讼等方式。《农村土地承包经营纠纷调解仲裁法》则专门规定农村土地承包经营权纠纷的调解和仲裁具体办法。

二 司法解释

《最高人民法院关于审理涉及农村土地承包纠纷案件适用法律问题的解释》（2020 年修正）（以下简称《农村土地承包纠纷司法解释》）、《最高人民法院关于审理涉及农村土地承包经营纠纷调解仲裁案件适用法律若干问题的解释》（2020 年修正）是目前国家对涉及农村土地承包经营纠纷处理的主要司法解释。前者主要规定与农村土地承包纠纷相关的受案范围和诉讼主体、其他方式承包纠纷的处理、土地征收补偿费用分配、家庭承包纠纷案件的处理及土地承包经营权继承纠纷的处理等内容。后者主要规定农村土地承包经营纠纷仲裁过程中仲裁裁决的撤销、财产保全、证据保全、裁决申请执行等内容。上述规定亦是司法实践中处理草地承包经营纠纷和草地承包经营纠纷仲裁案件的重要裁判规则。

三 行政法规和国务院规范性文件

涉及土地承包经营权的行政法规主要有《不动产登记暂行条例》（2019 年修订）就集体土地所有权和耕地、草地等土地承包经营权的登记范围、登记簿、登记程序和登记信息共享与保护等内容进行了详细规定。2021 年实施的《土地管理法实施条例》则对国土空间规划、耕地保护、建设用地和监督检查等内容进行了全面规定，涉及集体土地所有权和土地承包经营权的主要是土地征收补偿。《草原防火条例》（2008 年修订）则对草原火灾的预防、扑救、灾后处置和法律责任进行了具体规定，其中明确要求了经营使用草原的个人和单位需要在经营使用范围内承担防火责任。

国务院规范性文件是除行政法规外，国务院依照《宪法》第 89 条规定制定的具有普遍约束力和规范性的行政措施、决定和命令。① 在土地承包经营行政管理过程中，由于土地制度改革的政策需要，特别是为顺利推进"三农"领域重大制度改革试点任务，国务院颁布了大量与土地承包经营相关的意见、通知和决定，其中重要的例如《国务院关于深化改革严格土地管理的决定》（国发〔2004〕28号）、《国务院关于开展农村承包土地的经营权和农民住房财产权抵押贷款试点的指导意见》（国发〔2015〕45号）等。主要涉及农村土地制度改革过程中稳定农村土地承包关系、"三权分置"改革、土地规模化经营、土地经营权流转、土地经营权抵押贷款、农村土地（包括草原）确权登记颁证、征地制度改革、农村集体产权制度改革等内容。

涉及草原承包经营制度的重要国务院规范性文件有：《国务院关于进一步做好退耕还林还草试点工作的若干意见》（国发〔2000〕24号）、《国务院关于促进牧区又好又快发展的若干意见》（国发〔2011〕17号）和《生态文明体制改革总体方案》（2015年），国务院颁布的《国务院关于印发"十三五"生态环境保护规划的通知》（国发〔2016〕65号）、《国务院关于全民所有自然资源资产有偿使用制度改革的指导意见》（国发〔2016〕82号）等。主要涉及草原生态文明建设、稳定和完善草原承包经营制度、实行基本草原保护制度、落实草畜平衡、禁牧休牧和划区轮牧、国有未承包草原的有偿使用、建立草原生态保护补助奖励机制、退耕还林还草等内容。

---

① 国务院制定和发布国务院规范性文件的行为属于抽象行政行为的范畴，但不属于行政立法。根据《国家行政机关公文处理办法》，国务院发文共有命令、决定、公告、通告、通知、通报、议案、报告、请示、意见、函等11种，但其中议案、报告、请示显然无法属于国务院规范性文件的载体，依照有关法律公布行政法规和规章的"国务院令"也不属于国务院规范性文件的范畴，在实际的行政管理活动中，最常见的国务院规范性文件就是经国务院同意，以国务院办公厅名义发布的有关行政管理的各类"意见"和"通知"以及国务院对下级请示的"批复""函"。参见金伟峰、张效羽《论国务院规范性文件与省级地方性法规冲突的处理》，《法治论丛（上海政法学院学报）》2008年第6期。

四　部门规章和部门规范性文件

部门规章和部门规范性文件也是规范土地承包经营关系的重要法律渊源。主要有农业农村部颁布的《农村土地经营权流转管理办法》（2021）、《农村土地承包经营权证管理办法》（2004）以及自然资源部发布的《不动产登记暂行条例实施细则》（2019年修正），以上文件主要涉及农村土地经营权的流转和土地承包经营权的确权颁证等内容。而涉及草地承包经营和生态保护的部门规章，如《草畜平衡管理办法》和《草原征占用审核审批管理办法》，由于农业部的撤销，上述办法已经废止，后续立法亟待出台。

同时，农业部、财政部、国家林业和草原局等部门发布的诸多部门规范性文件也是规范草地承包经营的重要依据，例如《国家林业和草原局关于进一步加强草原禁牧休牧工作的通知》（林草发〔2020〕40号），农业部发布的《关于开展草原确权承包登记试点的通知》（农牧发〔2015〕5号），农业部、财政部发布的《新一轮草原生态保护补助奖励政策实施指导意见（2016—2020年）》（农办财〔2016〕10号），财政部、农业部发布的《中央财政草原生态保护补助奖励资金绩效评价办法》（财农〔2012〕425号），农业部发布的《推进草原承包工作方案》（农办牧〔2011〕19号），农业部、财政部发布的《关于2011年草原生态保护补助奖励机制政策实施的指导意见》（农财发〔2011〕85号），财政部、农业部发布的《中央财政草原生态保护补助奖励资金管理暂行办法》（2011年12月31日公布，已废止），农业部发布的《关于进一步做好退牧还草工程实施工作的通知》（2003）。以上文件涉及草原禁牧休牧、草原承包和确权登记、草原生态补奖和退牧还草等内容。

五　地方性法规、单行条例和地方政府行政规章、行政规范性文件

为落实农村土地承包经营相关法律和政策，部分地方人大相继制定了相关地方性法规，例如内蒙古、青海和新疆等省区人大制定了实施《中华人民共和国农村土地承包法》的办法。而针对草原承包经营和草原保护，各省区地方人大亦制定了相关地方性法规，例如《内蒙古自治区草原管理条例》（2004 年修订）、《四川省〈中华人民共和国草原法〉实施办法》（2005 年修订）、《宁夏回族自治区草原管理条例》（2006 年）、《甘肃省草原条例》（2007 年）、《新疆维吾尔自治区实施〈中华人民共和国草原法〉办法》（2011 年）、《西藏自治区实施〈中华人民共和国草原法〉办法》（2015 年修正）、《内蒙古自治区基本草原保护条例》（2016 年修正）、《青海省实施〈中华人民共和国草原法〉办法》（2018 年修正），主要根据《草原法》实施中本行政区域的具体情况和实际需要在草原权属、利用和保护建设等方面进行了详细规定。

同时，为落实上述法律、行政法规和地方性法规，地方政府和自治州还制定了诸多与土地承包经营相关的政府规章、单行条例以及行政规范性文件。① 此外，部分自治县也制定有草原生态保护相关的单行

---

① 例如：《内蒙古自治区土地承包经营权确权登记颁证工作方案》（内政办发〔2016〕37 号）、《内蒙古自治区土地承包经营权确权登记颁证试点工作实施方案》（内政办发〔2014〕98 号）、《内蒙古自治区人民政府办公厅关于健全生态保护补偿机制的实施意见》（内政办发〔2016〕183 号）等政府规章和行政规范性文件，《青海省黄南藏族自治州草原保护条例》（2020）、《青海省果洛藏族自治州草原管理条例》（2019 年修正）、《甘肃省甘南藏族自治州草原管理办法》（2017 年修正）、《甘肃省甘南藏族自治州草场争议调解处理办法》（2006 年）和《新疆巴音布鲁克草原生态保护条例》（2019 年修正）等单行条例。

条例。① 这些单行条例是本书解读民族地区草地承包经营和生态保护实施状况的重要规范依据。

在草地承包经营和草原生态保护方面，地方政府亦制定相关部门规章和行政规范性文件，② 主要涉及草原法的实施、草原确权承包、禁牧和草畜平衡、草原生态保护补偿、草地经营权流转等内容。

第二节　草地承包经营具体法律制度的规范考察

草地承包经营作为土地承包经营的特殊类型，与耕地作为生产资料的自然资源相同，同样受土地承包经营的一般规定所规范。但同时，

---

① 例如：《甘肃省天祝藏族自治县草原条例》（2013年修订）、《甘肃省天祝藏族自治县草原管理条例》（1999年修订）、《甘肃省阿克塞哈萨克族自治县草原条例》（2013年修订）、《甘肃省甘南藏族自治州草场争议调解处理办法》（2006）、《肃南裕固族自治县草原管理条例》（1999年修正）、《甘肃省阿克塞哈萨克族自治县草原条例》（2013年修订）、《甘肃省肃北蒙古族自治县草原管理办法》（1999年修正）、《库鲁斯台草原生态保护条例》（2017）、《和布克赛尔蒙古自治县草原生态保护条例》（2007）等。

② 例如：《内蒙古自治区草原管理条例实施细则》（2006）、《内蒙古自治区进一步落实完善草原"双权一制"的规定》（内政办发〔1996〕138号）、《内蒙古自治区人民政府关于进一步落实完善草原"双权一制"有关事宜的通知》（内政发〔2010〕104号）、《内蒙古自治区草原生态保护补助奖励机制实施方案》（内政办发〔2011〕54号）、《内蒙古自治区完善牧区草原确权承包试点工作实施方案》、《内蒙古自治区基本草原划定工作实施方案》（内政办发〔2014〕98号）、《内蒙古自治区禁牧和草畜平衡监督管理办法》（内政办发〔2015〕133号）、《内蒙古自治区草原生态保护补助奖励政策实施方案（2016—2020年）》（内政办发〔2016〕189号）、青海省人民政府《新一轮草原生态保护补助奖励政策实施方案（2016—2020年）》（青政办〔2016〕195号）、《青海省草原承包经营权流转办法》（2020年修订）、《四川省草原承包办法》（2003年修正）、《青海省天然草原退牧还草工程减畜禁牧管理办法》（青政办〔2007〕48号）、甘肃省人民政府《关于贯彻国务院草原生态保护补助奖励政策全面推进草原保护建设的实施意见》（甘政发〔2011〕84号）、《新疆维吾尔自治区草原生态保护补助奖励资金管理暂行办法》（新财农〔2012〕43号）、《新疆维吾尔自治区草原禁牧和草畜平衡监督管理办法》（新政办发〔2012〕6号）、《青海省天然草原禁牧和草畜平衡管理暂行办法》（青农草〔2012〕19号）、《甘肃省草原禁牧办法》（2013）、《甘肃省生态保护与建设规划（2014—2020年）》（甘政发〔2015〕36号）、《四川省新一轮草原生态保护补助奖励政策实施方案（2016—2020年）》（川农业〔2016〕46号）、《甘肃省贯彻新一轮草原生态保护补助奖励政策实施意见（2016—2020年）》（甘政办发〔2016〕75号）、《西藏自治区人民政府办公厅关于健全生态保护补偿机制的实施意见》（藏政办发〔2017〕14号）等。

草地作为重要的自然资源亦具有特殊的生态功能。本书对草地承包经营法律制度的研究重点不在于土地承包经营的一般规范，而是从草地生态功能视角研究草地承包经营的特殊法律问题，主要包括草地承包经营权的取得和消灭、草地承包经营权利体系、草地承包经营权设立和流转，与生态保护相关的草原利用法律制度等。

一　草地财产权体系解读

（一）草地所有权的归属

由《农村土地承包法》第3条和《民法典》第330条第2款规定，农村土地实行承包经营制度。此处的"农村土地"，通常的理解是村域范围内属于农民集体所有的土地，例如耕地、宅基地、建设用地、"四荒"地等，是地域性的概念。但是，根据全国人大法工委对《农村土地承包法》的权威解释，农村土地承包法规定的农村土地，既包括农民集体所有的农业用地，也包括国家所有依法归农民集体使用的农业用地，主要有耕地、林地和草地，还有一些其他用于农业的土地，如养殖水面等。[①] 也就是说，草地承包经营中草地的来源和所有权归属主要有两种情形：一是属于农民集体所有的草地，由成员集体对社区范围集体所有的草地不可分割地共同享有所有权。[②] 二是属于国家所有由农民集体使用的土地。实践中，由于历史原因或者政策原因，例如生态移民、农业开发等，国家会将国有土地划拨给农民集体从事农牧业生产。特别是在牧区，牧民承包经营的草地中有过半是属于国家所有、集体使用的。[③]

---

① 参见胡康生主编《中华人民共和国农村土地承包法释义》，法律出版社2002年版，第4页。
② 参见韩松《论成集体与集体成员——集体所有权的主体》，《法学》2005年第8期。
③ 见下文第三章第二节统计数据，在全部承包到户的草地中，国家所有、家庭承包的比例高达43.26%，而承包到户的耕地中，国家所有的比例仅为6%。

（二）草地使用权的性质

根据《草原法》第 10 条、第 11 条，《土地管理法》第 10 条、第 13 条和《农村土地承包法》第 13 条第 2 款的规定，国有土地（包括草原）可以依法确定给单位（全民所有制单位、集体经济组织等）或者个人使用，由县级以上人民政府登记造册，核发证书，确认使用权，并由使用该土地的农村集体经济组织、村民委员会或者村民小组发包。如何理解此处的"确认""使用权"，如何界定国家和农民集体之间的法权关系，需要结合立法意旨和其他条文做出解释。

首先，从法律意义上，"确认"意味着对既存法律关系的认可，并不直接创设、变更或消灭法律关系。在草地利用过程中，"确认"意味着对农民集体因为历史原因或放牧习惯长期使用国有草原的事实状态的认可和法律关系的确定。此结论，也可由《草原法》第 11 条第 1 款和 1998 年《土地管理法》第 11 条第 3 款规定得出，即依法确定给农村集体经济组织使用的国有草原，直接核发草原使用权证，确认草原使用权。换言之，核发草原使用权证是一种确认农民集体草原使用权的行政确认行为，并非创设草原使用权的行政行为。此与《民法典》第 333 条土地登记机构发放土地承包经营权证书，确认土地承包经营权的意义相同。

同时，"确认"意味着农村集体经济组织在使用国有草原的过程中不需要给国家缴纳草地使用费。由于确认给农村集体经济组织的草地发包给牧民承包经营，同耕地承包经营相同，具有社会保障和福利性质，所以并不适用国有自然资源有偿使用的规定。国务院颁布的《关于全民所有自然资源资产有偿使用制度改革的指导意见》（国发〔2016〕82 号）明确规定"对已确定给农村集体经济组织使用的国有草原，继续依照现有土地承包经营方式落实国有草原承包经营权"，不实行有偿使用制度。

其次，是"使用权"的性质和法律意义。对草原使用权的性质，《民法典》《草原法》《土地管理法》和《农村土地承包法》并没有明确规定，但是结合草原使用权的内容和登记方式，可以确认其应当为特别法上的用益物权。其理由有以下三点。

第一，虽然《民法典》并未规定草原使用权作为用益物权的类型，但是仍然承认特别法上的用益物权类型。《民法典》第116条规定物权的种类和内容，由法律规定。从全国人大法工委的权威解读分析，此处的"法律"虽然不包括行政法规和地方性法规，但是并不排除《民法典》以外的其他法律，例如土地管理法、草原法、矿产资源法等法律。[①]《草原法》所规定的草原使用权虽然未在《民法典》中规定，但是可以作为特别法上的用益物权。

第二，草原使用权的取得非依法律行为和行政确认行为而取得，而是依事实行为而取得。农村集体经济组织对国有草原的使用权利从某些方面来讲，类似于先占或时效取得，这和牧民长期利用国有草原放牧形成的习惯以及历史原因有关。为稳定牧民对国有草原的使用预期，保障其生产生活，国家对此类草原直接通过法律形式确定给农民集体使用，并且通过登记、核发使用权证，保障其使用权。从取得方式上，草原使用权的取得类似于土地承包经营权，但不同于划拨取得的建设用地使用权，后者仍然需要登记方能取得物权。

第三，经登记的草原使用权具有对抗效力。与土地承包经营权类似，草原使用权经过登记则具有绝对的对抗效力。依据《草原法》第12条的规定，依法登记的草原所有权和使用权受法律保护，任何单位或者个人不得侵犯。同时，根据《农村土地承包法》第13条第2款的

---

① 参见黄薇主编《中华人民共和国民法典总则编解读》，中国法制出版社2020年版，第369页。

规定，国家所有由集体使用的草原，由使用该土地的农村集体经济组织、村民委员会或者村民小组发包。农村集体经济组织、村民委员会或者村民小组是以自己的名义，而非国家的名义，或者代表国家，独立发包其取得使用权的国有草原。可见，经登记的草原使用权是独立于国有草原所有权的，具有对抗效力和用益物权属性，其并非债权，但其权能却更接近于所有权。①

综上，草原使用权是国家通过行政确认确定由农民集体享有的在国有草原从事畜牧业等活动的特殊用益物权。草原使用权是独立于国有草原所有权而存在的农民集体依法享有的草原权利。

(三) 草地承包经营权性质解读

在2018年《农村土地承包法》修改之前，依承包方式的不同，土地（草地）承包经营权有两种类型，即家庭承包方式取得的和其他方式承包取得的。两种土地承包经营权各自具有不同的功能、承包客体和资格、条件程序。前者贯彻"人人有份"的原则，以户单位，平均享有承包本集体所有的耕地、林地和草地等土地的权利，具有社会保障功能；后者贯彻市场化原则，不限制承包资格，有偿取得"四荒地"等未利用地的土地承包经营权。② 从立法意旨上，依据权利的初始状态，家庭承包的土地承包经营权不同于其他方式承包取得的土地承包经营权，因为前者具有物权性质，而后者仅仅具有债权效力。③ 但是，对于其他方式承包取得的土地承包经营权可以通过登记取得土地承包

---

① 虽然《不动产登记暂行条例》第5条并未明确列举草原使用权，但是第5条第10项兜底性规定，法律规定需要登记的其他不动产权利可以办理登记，可以为草原使用权登记提供合法根据。

② 参见胡康生主编《中华人民共和国农村土地承包法释义》，法律出版社2002年版，第9、108页。

③ 参见柳随年《关于〈中华人民共和国农村土地承包法（草案）〉的说明——2001年6月26日在第九届全国人民代表大会常务委员会第二十二次会议上》，《中华人民共和国全国人民代表大会常务委员会公报》2002年第5期。

经营权证书，建立物权关系，具有物权属性。① 可见，《农村土地承包法》修改之前的两种类型的土地承包经营权虽然名称相同，但是性质和功能迥异。

在《农村土地承包法》修改后，基于落实"三权分置"和纯化土地承包经营权概念需要，《农村土地承包法》第49条规定："以其他方式承包农村土地的，应当签订承包合同，承包方取得土地经营权。"就其立法意旨，有学者认为，家庭承包方式因其身份属性取得土地承包经营权，应有别于依其他方式取得的市场化的土地承包经营权，应废除《农村土地承包法》对土地承包经营权不同设立方式的区分；农地"三权分置"之下的土地承包经营权仅指承包农户依法对其经营的耕地、林地、草地等享有的从事种植业、林业、畜牧业等农业生产的用益物权。②《农村土地承包法》修正案之立法理由亦采纳类似观点，认为家庭承包和其他方式承包取得的权利在性质上各不相同，应当在体系上区别对待。③ 基于《农村土地承包法》对土地承包经营权的体系重构和范围限缩，现行《民法典》上的土地承包经营权应仅指依家庭承包方式取得的具有身份属性的用益物权，而其他方式承包取得的权利，依《农村土地承包法》第49条的规定应为土地经营权，不再是土地承包经营权。由此，草地承包经营权亦仅能理解为基于农村集体经济组织成员身份取得的在特定草地上从事牧业经营活动的用益物权，不包括承包"四荒地"取得的土地经营权。

---

① 参见胡康生主编《中华人民共和国农村土地承包法释义》，法律出版社2002年版，第9、118页。
② 参见高圣平《农地三权分置视野下土地承包权的重构》，《法学家》2017年第5期。
③ 全国人民代表大会宪法和法律委员会：《全国人民代表大会宪法和法律委员会关于〈中华人民共和国农村土地承包法修正案（草案）〉修改情况的汇报》，2018年10月22日。

二 草地承包经营权的取得和消灭

（一）草地承包经营制度的解读

《宪法》第8条、《民法典》第330条、《农村土地承包法》第1条和《草原法》第13条都明确规定，家庭承包为基础的双层经营体制是我国农村集体经济组织的基本经营体制，应当继续巩固和完善。如何理解此处的"家庭承包经营为基础"和"统分结合"，需要结合家庭承包制的历史演变和当前农村土地制度改革的背景对其内涵进行剖析。

首先，家庭承包经营，是以坚持土地等生产资料农民集体所有为基础，土地所有权和使用权分离，以家庭作为经营实体或经营主体以承包集体土地的方式组织生产经营。家庭经营作为农业生产最古老的组织形式和最佳的组织选择，是由各种历史现实和农业生产的特殊性所决定的，也是现代农业生产最基本的经营形式。从本质上，家庭联产承包责任制和家庭承包经营制的确立是保证人民公社体制下的土地集体所有性质不变，将集体经营的农业耕作模式改造为家庭分户经营的新型农业经营模式，从而除了实现了土地集体所有权与经营权的分离，也提高了农户生产积极性和农业生产效率。我国农村实行家庭承包经营以来取得的巨大成就证明，家庭承包经营是解放农村生产力发展农村经济的有效方式。①

其次，统分结合的内涵。双层经营即家庭分散经营和集体统一经营的称谓。家庭分散经营是在保持农村土地权属不变的前提下，将属于集体所有或者国家所有集体使用的土地，由农村集体经济组织或村

---

① 参见胡康生主编《中华人民共和国农村土地承包法释义》，法律出版社2002年版，第2页。

委会与农户订立农村土地承包经营合同而取得农村土地的承包经营权。现行农村土地承包经营制度是我国农村集体土地制度改革经验的总结，它的出现打破了计划经济时代人民公社集体化经营的无效率模式，曾经充分地调动了农户农业生产的积极性，促进了我国农业生产效率的快速提高，改变了过去集体"一穷二白"的"大锅饭"面貌，时至今日在农业和农村经济发展中仍然具有基础性的作用。

集体统一经营是我国农村人民公社体制解体后农村互助合作经营的产物，即以经济联合组织或协调服务组织等为组织形式的经营方式。[1] 新时期推进农村集体经济双层经营体制的关键，是在家庭承包经营后如何发挥集体经营的优势发展农村集体经济。2014年中共中央办公厅、国务院办公厅印发《关于引导农村土地经营权有序流转发展农业适度规模经营的意见》（以下简称《土地经营权流转意见》）提出："集体经济组织要积极为承包农户开展多种形式的生产服务，通过统一服务降低生产成本、提高生产效率。"由政策文件精神，集体统一经营的内涵已经由人民公社时期的集体劳动、统一生产和分配，演变为以向农户提供生产经营服务为主的多元化、多层次、多形式的组织化服务，不仅包括集体经营模式，还包括生产服务模式、土地入股模式和土地租赁模式等。农村统一经营实质上已经可以等同以多样化农业社会化服务组织为载体的统一经营或者说农业产业化经营，而不限于集体统一经营。[2]

总之，从政策和法律文件精神来看，家庭承包经营和集体统一经营是相互依存的统一整体，对促进农村和农业的发展发挥着巨大的作

---

[1] 参见祝之舟《论农村集体土地统一经营的制度实践与立法完善》，《南京农业大学学报》（社会科学版）2012年第4期。

[2] 参见谭贵华《农村双层经营体制法律制度完善研究》，博士学位论文，西南政法大学，2008年。

用，特别是农村双层经营体制中的统一经营早已超越简单的集体劳动的范围，而呈现多样化的方式。

(二) 草地承包经营的方式

根据《草原法》第13条的规定，草地承包方式主要有家庭承包和联户承包两种。家庭承包方式，是以农村集体经济组织的农户为承包人与发包人，承包耕地、林地、草地等用于农业生产，双方作为生产经营单位建立承包关系。家庭承包方式一般按照"按户承包，按人分地"的原则无偿获得承包的土地。承包地不仅是农户的生产资料，更是农村集体成员的生存保障和其在集体土地上享有承包权的体现，带有一定的集体福利性质。家庭承包是我国农村政策的基石，对维护社会稳定及实现农村的社会保障功能具有极其重要的地位。在目前我国农业生产力发展水平仍然较低的情况下，维护农民的土地承包经营权是必然的选择，也是我国经济发展和巨大人口压力的基础性选择。① 因此，维护好农牧民的土地承包经营权是维护牧民财产权益和保障牧民生计的题中应有之意。

草地联户承包方式，即两个以上的牧户联合承包草地。相比较单户承包，联户承包的特殊之处在于多个牧户之间如何分享承包经营权益和承担承包经营的责任。就此，部分地方性法规和单行条例等作出具体规定。例如《甘肃省人民政府关于贯彻国务院草原生态保护补助奖励政策全面推进草原保护建设的实施意见》（甘政发〔2011〕84号）规定："实行联户承包的，必须在承包合同中明确联户成员的具体权益和责任。"《内蒙古自治区人民政府关于进一步落实完善草原"双权一制"有关事宜的通知》（内政发〔2010〕104号）规定："针对农区、

---

① 最高人民法院副院长在公布最高人民法院《关于审理涉及农村土地承包纠纷案件适用法律问题的解释》新闻发布会上的讲话。

半农半牧区草原面积小、不集中、划分难度大等实际情况,可通过嘎查村民大会研究决定,划分承包到联户,但亩数、户数、每户数量必须清晰,核发《草原承包经营权证》,统一管护,实行保护性利用、实际收益到户。"

同时,在草地承包经营过程中,对于家庭承包和联户承包的关系,从地方性法规和单行条例等来看,主要是以家庭承包为主,联户承包为辅。一般冬春草地和面积较大、草地质量较好的草地都承包到户,便于明确产权关系和责任范围;夏秋草地和草地质量较差、面积较小、划分难度较大的草地则划分承包到联户或者村组。例如《阿坝藏族羌族自治州实施〈四川省《中华人民共和国草原法》实施办法〉的变通规定》第 4 条规定:"草原以户承包为主,以联户或者村组承包为辅。冬春草地和割草地应当承包到户,夏秋草地应当承包到户或者联户,也可以承包到村组。以联户和村组承包的,应当将草地面积和载畜量核定到户。"

(三) 草地承包经营权的期限

《民法典》和《农村土地承包法》都仅规定草地承包经营权的期限为三十到五十年,没有明确草地承包经营权的具体期限。考察地方性法规,除个别省区明确规定了草原承包经营期限外,例如 2010 年修订的《青海省草原承包办法》,将草原承包经营的期限规定为一般不得少于五十年,《青海省实施〈中华人民共和国草原法〉办法》则规定,草原承包经营期限一般为五十年,《宁夏回族自治区草原管理条例》明确规定草原承包经营期限为五十年;大部分省区援用《民法典》和《农村土地承包法》的规定,例如《内蒙古自治区实施〈中华人民共和国农村土地承包法〉办法》规定,草地的承包期为三十年至五十年。由此,大部分地区草地承包经营权的期限只能依据发包方和承包方之间签订的承包合同来具体确定。相比较耕地承包经营权，各地草地承包经营权的期限多不统一，设有法定和明确的期限。

(四) 草地承包经营权的确权登记

虽然土地（包括草地）承包经营权登记并非牧户取得土地承包经营权的依据，但是其对于解决草地权属、面积不清和实施草地生态补奖政策意义重大。草地确权承包登记不仅是农村土地确权登记工作的重要组成部分，也是落实草原补奖政策的基础性工作。① 2011 年国务院印发的《关于促进牧区又好又快发展的若干意见》（国发〔2011〕17 号）和 2014 年中共中央国务院印发的《关于全面深化农村改革加快推进农业现代化的若干意见》明确要求，稳定和完善草原承包经营制度，2015 年基本完成草原确权承包和基本草原划定工作。之后，相关省份即在本省范围内推进草原确权承包登记试点工作。② 根据 2015 年《国务院关于稳定和完善农村土地承包关系情况的报告》显示，按照国务院工作部署，各地扎实推进草原承包经营制度落实工作，截至 2015 年 6 月，全国 268 个牧区半牧区县已落实承包草原 32.4 亿亩，占其草原面积的 92.4%。

---

① 2014 年中共中央办公厅、国务院办公厅颁布的《关于引导农村土地经营权有序流转发展农业适度规模经营的意见》提出，土地承包地确权颁证是稳定农村土地承包关系、促进土地经营权流转、发展适度规模经营的重要基础性工作；可以强化土地承包经营权物权保护，为开展土地流转、调处土地纠纷、完善补贴政策、进行征地补偿和抵押担保提供重要依据。

② 例如，新疆维吾尔自治区早在 2012 年即颁布《自治区推进草原确权承包和开展基本草原划定工作实施意见的通知》（新政办发〔2012〕158 号）以及自治区畜牧厅《关于做好推进草原确权承包和开展基本草原划定工作的通知》（牧草字〔2012〕25 号）和《关于切实推进草原确权承包工作的通知》（牧草字〔2014〕30 号）等文件，内蒙古自治区人民政府早在 2010 年即颁布《关于进一步落实完善草原"双权一制"有关事宜的通知》（内政发〔2010〕104 号），并在 2014 年 9 月制定《内蒙古自治区完善牧区草原确权承包试点工作实施方案》，甘肃省农牧厅 2015 年制定《甘肃省草原确权承包登记试点工作实施方案》（甘农牧函〔2015〕114 号），青海省委农村牧区工作领导小组 2016 年制定《青海省 2016 年草原确权承包登记试点工作实施方案》（青农组〔2016〕2 号）。

（五）草地承包经营权的收回和调整

由《民法典》《农村土地承包法》和《草原法》的规定，草地承包经营权消灭的情形主要有：草地承包经营权期限届满、发包人依法提前收回承包地、发包人依法调整承包地、土地承包经营权人自愿交回承包地、国家对承包地依法征收等。① 本书仅就《农村土地承包法》修改过程中争议较大的土地（草地）承包经营权收回和调整问题结合《草原法》的相关规定进行阐释。

1. 草地承包经营权的收回

草地承包经营权的收回是承包期内因法定期限，承包方提前收回承包地。《民法典》第 337 条规定："承包期内发包人不得收回承包地。法律另有规定的，依照其规定。"何谓"法律另有规定的"的情形？2009 年《农村土地承包法》、2004 年《土地管理法》和 2011 年《基本农田保护条例》曾予以明确规定：一是承包期内，承包方全家迁入设区的市，转为非农业户口不交回承包地的。2009 年《农村土地承包法》（2009 修正）第 26 条曾规定："承包期内，承包方全家迁入设区的市，转为非农业户口的，应当将承包的耕地和草地交回发包方。承包方不交回的，发包方可以收回承包的耕地和草地。"二是承包方连续二年弃耕抛荒的。2004 年《土地管理法》第 37 条第 3 款和 2011 年《基本农田保护条例》第 18 条规定，"连续二年弃耕抛荒"的，原发包单位应当终止承包合同，收回发包的承包地和基本农田。但是，在《农村土地承包法》和《土地管理法》修改后，上述两种情形都被删除。究其立法意旨，乃在于落实中央关于"保持土地承包关系稳定并长久不变"的政策要求，维护农民的土地承包权益和预期。由此，《民法典》第 337 条"法律另有规定的"情形，在现行法之中已经没有适

---

① 参见王利明《物权法研究》，中国人民大学出版社 2016 年版，第 847—852 页。

用空间。①

2. 草地承包经营权的调整

对于土地承包经营权的调整，在《农村土地承包法》修订过程中，《农村土地承包法》一审稿和二审稿曾规定"由省、自治区、直辖市制定地方性法规规定"。但是，最终审议稿仍然恢复原有规定，没有修改。究其原因，在草案征求意见过程中，"一些地方、部门、单位、专家和社会公众提出，保持农村土地承包关系稳定并长久不变是我国农村土地制度的基本原则，农村土地确权登记工作刚完成，承包期内不宜轻易调整承包地；承包地调整问题政策性很强，多年来，中央在这个问题上的政策没有变化，由地方对此作具体规定是否妥当也值得研究，建议本次修法对现行法律有关调整承包地的规定不作修改"②。可见，土地承包经营权调整事关"保持农村土地承包关系稳定并长久不变"政策的落实和现有承包户承包利益的保障，必须慎重。

考察现行立法，根据《民法典》第 336 条、《农村土地承包法》第 28 条和《草原法》第 13 条的规定，在草原承包经营期内，原则上不得对承包经营者使用的草原进行调整，但是例外的"因自然灾害严重毁损承包地等特殊情形"，可以对个别农户之间承包的耕地和草地进行调整。立法起草者对此处的"特殊情形"解释为三类：部分农户因自

---

① 其实司法实践并不支持承包方弃耕、撂荒承包地时发包方的收回权。《农村土地承包纠纷司法解释》第 6 条第 1 款规定："因发包方违法收回、调整承包地，或者因发包方收回承包方弃耕、撂荒的承包地产生的纠纷，按照下列情形，分别处理：（一）发包方未将承包地另行发包，承包方请求返还承包地的，应予支持；（二）发包方已将承包地另行发包给第三人，承包方以发包方和第三人为共同被告，请求确认其所签订的承包合同无效、返还承包地并赔偿损失的，应予支持。但属于承包方弃耕、撂荒情形的，对其赔偿损失的诉讼请求，不予支持。"

② 全国人民代表大会宪法和法律委员会：《全国人民代表大会宪法和法律委员会关于〈中华人民共和国农村土地承包法修正案（草案）〉修改情况的汇报》，2018 年 10 月 22 日。

然灾害严重毁损承包地的；部分农户的土地被征收或者用于乡村公共设施和公益事业建设，丧失土地的农户不愿意"农转非"，不要征地补偿等费用，要求继续承包土地的；人地矛盾突出的。①

同时，对于特殊情形下土地（草地）承包经营权的调整，根据《农村土地承包法》第28条和《草原法》第13条的规定，必须遵守法定程序，即必须经村民会议三分之二以上成员或者三分之二以上村民代表的同意，并报乡（镇）人民政府和县级人民政府林业和草原等主管部门批准。由此，在严格限制的法定特殊情形和严格的程序限定下，土地承包经营权的固化成为常态，而调整则属例外。

三　草地经营权设立和流转规则解读

《草原法》并没有就草地经营权设立和草地经营权流转做出特别规定，但是基于"三权分置"政策的落实，2018年《农村土地承包法》对土地流转和土地经营权制度做出重大变革。这些规定亦是处理草地经营权流转的重要规则。《农村土地承包法》第二章第五节专门规定了土地经营权这一新生的土地权利，并且详细规定了产生土地经营权的典型情形，流转土地经营权的基本原则和土地经营权的内容、设立方式、登记、合同解除等内容。《民法典》第339条至第342条对《农村土地承包法》的上述修改亦给予确认。虽然《农村土地承包法》修改后，学说上对土地经营权的性质界定仍然存在争议和分歧，② 但是本书无意就此争议展开论述，而是仅从生态保护角度对草地经营权的内涵

---

① 参见胡康生主编《中华人民共和国农村土地承包法释义》，法律出版社2002年版，第77页。另参见《内蒙古自治区实施〈中华人民共和国农村土地承包法〉办法》第19条。
② 关于土地经营权的性质，众说纷纭，争议颇大，本章不再详述，相关争议参见高圣平《论承包地流转的法律表达——以我国〈农村土地承包法〉的修改为中心》，《政治与法律》2018年第8期；陈小君、肖楚钢：《农村土地经营权的法律性质及其客体之辨——兼评〈民法典〉物权编的土地经营权规则》，《中州学刊》2020年第12期。

和典型流转方式及规则给予延伸性的解释。

(一) 草地经营权的规范意义

从政策和立法背景来看，土地经营权的提出旨在明确承包地流转规则，稳定经营主体的经营预期，实现土地的适度规模和生产效率的提升。农村土地家庭承包制的实施解决了"大锅饭"和农业生产效率低下的问题，但是随着工业化和城市化的发展，土地家庭承包带来的土地零碎化已经成为现代农业发展的障碍。"从农业农村的现实情况看，随着富余劳动力转移到城镇就业，各类合作社、农业产业化龙头企业等新型经营主体大量涌现，土地流转面积不断扩大，规模化、集约化经营水平不断提升，呈现'家庭承包，多元经营'格局。"① 土地适度规模化经营和新型农业经营体系的培育都需要立法上对土地流转中出现的经营主体权利性质不明、内容模糊、经营预期不高的问题给予积极回应。②特别是从草地生态保护的角度，草地经营权的规定对于保护草地经营权人利益，如解决草原面积过小、无法轮牧休牧，减轻承包草原放牧压力更具重要意义。

正是基于上述背景，中共中央办公厅、国务院办公厅在 2016 年颁布的《关于完善农村土地所有权承包权经营权分置办法的意见》（以下简称《三权分置意见》）提出："在依法保护集体所有权和农户承包权的前提下，平等保护经营主体依流转合同取得的土地经营权，保障其有稳定的经营预期。"为落实"三权分置"政策，切实保障土地经营权人的权利，《农村土地承包法》将第二章第五节修改为"土地经营

---

① 全国人大农业与农村委员会副主任委员刘振伟：《关于〈中华人民共和国农村土地承包法修正案（草案）〉的说明——2017 年 10 月 31 日在第十二届全国人民代表大会常务委员会第三十次会议上》。

② 参见高圣平等《〈中华人民共和国农村土地承包法〉条文理解与适用》，人民法院出版社 2019 年版，第 205 页。

权",专门规定转包、出租和入股等方式产生的土地经营权。综上可知,土地经营权是单纯的财产性权利,不具有任何身份属性和社会保障功能,是派生于土地承包经营权的。在"三权分置"之下,土地经营权是具有主体、客体、内容的独立权利,并以此与土地承包经营权等其他权利相区分,我国《行政诉讼法》和《农民专业合作社法》亦承认该项权利为独立的财产性权利即是例证。① 由此出发,草地经营权是区别于草地使用权和草地承包经营权的独立权利,是草地流转和以其他方式承包后草地经营权人就流转草地占有、使用、收益和依法处分的权利。

(二) 草地经营权的设立方式

根据《农村土地承包法》第 36 条和第 49 条的规定,草地经营权的设立应有两种方式:一是采取出租(转包)、入股或者其他方式向他人流转土地而设立草地经营权;二是以其他方式承包设立草地经营权。

首先,《草原法》并没有就草地经营权流转做出特别规定,但根据《三权分置意见》《土地经营权流转意见》等政策和修改后的《农村土地承包法》的规定,在草地承包后,草地经营权人可以通过租赁、转包、入股等方式流转草地经营权,实现草地的规模经营。2018 年《农村土地承包法》将原《农村土地承包法》第二章第五节"土地承包经营权的流转"拆分成两个部分,分别置于第二章第四节"土地承包经营权的保护和互换、转让"和第五节"土地经营权"(仅规定出租、转包、入股等方式),由此区分物权性流转和债权性流转,避免不同流转方式之间内涵和外延的紊乱。② 根据《农村土地承包法》第 36 条的

---

① 参见高圣平《论承包地流转的法律表达——以我国〈农村土地承包法〉的修改为中心》,《政治与法律》2018 年第 8 期。

② 参见高圣平等《〈中华人民共和国农村土地承包法〉条文理解与适用》,人民法院出版社 2019 年版,第 208 页。

规定，流转土地经营权的方式仅限于出租（转包）、入股等，"流转"含义被限缩为债权性流转。新修订的《农村土地经营权流转管理办法》和本章都是在此意义上使用流转含义的。

其次，就其他承包方式设立的草地经营权而言，其明显不同于草地承包经营权。虽然都是利用集体土地从事农业生产，但是这两类土地经营权的取得都不依赖集体成员的身份条件，在权利性质上都表现为一定的债权属性。因此，在法律适用上，以其他方式取得的土地经营权的内容和再流转等规则，可以参照《农村土地承包法》第二章第五节土地经营权的规则。但是，值得探讨的是，这两类土地经营权存在差异，例如在权利来源上，前者是基于承包方的土地承包经营权而设立，后者则是基于集体土地所有权而设立；在设立条件方面，前者需满足《农村土地承包法》第38条规定的准入资格，后者则需要根据《农村土地承包法》第51条和第52条规定的条件和程序（经过村民会议同意）；在再流转问题上，前者会受到承包方的限制，需经承包方书面同意（《农村土地承包法》第46条），后者则没有限制（《农村土地承包法》第53条）；在公示效力方面，土地承包经营权流转的土地经营权再流转的公示为登记对抗效力，其他方式承包的土地经营权再流转为登记生效效力。①

（三）草地经营权流转规则解读

从生态保护的角度，草地流转是牧业经营者通过扩大草原经营面积，实现草地的规模化经营，发展现代畜牧业，客观上有利于减轻牧业经营者对原有承包草地的依赖。本章主要就草地经营权流转的基本方式、流转的当事人资格和准入监管、流转合同的签订和草地经营权

---

① 参见李国强《〈民法典〉中两种"土地经营权"的体系构造》，《浙江工商大学学报》2020年第5期。

登记、草地经营权再流转的条件和草地经营权流转合同的解除等规则进行解读。

1. 草地经营权流转的基本方式

《农村土地承包法》第36条的规定，草地经营权流转的典型方式为出租（转包）和入股。虽然《农村土地承包法》第二章第五节将土地经营权融资担保纳入土地经营权，但是其并非流转草地经营权的方式，而是草地经营权人行使草地经营权的方式，非《农村土地经营权流转管理办法》和本章所指的草地经营权流转方式。①

（1）草地经营权出租（转包）

根据《农村土地承包法》的规定，参照《农村土地经营权流转管理办法》第14条的规定，所谓草地经营权出租（转包），是指承包方将部分或者全部草地经营权，租赁给他人从事农业生产经营。② 出租（转包）是草地经营权流转的主要方式。本书调研显示，出租（转包）亦是草地经营权流转的主要方式。③

（2）草地经营权入股

《农村土地承包法》并没有规定土地经营权入股的具体规则。对此立法者给出的理由是："鉴于土地经营权入股发展农业产业化经营尚处于探索阶段，实践中的做法也不尽相同，为此，草案只作出原则性规

---

① 《农村土地经营权流转管理办法》第34条第2款规定："本办法所称农村土地经营权流转，是指在承包方与发包方承包关系保持不变的前提下，承包方依法在一定期限内将土地经营权部分或者全部交由他人自主开展农业生产经营的行为。"本书所述的土地经营权流转亦不包括继承，因继承所导致的乃是土地承包经营权主体的变动，而非内容的变动。

② 由于农村土地行政管理部门的调整，草原管理和承包被调整到自然资源部门，农业农村部《农村土地经营权流转管理办法》第34条规定："本办法所称农村土地，是指除林地、草地以外的，农民集体所有和国家所有依法由农民集体使用的耕地和其他用于农业的土地。"但是本书认为草地经营权流转仍然可以参照适用《农村土地经营权流转管理办法》的规则。

③ 参见本书第三章第二节第四部分草地承包经营权的流转状况。

定,具体可依实践发展需要再由行政法规规范。"① 可见,《农村土地承包法》所规定的"流转"规则更多针对的是租赁(转包)。所谓入股,根据《农村土地经营权流转管理办法》第 14 条的规定:"入股,是指承包方将部分或者全部土地经营权作价出资,成为公司、合作经济组织等股东或者成员,并用于农业生产经营。"参照上述规范,草地(土地)经营权入股是承包方以草地经营权作价出资到公司、专业合作社等组织,取得股东或社员身份参与到公司、专业合作社经营管理或利润分红的投资行为。② 对于草地生态保护而言,草地经营权入股可以扩大承包方的放牧面积,有利于轮牧和休牧,实现草地的适度规模经营,其无疑是发展现代畜牧业的理想组织形式。

2. 当事人资格和准入监管

由于草地经营用途的限制,为防止草地流转中受让方破坏草原生态,将草原进行非农化利用,保障承包方的流转收益,《农村土地承包法》第 38 条规定,受让方须有农业经营能力或者资质,并且在同等条件下,本集体经济组织成员享有优先权。同时,为规范草地经营权流转,加强草地流转的准入监管,《农村土地承包法》第 36 条和第 45 条还规定,流转土地经营权应向发包方备案,③ 政府部门要对工商企业等社会资本流转土地经营权进行引导和规范,依法建立资格审查、项目审核和风险防范制度(设立风险保证金和流转履约保证保险等),引导

---

① 刘振伟:《关于〈中华人民共和国农村土地承包法修正案(草案)〉的说明——2017 年 10 月 31 日在第十二届全国人民代表大会常务委员会第三十次会议上》,2018 年 12 月 29 日,中国人大网(http://www.npc.gov.cn/zgrdw/npc/xinwen/2018 - 12/29/content_2068326.htm)。

② 《农民专业合作社法》第 13 条规定:"农民专业合作社成员可以用货币出资,也可以用实物、知识产权、土地经营权、林权等可以用货币估价并可以依法转让的非货币财产,以及章程规定的其他方式作价出资;但是,法律、行政法规规定不得作为出资的财产除外。"

③ 对于备案的效力,《最高人民法院关于审理涉及农村土地承包纠纷案件适用法律问题的解释》第 14 条规定:"承包方依法采取出租、入股或者其他方式流转土地经营权,发包方仅以该土地经营权流转合同未报其备案为由,请求确认合同无效的,不予支持。"

受让方发展适度规模经营。

3. 流转合同的签订和草地经营权登记

根据《农村土地承包法》第40条的规定,流转草地经营权的双方当事人应当签订书面合同。同时,为赋予经营主体更有保障的土地经营权,保障土地经营权人有稳定的经营预期,"赋予土地经营当事人一定的选择权,通过建立土地经营权的登记颁证制度,合理平衡各方权利义务,同时,规范农户收回土地经营权的行为"[1]。《农村土地承包法》第41条规定:"土地经营权流转期限为五年以上的,当事人可以向登记机构申请土地经营权登记。未经登记,不得对抗善意第三人。"从立法意旨看,取得土地经营权的条件并不是登记,而是要引导当事人签订长期稳定的流转合同并且通过登记的公示效力稳定当事人的经营预期,为土地经营权融资提供基础。

4. 草地经营权再流转的条件

根据《农村土地承包法》第46条的规定,经承包方书面同意,并向本集体经济组织备案,受让方可以再流转土地经营权。以此可以看出,受让方再流转土地经营权如果没有取得承包方书面同意,会导致流转合同无效。究其立法意旨,受让方取得的土地经营权并不是具有对抗效力的物权,更接近于债权,需要按照《民法典》第555条的规定(合同权利义务一并转让),经过承包方的同意方可再流转。[2] 此与《农村土地承包法》第53条规定的其他方式取得的土地经营权再流转明显区别,后者规定土地经营权登记后即取得物权效力,没有提出条件限制。

---

[1] 参见全国人民代表大会宪法和法律委员会《全国人民代表大会宪法和法律委员会关于〈中华人民共和国农村土地承包法修正案(草案)〉修改情况的汇报》,2018年10月22日。

[2] 参见高圣平等《〈中华人民共和国农村土地承包法〉条文理解与适用》,人民法院出版社2019年版,第300—302页。

5. 草地经营权流转合同的解除

根据《农村土地承包法》第 42 条和第 64 条的规定，对于不能合理利用土地资源保护生态环境的土地经营权人，承包方有权利解除与对方签订的土地经营权流转合同，发包方则有权终止合同，并且土地经营权人有义务赔偿造成的生态环境损害。但是，《农村土地承包法》并没有规定承包方单方解除权的行使期限、解除程序及法律后果。从解释上，可以适用《民法典》第 564 条至 566 条的规定确定解除权的行使期限、解除程序和解除效力。① 同时，值得探讨的问题有：一是发包方终止土地经营权流转合同的性质。从解释上，发包方的终止权并非《民法典》上的权利，实为第三人介入土地经营权流转合同的结果，是对合同相对性的突破，参照《民法典》所规定的此类权利，似乎更接近于代位权或撤销权。② 二是土地经营权人承担生态损害赔偿责任究竟是违约责任，抑或侵权责任。从解释上，土地经营权人破坏生态环境造成损害，不仅是违法土地经营权流转合同的违约行为，而且是侵害承包方的土地承包经营权和发包方的集体土地所有权的侵权行为，可以依据《民法典》第 1229 条的规定追究土地经营权人的生态损害侵权责任。

同时，对于草地经营权入股的，由于承包方在其土地承包经营权之上为接受入股的主体设立土地经营权，其原承包关系不发生改变，承包农户的土地承包经营权不丧失，在公司或合作社解散时入股土地（草地）可以退回原承包方（《农村土地经营权流转管理办

---

① 参见高圣平等《〈中华人民共和国农村土地承包法〉条文理解与适用》，人民法院出版社 2019 年版，第 282 页。

② 有学者认为发包方终止权不是发包方固有的一项合同解除权，应认定为法律赋予发包方的一项"代位解除权"。参见王洪平《发包方土地经营权流转合同终止权研究》，《法学论坛》2019 年第 5 期。

法》第 16 条）。①

四 与生态保护相关的草原利用管理政策和法律制度

《草原法》第 33 条、第 34 条、第 45 条和第 47 条具体规定草原承包方和经营者利用草原时必须遵守的相关规范，即轮牧、禁牧休牧和草畜平衡制度等。② 这些制度构成草地承包经营权在公法上的限制。

（一）划区轮牧制度

《草原法》第 34 条规定牧区的草原承包经营者应当实行划区轮牧，合理配置畜群，均衡利用草原。划区轮牧作为合理利用草原的一种方式，是根据草原生产力和放牧畜群的需要，将放牧场划分为若干分区，规定放牧顺序、放牧周期和分区放牧时间以科学控制放牧强度的放牧方式。③ 与连续放牧和自由放牧相比较，划区轮牧对于减轻单位草地上的放牧频率和放牧强度，保证草地间歇性恢复，保护草原生态都是一种较为科学的放牧方式。④ 本书结合《草原法》和其他法律的规定对《草原法》第 34 条作如下解释。

关于义务主体，根据《草原法》第 13 条的规定，草原承包经营者不仅应当包括实行家庭承包或联户承包的承包经营者，也应当包括以其他方式承包的经营者。该条并没有规定草原流转过程中草地经营者是否应当遵循划区轮牧的规定，但是根据《农村土地承包法》第 38

---

① 参见朱广新《土地承包权与经营权分离的政策意蕴与法制完善》，《法学》2015 年第 11 期。

② 《草原法》关于草原生态保护的规定众多，主要有基本草原保护制度、自然保护区制度、草畜平衡管理制度、退耕还草和禁牧、休牧、防治草原污染、禁止非法利用和改变草场用途等，本书侧重于从利用角度探讨草原承包方和经营者利用草原时应当遵循的规范，即草畜平衡、划区轮牧、休牧和禁牧等。

③ 参见卞耀武主编《中华人民共和国草原法释义》，法律出版社 2004 年版，第 71 页。

④ 参见李勤奋等《划区轮牧制度在草地资源可持续利用中的作用研究》，《农业工程学报》2003 年第 3 期。

条、第 42 条、第 50 条和第 64 条的规定，土地经营权人亦应当遵循生态保护义务。因此，《草原法》第 34 条规定的"草原承包经营者"的划区轮牧义务应当扩张解释为包括所有草原经营者。

关于划区轮牧的草原范围，《草原法》第 34 条并没有规定实施划区轮牧的草地范围，但从政策性文件和地方法规的规定，实施划区轮牧的草原一般都应当是植被较好的草原。例如《甘孜藏族自治州草原管理条例》第 7 条第 3 项规定："对每亩年产草量干物质超过 60 千克和植被盖度达到 80%的草原解除休牧，实行划区轮牧。"由此，对于纳入休牧和禁牧的草原不再属于划区轮牧的范围。

关于划区轮牧的实施，《草原法》第 34 条并没有规定如何实施划区轮牧。实践中各地方多根据草地类型、牧草再生率等合理设计轮牧方案，在季节放牧草地内根据草地长势划分若干放牧小区，然后按计划安排每个放牧区的放牧时间、牲畜数量、轮换周期、放牧频率和畜群种类。例如《四川省〈中华人民共和国草原法〉实施办法》第 13 条规定："县级人民政府应当制定草原轮牧方案，乡（镇）人民政府负责轮牧方案的组织实施。草原承包方或者使用方应当按轮牧方案的要求，在季节放牧场内建立轮牧区，加强围栏建设，实行划区轮牧。"

（二）禁牧休牧制度

禁牧、休牧制度是针对退化严重的草原实施的保护性制度，旨在通过一定期间的禁止放牧措施恢复草原植被。① 但是，应该如何实施禁牧休牧，《草原法》并没有明确规定，仅在该法第 48 条规定授权国务院或者省、自治区、直辖市人民政府制定具体办法。本书通过对各地规范性文件的梳理，初步归纳总结出禁牧休牧制度的主要内容。

---

① 参见《甘肃省草原禁牧办法》第 3 条，"本办法所称草原禁牧，是指在一定时期内对划定的草原围封培育并禁止放牧利用的保护措施"。

1. 禁牧休牧的期限

禁牧休牧都是对草原在一定期限内禁止放牧的措施，两者之间最重要的差别在于草原利用程度的差异和禁止放牧期限的长短。一般来讲，休牧主要是季节性利用草地，并非完全禁止利用，而禁牧则是完全围封禁止放牧。① 考察各地规定，禁牧休牧的期限，各地方性法规一般授权县级以上人民政府具体确定和公告，② 例如《内蒙古自治区草原管理条例》第32条第2款规定："禁牧、休牧的地区和期限由旗县级人民政府确定并予以公告。"但是，由于2011年后草原生态补奖政策的实施，③ 地方政府往往以5年期限作为禁牧周期，禁牧期限和草原补奖期间被等同对待，例如《青海省天然草原禁牧及草畜平衡管理暂行办法》第3条规定："本办法所称草原禁牧，是指在中度以上退化草原上5年内不放养任何牲畜。"《甘肃省天祝藏族自治县草原条例》第27条第4款规定："禁牧期不少于五年。"但对于休牧的期限，则比较灵活，由各地方政府确定和公告，例如《甘肃省天祝藏族自治县草原条例》第27条第4款规定："牧草返青期和成熟期各休牧四十五天以上"。

---

① 一些地方性规范文件中，禁牧和休牧很难区分，例如《祁连县草原禁牧和草畜平衡暂行管理办法》曾将禁牧方式划分为完全禁牧区，指祁连县与周围邻近县边界地区草原、部分严重退化的黑土滩及当年种植多年生人工草地实行完全禁牧；阶段性禁牧区，指禁牧区植被恢复较好的草原，在每年1月1日—7月19日，8月21日—12月31日实行严格禁牧，在7月20日—8月20日进行合理利用。但实际上，禁牧和休牧的区分对于牧民享受生态补奖政策影响重大。

② 《宁夏回族自治区草原管理条例》第31条第3款规定："具体禁牧的时间、范围及其解除办法由自治区人民政府公告。"《内蒙古自治区禁牧和草畜平衡监督管理办法》第16条规定："本办法所称禁牧是指一定时期内在天然草原上禁止放牧利用的措施，期限一般在一年以上。"

③ 《国务院关于促进牧区又好又快发展的若干意见》（国发〔2011〕17号）规定："对生存环境恶劣、草场严重退化、不宜放牧的草原，实行禁牧封育，中央财政按照每亩每年6元的测算标准对牧民给予禁牧补助，5年为一个补助周期。"

2. 禁牧休牧的范围

《草原法》和国务院规范性文件和部门规范性文件具体规定禁牧休牧适用的区域范围和条件。《草原法》第 47 条规定："对严重退化、沙化、盐碱化、石漠化的草原和生态脆弱区的草原，实行禁牧、休牧制度。"《国务院关于加强草原保护与建设的若干意见》（国发〔2002〕19号）、农业部、财政部《2011 年草原生态保护补助奖励机制政策实施指导意见》、国家林业和草原局《关于进一步加强草原禁牧休牧工作的通知》（林草发〔2020〕40 号）亦对禁牧休牧轮牧的草原范围有所规定。① 考察上述规范性文件，实施禁牧的草原范围是逐步扩大的，即由生态脆弱区和草原退化严重的地区，扩张至大江大河水源涵养区、自然保护地和生态红线内禁止生产经营活动的草原，反映出国家对草原生态保护的重视和禁牧政策的逐步完善。同时，根据上述文件，对于禁牧区域外的草原，则在草畜平衡的基础上实施季节性休牧和划区轮牧。

3. 禁牧休牧的实施

考察各地规范性文件，草原禁牧休牧的实施主要有两种方式，一是政府部门通过颁布行政命令来落实。一般由县级以上林业和草原主管部门制订禁牧休牧方案，由地州市、县（市）人民政府确定禁牧区，发布禁牧令并公告禁牧区域和期限。例如国家林业和草原局《关于进一步加强草原禁牧休牧工作的通知》（林草发〔2020〕40 号）规定："草原面积

---

① 《国务院关于加强草原保护与建设的若干意见》（国发〔2002〕19 号）规定："为保护牧草正常生长和繁殖，在春季牧草返青期和秋季牧草结实期实行季节性休牧；为恢复草原植被，在生态脆弱区和草原退化严重的地区实行围封禁牧。"农业部、财政部《2011 年草原生态保护补助奖励机制政策实施指导意见》则规定："对生存环境非常恶劣、退化严重、不宜放牧以及位于大江大河水源涵养区的草原实行禁牧封育"，对禁牧区域以外的可利用草原根据草原载畜能力核定合理的载畜量，实施草畜平衡管理，牧民在草畜平衡的基础上实施季节性休牧和划区轮牧。国家林业和草原局《关于进一步加强草原禁牧休牧工作的通知》（林草发〔2020〕40 号）则规定："对严重退化、沙化、盐碱化、石漠化的草原和生态脆弱区的草原，自然保护地和生态红线内禁止生产经营活动的草原要依法实行禁牧封育。禁牧区以外的草原应根据草原保护要求和生产利用方式开展季节性休牧。"

较大的县级以上林业和草原主管部门要积极促请当地人民政府，及时发布禁牧休牧令。禁牧休牧草原要设立明显的禁牧区和休牧区标志，明确范围、时间、措施、责任人等事项，便于农牧民知晓，便于社会监督。"

二是充分调动牧民的主动性和积极性，通过草原生态补奖政策和村规民约实现禁牧休牧的有效激励、自我监督、自我管理。补奖政策对于促使牧民保护草原生态显然是一种正向的激励机制，在草原生态补奖政策实施后，牧民明显提高了禁牧休牧的自觉性。同时，为加强禁牧休牧监督和落实草原补奖政策，国家林业和草原局在《关于进一步加强草原禁牧休牧工作的通知》中提出："要充分调动广大农牧民开展禁牧休牧的自觉性、主动性，引导完善村规民约，将禁牧休牧等草原管理作为牧区村规民约的重要内容，鼓励村民开展自我监督、自我管理。"即通过完善村规民约提高牧民开展禁牧休牧、合理利用草原的主动性和积极性。

4. 违反禁牧休牧的法律责任

《草原法》并没有规定违反禁牧休牧措施的法律责任。考察各地规定，违反禁牧休牧的法律后果，主要有以下两种：一是责令改正，处以罚款。例如《甘肃省草原条例》第50条规定："在禁牧区、休牧期草原放牧的，由草原监督管理机构责令改正，可以处以每个羊单位十元以下的罚款。"《宁夏回族自治区草原管理条例》第44条和《新疆维吾尔自治区实施〈中华人民共和国草原法〉办法》第53条也有类似的规定。[①]

[①] 《宁夏回族自治区草原管理条例》第44条："违反本条例规定，在草原禁牧期和禁牧区域放牧牲畜的，或者在休牧期、轮牧区抢牧、滥牧的，由县级以上人民政府草原行政主管部门给予警告，并可处以每个羊单位五元以上三十元以下的罚款；无法确定放牧羊单位的数量的，处以一百元以上二千元以下的罚款。"

《新疆维吾尔自治区实施〈中华人民共和国草原法〉办法》第53条："违反本办法第四十条、第四十一条规定，在禁牧区、休牧区放牧和不按季节性转场方案放牧的，由县级以上人民政府草原监督管理机构责令改正，并按标准畜每只（头）处五元以下罚款。"

二是扣发或停发草原生态补奖资金。在草原生态补奖政策实施后，各地为落实禁牧和草畜平衡制度，往往将牧户落实禁牧的情况和补助资金发放结合起来，以期能够实现禁牧补助政策的预期效果。例如《新疆维吾尔自治区草原禁牧和草畜平衡监督管理办法》（新政办发〔2012〕6号）第21条和《内蒙古自治区禁牧和草畜平衡监督管理办法》第10条的规定。①

5. 禁牧休牧与草地经营权流转

虽然《草原法》没有明确规定禁牧休牧与草地经营权流转的关系，但是依政策文件，承包草地的禁牧休牧仅是在一定期限内（非永久）禁止牧户放牧，并不是对草地承包经营权的征收或收回。在禁牧休牧期结束后，禁牧草原可转为草畜平衡管理和轮牧草原，承包牧户可以正常使用。但是，在草原生态保护补奖政策实施后，草地承包经营权的转让和流转，却受到严重影响。虽然《草原法》和《农村土地承包法》并没有规定禁牧草地禁止转让和流转，但是地方规定却迥异。有的地方规定允许禁牧区草地依法流转和转让，但是流转草地的补奖资金仍归原承包人或按合同条约（款）执行，转让草地

---

① 《新疆维吾尔自治区草原禁牧和草畜平衡监督管理办法》（新政办发〔2012〕6号）第21条规定："违反本办法规定，应当承担法律责任的行为，依照《自治区实施〈草原法〉办法》进行处罚。在国家实施草原生态保护补助奖励机制期间，暂停或停止发放禁牧补助和草畜平衡奖励资金。"

《内蒙古自治区禁牧和草畜平衡监督管理办法》第10条规定："各级财政部门和草原行政主管部门应当建立禁牧和草畜平衡制度等落实与相关资金发放的衔接机制。""草原补奖区域内的补助奖励资金发放应当与禁牧和草畜平衡制度落实的监管情况挂钩。"

其他规范性文件，参见《乌兰察布市草原生态保护补助奖励政策实施方案（2016—2020年）》（乌政办发〔2016〕72号）规定："4. 补奖资金与履行责任挂钩，建立奖惩制度。草原补奖资金兑现与农牧民禁牧、草畜平衡制度履责情况相挂钩，对于执行禁牧和草畜平衡不到位的农牧户，扣发或停发其部分补奖资金，对于严格执行禁牧和草畜平衡的农牧户，给予奖励。"

的则归受让人。①

有的地方则规定列入禁牧区的草原不得流转，否则取消补奖资金，例如《青海省草原承包经营权流转办法》第11条规定，实施禁牧的草原不得流转。《呼伦贝尔市草原生态保护补助奖励政策实施方案（2016—2020年）》（呼政办发〔2017〕5号）规定："列入到禁牧区的草原不得进行流转。法律另有规定的，按照相关法律执行。"《肃南裕固族自治县草原禁牧监督管理办法》（肃政办发〔2017〕95号）第13条则规定，严禁牧户将禁牧草场出租（借）给他人放牧使用，否则取消出租（借）方当年补助资金。② 从法理上，禁牧休牧仅是对草地承包经营权行使的部分限制，而非剥夺，上述地方文件禁止草地承包经营权转让或流转的规定显然与上位法相悖。

（三）草畜平衡制度

《草原法》第33条、第45条和第72条规定草原承包经营者应当合理利用草原，保持草畜平衡，国家对草原实行以草定畜、草畜平衡制度，并且授权省、自治区、直辖市人民代表大会或者其常务委员会规定违反草畜平衡、超载放牧行为的处罚措施。可见，草畜平衡不仅是草原利用的核心制度，也是草原生态保护的重要政策目标。

1. 草畜平衡的含义

结合法律和政策文件精神，草畜平衡可从多个角度理解。

---

① 例如《内蒙古自治区草原生态保护补助奖励政策实施指导意见（2016—2020）》规定："纳入到禁牧区和草畜平衡区的已流转草原，也要严格执行相应的禁牧和草畜平衡制度，其禁牧补助和草畜平衡奖励应归原承包人。依法转让的，其禁牧补贴或草畜平衡奖励应归受让方。"《鄂尔多斯市草原生态保护补助奖励政策实施方案（2016—2020年）》规定："7. 鼓励依法有序流转，明确受益主体。纳入到禁牧区和草畜平衡区的已流转草原，也要严格执行相应的禁牧和草畜平衡制度，其禁牧补助和草畜平衡奖励应归原承包人。依法转让的，其禁牧补贴或草畜平衡补贴按相关合同条约（款）执行。"

② 《肃南裕固族自治县草原禁牧监督管理办法》（肃政办发〔2017〕95号）第13条："（三）严禁牧户将禁牧草场出租（借）给他人放牧使用，若有违反，经查证属实，责令改正，取消出租（借）方当年补助资金。"

（1）作为草原利用者利用草原应当遵守的义务

《草原法》第33条规定草原承包经营者不得超过核定的载畜量放牧，应采取多种措施实现草畜平衡。由此可知，草原利用者有合理利用草原的义务，通过增加饲草饲料供给来优化草原利用方式，或通过减少牲畜量实现饲草饲料总量与其饲养的牲畜所需要的饲草总量之间的平衡。当然，此种义务并非从根本上剥夺草原利用者的权利，而是对该项权利的限制，从性质上构成草原利用者的社会性义务。①

（2）作为草原生态保护的一种政策目标

在此含义上，草原利用者应当尽可能采取措施，实现草原利用中载畜量和饲草料总量的平衡。如果草原利用者超载过牧，则草原行政管理部门则可对其超载放牧行为给予处罚，以促使其实现草畜平衡。草畜平衡不仅是《草原法》第33条的规范目的，而且是草原管理者实施草畜平衡管理所要达到的政策目标。

（3）作为草原行政管理部门为保护草原生态而做出的行政行为

根据《草原法》第45条和第72条规定，县级以上地方人民政府草原行政主管部门应当定期核定草原载畜量，采取有效措施防止超载过牧，对超载过牧的要及时纠正或给予行政处罚。这一草畜平衡行政管理行为表现在通过定期核定草原载畜量，层层分解草畜平衡任务，与牧户签订草畜平衡责任书，对未履行草畜平衡责任的给予行政处罚。

由上可见，在法律和政策中，草畜平衡具有多义性，解读草畜平衡制度具体规则时，应当明确草畜平衡的具体含义。

---

① 对于生态保护义务的性质，从理论上有不同的解释路径：一是认为该社会义务是立法者对于财产权保护范围的规定，不构成财产权的限制，对其不予补偿，其立法不受合宪性审查，二是认为该社会义务并非财产权内容的规定，而是对财产权的限制，应根据比例原则在过度限制的情况下给予补偿，其立法应接受合宪性审查。参见张翔《财产权的社会义务》，《中国社会科学》2012年第9期。本章赞成第二种观点。

2. 草畜平衡的责任主体

《草原法》第 33 条仅规定草原承包经营者应当保持草畜平衡，没有规定草地经营者的草畜平衡义务。但是，部分地方性法规和规范性文件亦将草畜平衡的责任主体扩张至草原使用者和草原流转的受让方。例如《内蒙古自治区禁牧和草畜平衡监督管理办法》第 9 条规定："草原承包经营者或者使用者必须认真履行禁牧和草畜平衡的有关规定。"《青海省草原承包经营权流转办法》第 12 条规定，草原承包经营权流转的受让方必须严格遵守草畜平衡制度，签订草畜平衡责任书。《乌拉特中旗禁牧和草畜平衡管理制度》第 9 条和《甘肃省天祝藏族自治县草原条例》第 26 条都有类似规定。①本书认为根据《农村土地承包法》对于土地经营权人生态保护义务的规定，《草原法》第 33 条规定的草畜平衡义务主体应当扩张及于草地经营权人，方符合草地经营权设立的现实需要和立法意旨。

3. 实现草畜平衡的方式

根据农业部 2005 年发布的《草畜平衡管理办法》（2020 年废止）第 3 条②和《草原法》第 33 条③的规定，草畜平衡应当是一种动态的平衡，草原使用者或承包经营者可通过多种途径多种方式实现草畜平衡。一是增加饲草饲料的供应来源。例如购买饲草饲料增加饲草饲料供应量、扩大人工草地和饲草饲料基地种植面积、运用先进实用畜牧

---

① 《乌拉特中旗禁牧和草畜平衡管理制度》第 9 条："草原承包经营者或使用者必须认真履行禁牧和草畜平衡的义务及法律、法规、政策的有关规定。"《甘肃省天祝藏族自治县草原条例》第 26 条："牲畜饲养量超过核定载畜量的，草原使用者或承包经营者应当采取以下措施，实现草畜平衡。"

② 《草畜平衡管理办法》第 3 条："本办法所称草畜平衡，是指为保持草原生态系统良性循环，在一定时间内，草原使用者或承包经营者通过草原和其他途径获取的可利用饲草饲料总量与其饲养的牲畜所需的饲草饲料量保持动态平衡。"

③ 《草原法》第 33 条："草原承包经营者应当合理利用草原，不得超过草原行政主管部门核定的载畜量；草原承包经营者应当采取种植和储备饲草饲料、增加饲草饲料供应量、调剂处理牲畜、优化畜群结构、提高出栏率等措施，保持草畜平衡。"

技术提高饲草饲料的转化率、通过草原承包经营权流转增加放牧草原面积等。二是优化草原放牧方式、减轻天然草原压力。例如采取舍饲圈养，进行阶段性休牧或者划区轮休轮牧，减轻天然草原的放牧压力；三是减少牲畜的存栏量，例如优化畜群结构，提高牲畜出栏率或者减少牲畜数量。

4. 草原载畜量的核定及超载的认定

根据《草原法》第45条规定，草原行政主管部门应当根据草原载畜量标准定期核定草原载畜量。但是，究竟采用何种标准核定草原载畜量和判断超载、如何确定核定的单位（户或村）、核定的期限以及救济途径等，《草原法》并没有规定。考察各地规定，总结其基本规则如下。

（1）草原载畜量的核定依据和超载的认定

根据《草原法》第73条和2005年《草畜平衡管理办法》第10条的规定，草原载畜量以"农业部制定的草原载畜量标准和省级或地（市）级人民政府草原行政主管部门制定的不同草原类型具体载畜量标准，结合草原使用者或承包经营者所使用的天然草原、人工草地和饲草饲料基地前五年平均生产能力"确定。① 根据农业部制定的《天然草地合理载畜量的计算》（NY/T 635—2015），天然草地合理载畜量是指以一定的草地面积，在某一利用时段内，在适度放牧（或割草）利用并维持草地可持续生产的前提下，满足家畜正常生长、繁殖、生产的需要，所能承载的最多家畜数量。超载的认定则是通过核查牧户实际载畜量或牲畜存栏数量，对比核定的载畜量，结合草原使用者或承包经营者增加的饲草饲料量，综合认定。

---

① 草原载畜量的核定主要针对的是天然草原，因此通常所说的草原载畜量核定即天然草地载畜量核定。

可见，核定草原载畜量的依据主要是草原使用者或承包经营者所使用的各类草原和饲草饲料基地的生产能力，并以此为基础评定是否超载。"草畜平衡制度落实的关键在于以草定畜、草畜平衡，而以草定畜、草畜平衡的标准就是县级以上地方人民政府草原行政主管部门核定的草原载畜量标准。"① 各地则根据《草原法》和原《草畜平衡管理办法》及行业标准，具体开展草原载畜量核定和超载认定，例如《内蒙古自治区草畜平衡暂行规定》第9条和《新疆维吾尔自治区草原禁牧和草畜平衡监督管理办法》（新政办发〔2012〕6号）第10条的规定。②

（2）草原载畜量的核定单位

根据《草原法》的规定，草畜平衡的最终责任主体是草原使用者和承包经营者，例如《肃南裕固族自治县草畜平衡管理办法》第8条和第9条明确规定，依据核定的草原适宜载畜量和牲畜数量，将减畜计划分解落实到乡（镇）、村、场、户。③ 但是，各地落实的时候，有的地方亦规定草原载畜量的核定，以村或牧户为单位进行，例如《内蒙古自治区草畜平衡暂行规定》第9条和《青海省天然草原禁牧及草畜平衡管理暂行办法》（青农草〔2012〕19号）第10条

---

① 参见卞耀武主编《中华人民共和国草原法释义》，法律出版社2004年版，第148页。
② 《内蒙古自治区草畜平衡暂行规定》第10条规定："草原适宜载畜量根据自治区《天然草地适宜载畜量计算标准》确定；草原等级根据自治区《天然草地资源等级评定标准》确定；草原退化根据《内蒙古天然草地退化标准》确定。"《新疆维吾尔自治区草原禁牧和草畜平衡监督管理办法》（新政办发〔2012〕6号）第10条："县（市）草原行政主管部门根据自治区草原载畜量标准，结合草原承包经营者所使用的天然草原前五年平均生产能力，核定草原载畜量。草原载畜量每五年核定并公布一次。"
③ 《肃南裕固族自治县草畜平衡管理办法》第8条规定："自治县草原监测调查队依据《天然草地合理载畜量的计算标准》和《天然草地分类标准》，对不同草原类型的生产能力进行定期监测，经过综合分析，核定适宜载畜量，并以村为单位予以公布。"第9条规定："自治县农牧行政主管部门和各乡（镇）人民政府依据核定的草原适宜载畜量和牲畜数量，将减畜计划分解落实到乡（镇）、村、场、户，明确减畜计划，分三年落实减畜任务。"

即如此规定。①

(3) 草畜平衡核定的期限

由草畜平衡的含义可知，草畜平衡应当是一种动态平衡，即要根据"可利用饲草饲料总量"动态调整各牧户核定的草原载畜量和允许饲养的牲畜总量。2005 年《草畜平衡管理办法》第 10 条和《新疆维吾尔自治区草原禁牧和草畜平衡监督管理办法》规定，草畜平衡核定每五年进行一次。但亦有地方规定草畜平衡核定每三年进行一次，例如《宁夏回族自治区草原管理条例》第 8 条的规定。依照草畜平衡核定的原理，草原载畜量的核定工作当然是周期越短越符合草原利用和牧业经营的实际情况，但是事实上，由于核定工作的繁重和人力资金成本，草原行政管理部门不可能根据牧户的经营状况做到实时动态调整。

(4) 草畜平衡核定的救济

草原行政管理部门对载畜量的核定行为，从性质上应当属于行政确认行为，即草原行政管理部门对于草原利用者的草原载畜量进行认定的行政处理行为。② 由于该核定行为可能对草地承包经营者和草地经营者利益造成影响，应当赋予其针对该核定行为的救济权利。2005 年《草畜平衡管理办法》第 10 条和《新疆维吾尔自治区草原禁牧和草畜平衡监督管理办法》规定，草原使用者或承包经营者对核定的草原载畜量有异议的，可以向县级人民政府草原行政主管部门申请复核。但

---

① 《内蒙古自治区草畜平衡暂行规定》第 9 条规定："草畜平衡核定以草原承包经营者或者草原使用权单位为单位进行。未承包的机动草原的草畜平衡核定以草原所有者或者草原使用权单位为单位进行。"

《青海省天然草原禁牧及草畜平衡管理暂行办法》（青农草〔2012〕19 号）第 10 条规定："县级草原监理机构根据牧草产量测定和载畜量核定结果，以村或牧户为单元，落实禁牧和草畜平衡区地块和面积。"

② 参见姜明安《行政法》，北京大学出版社 2017 年版，第 387 页。实践中，政务服务窗口亦将此类行为归为行政确认。

是，亦有地方规定，由上级草原行政主管部门复核，例如《内蒙古自治区草畜平衡暂行规定》第12条规定："当事人对旗县畜牧行政主管部门草畜平衡核定结果有异议的，可以向盟市畜牧行政主管部门申请复核，由盟市畜牧行政主管部门作出裁决。"从上述规定可知，虽然赋予草原使用者或承包经营者针对核定草原载畜量的行为申请复核的权利，但是就复核本身而言，并不同于复议，其仅是行政机关内部对自身行为的一种再核查，难言针对草畜平衡核定行为的行政救济方式。

5. 违反草畜平衡的责任

《草原法》第73条明确将违反草畜平衡的处罚授权省、自治区、直辖市人民代表大会或者其常务委员会规定。考察各地规定，违反草畜平衡的责任主要有以下四种。

一是责令限期改正或责令出栏超载牲畜。一般情况下，草原使用者或者承包经营者超载放牧的，草原行政管理部门首先都会责令其限期改正。例如有地方性法规规定责令其1年内出栏超载的牲畜，例如《四川省〈中华人民共和国草原法〉实施办法》第27条的规定。

二是强制出栏。如果超载牧户没有采取措施改正超载过牧状态，有的地方性法规规定强制出栏措施，例如《内蒙古自治区草畜平衡和休牧禁牧条例（草案）》（2020年修订）第34条规定："逾期未改正的，通过拍卖等方式强制出栏。"[①] 该种处罚措施虽然具有相当的威慑力，但是其是否超越行政处罚的种类范围，对牧民财产权益限制过大，违反行政处罚的比例原则，有待商榷。

三是罚款或责令限期改正并处罚款。对于逾期不改正超载行为的牧户，地方性法规多规定处以罚款。但在罚款的设置上，有的地方性

---

① 《内蒙古自治区草畜平衡和休牧禁牧条例》（2020年修订草案）第34条规定："在草畜平衡区域内超载放牧的，由苏木乡镇人民政府责令改正，并处以每个超载羊单位300元罚款；逾期未改正的，通过拍卖等方式强制出栏。"

法规规定按照不同的超载比例处以不同数额的罚款,例如《甘肃省草原条例》第 44 条、《四川省〈中华人民共和国草原法〉实施办法》第 27 条、《青海省实施〈中华人民共和国草原法〉办法》第 62 条的规定。① 有的地方性法规并不区分超载比例,直接按照认定的超载羊单位给予处罚。例如《宁夏回族自治区草原管理条例》第 43 条规定:"逾期不改正的,处以每个超载羊单位十元以上三十元以下的罚款。"也有的地方性法规规定对超载放牧的责令改正并处罚款。例如《新疆维吾尔自治区实施〈中华人民共和国草原法〉办法》第 50 条规定,超载放牧的责令改正,并对超载的牲畜按标准畜每只(头)处五十元以下罚款。由《立法法》和《行政处罚法》的规定判断,上述地方性法规所规定的罚款类行政处罚是符合《草原法》第 73 条所授权的范围的。

四是暂停或停止、核减发放草畜平衡奖励资金。在草畜平衡奖励政策实施后,为落实政策规定和生态保护效果,部分地方性法规都将草畜平衡奖励和草畜平衡责任结合起来,例如《新疆维吾尔自治区草原禁牧和草畜平衡监督管理办法》第 21 条规定,超载放牧的,在

---

① 《甘肃省草原条例》第 44 条规定:"草原使用者或者承包经营者超过核定的载畜量放牧的,由草原监督管理机构责令限期改正;逾期未改正的,按照下列规定进行处罚,并限期出栏:(一)超载 10%—30%,每个超载羊单位罚款十元;(二)超载 31%—50%,每个超载羊单位罚款二十元;(三)超载 50% 以上,每个超载羊单位罚款三十元。"

《四川省〈中华人民共和国草原法〉实施办法》第 27 条规定:"违反草畜平衡规定,牲畜饲养量超过县级人民政府草原行政主管部门核定的草原载畜量的,县级人民政府草原行政主管部门或者乡(镇)人民政府有权责令其 1 年内出栏超载的牲畜;逾期未出栏的,由县级以上人民政府草原行政主管部门按照下列规定进行处罚,并限期出栏:(一)超载 10%—30% 的,每个超载羊单位罚款 10 元;(二)超载 31%—50% 的,每个超载羊单位罚款 15 元;(三)超载 50% 以上的,每个超载羊单位罚款 30 元。"

《青海省实施〈中华人民共和国草原法〉办法》第 62 条规定:"违反本办法规定,超过核定的载畜量放牧的,由县级以上人民政府草原主管部门或者草原监督管理机构责令限期改正;逾期不改正的,按照下列规定进行处罚:(一)超载不足百分之三十的,每个超载羊单位罚款十元;(二)超载百分之三十以上不足百分之五十的,每个超载羊单位罚款二十元;(三)超载百分之五十以上的,每个超载羊单位罚款三十元。"

国家实施草原生态保护补助奖励机制期间,暂停或停止发放草畜平衡奖励资金。《内蒙古自治区草畜平衡和休牧禁牧条例》第 22 条亦规定:"草原经营权者未落实草畜平衡和禁牧休牧制度的,应当核减发放本年度草原生态保护补助奖励资金。"由于草畜平衡奖励是对完成草畜平衡任务的草原经营者给予的奖励,从性质上应当属于行政奖励,而非行政处罚,因此取消未完成草畜平衡任务的奖励并非《草原法》第 73 条所规定的行政处罚范畴,该类做法是符合法律规定的。

(四) 草原生态保护补奖政策

为了贯彻落实草原禁牧休牧轮牧和草畜平衡制度,国家实施草原生态补奖政策等生态补偿政策。根据农业部办公厅、财政部办公厅联合印发的《新一轮草原生态保护补助奖励政策实施指导意见(2016—2020 年)》(农办财〔2016〕10 号)(以下简称《第二轮补奖政策指导意见》)和财政部、农业农村部、国家林草局印发的《第三轮草原生态保护补助奖励政策实施指导意见》(财农〔2021〕82 号)(以下简称《第三轮补奖政策指导意见》),各相关省(自治区)都制定了各自区域的补助奖励政策实施办法。比较各省(自治区)的实施办法,虽然其总体上遵循中央政策文件,但具体的奖励政策实施方案也考虑了本省(自治区)的实际情况。

1. 生态保护补奖政策的内容和指导原则

国务院曾于 2002 年颁布《关于加强草原保护与建设的若干意见》(国发〔2002〕19 号),该意见规定,国家向退耕还草的农牧民提供粮食、现金、草种费补助,并且在草原禁牧、休牧、轮牧区推行舍饲圈养方式,对实行舍饲圈养给予粮食和资金补助。但是,在 2011 年国务院颁布《关于促进牧区又好又快发展的若干意见》(国发〔2011〕17 号)后,退牧(耕)还草已不再安排饲料粮补助,而是加大草原生态保护工程建设（主要是围栏建设、舍饲棚圈和人工饲草地建设），全面实施草原生态保护补助奖励政策，包括禁牧补助、草畜平衡奖励、畜牧品种改良补贴、牧草良种补贴和牧民生产资料综合补贴等补贴。之后，在农业部办公厅、财政部2016年颁布的《第二轮补奖政策指导意见》中，畜牧品种改良补贴、牧草良种补贴和牧民生产资料综合补贴被取消，禁牧补助和草畜平衡奖励的标准被提高，并且对工作业绩突出的省份给予绩效评价奖励。

根据财政部、农业农村部和国家林草局联合发布的《第三轮草原生态保护补助奖励政策实施指导意见》，中央财政继续按照第二轮补奖政策确定的禁牧补助7.5元/亩、草畜平衡奖励2.5元/亩的标准进行测算，地方可结合实际进行适当调整。同时，为防止出现补贴额度过高"垒大户"和因补贴过低影响牧民生活的现象，要合理利用"封顶保底"措施，科学确定禁牧补助、草畜平衡奖励等具体发放标准以及封顶、保底标准。

2. 补奖资金的来源和发放方式

根据《第二轮补奖政策指导意见》和《第三轮补奖政策指导意见》的规定，草原生态保护补助奖励资金的来源主要是中央财政资金。地方财政部门会同农业农村部门制订草原补奖政策资金分配方案，资金专账管理，专款专用、分账核算，采取措施保证足额并及时发放草原补奖政策资金给农牧民，例如通过"一卡通"或"一折通"发放资金，而且将政策项目名称明确在卡折中。资金发放做到接受公众监督，严格实行村级公示制。

同时，为确保草原禁牧和草畜平衡管理生态保护政策目标落实到位，各地区多采取补奖资金发放与禁牧、草畜平衡责任履行相结合的资金发放方式，即根据禁牧和草畜平衡考核目标完成情况分批次发放。例如《呼伦贝尔市草原生态保护补助奖励政策实施方案

(2016—2020年)》。①

3. 补奖资金的发放对象

《第二轮补奖政策指导意见》和《第三轮补奖政策指导意见》规定对依法实施禁牧和履行草畜平衡义务的牧民给予补助和奖励，没有明确补奖资金的发放对象必须是承包户。但是，部分地方的规范性文件中却明确规定补奖资金的发放对象为承包户，例如《内蒙古自治区草原生态保护补助奖励政策实施指导意见（2016—2020）》规定，"纳入到禁牧区和草畜平衡区的已流转草原，也要严格执行相应的禁牧和草畜平衡制度，其禁牧补助和草畜平衡奖励应归原承包人"。青海省人民政府办公厅《新一轮草原生态保护补助奖励政策实施方案（2016—2020年）》规定，发放补奖资金的牧户应是承包草原并履行禁牧和草畜平衡义务的牧户。根据上述规定，草原流转后草原生态保护补奖资金只能直接发放给原承包户，而不是发放给实际使用草地的草地经营权人。

4. 补奖标准的确定

通过梳理地方规范性文件，可以发现在中央财政补奖资金的层层拨付过程中，财政部是按照禁牧和草畜平衡的亩数划拨到各省（区）的，但是各省（区）、市（州）和县（区）在支付给补奖对象的时候并非完全按照亩数标准，其往往结合各地方实际情况和草原类型对补奖资金统筹分配（见表2-1）。由此，各地禁牧补助和草畜平衡奖励并没有统一的标准，甚至差异比较大。

---

① 《呼伦贝尔市草原生态保护补助奖励政策实施方案（2016—2020年）》（呼政办发〔2017〕5号）规定："补奖资金发放与禁牧、草畜平衡责任履行相结合。草原生态保护补助奖励资金实行两次发放，资金的60%一次性发放到农牧户，其余40%资金与禁牧和草畜平衡制度落实情况挂钩，达到禁牧或草畜平衡要求的，在年底前予以全部发放，没有达到禁牧或草畜平衡要求的，40%的资金不予发放，经市财政及草原行政主管部门审核同意后作为奖励资金，主要用于禁牧和草畜平衡制度执行到位承包户的奖励。"

表 2-1 六省（自治区）第二轮补奖标准比较

	禁牧补助标准	草畜平衡奖励标准	补奖标准确定的原则
内蒙古①	7.5元×标准亩系数	2.5元×标准亩系数	分别确定各盟市标准亩系数,实现政策受益区域平衡;采取封顶保底措施,实现农牧民均衡受益;补奖资金与履行责任挂钩,建立奖惩制度
青海②	果洛、玉树州每年每亩6.4元,海南、海北州每年每亩12.3元,黄南州每年每亩17.5元,海西州每年每亩3.6元	2.5元	在各州原禁牧补助测算标准的基础上,采取同比例调标的方法,并综合考虑各地人均草原面积、草原质量及收入差距等因素,对部分州测算标准做小幅调整;制定"封顶""保底"措施,防止出现因补贴额度过高的"垒大户"和因补贴过低影响牧民生活
新疆③	水源涵养区禁牧补助每年每亩50元;退化严重的温性荒漠、高寒荒漠草原每年每亩6元	2.5元	采取"上封顶、下保底"标准,上封顶标准原则上不高于本地区上年度农牧民人均收入的两倍,下保底标准由各地州自行确定
西藏④	对生存环境恶劣、退化严重、不宜放牧以及位于大江大河水源涵养区的草原实行禁牧封育,中央财政补助标准为每年每亩7.5元	对禁牧区域以外的草原根据承载能力核定合理载畜量,实施草畜平衡管理,中央财政补助标准为每年每亩2.5元	根据农牧民承包草原面积、草原类型等级、家庭人口数量、收入构成和本地经济发展情况等,在中央财政安排的资金额度内,因地制宜制定禁牧补助和草畜平衡奖励的具体发放标准。按承包户人均标准"限高保低"。⑤

---

① 《内蒙古自治区草原生态保护补助奖励政策实施指导意见(2016—2020)》(内农牧草发〔2016〕284号)。

② 《青海省人民政府办公厅关于印发〈新一轮草原生态保护补助奖励政策实施方案(2016—2020年)〉的通知》(青政办〔2016〕195号)。

③ 参见《新疆维吾尔自治区草原生态保护补助奖励资金管理暂行办法》第10条:"各地(州、市)可结合本地草原载畜能力、牧民承包草场面积、人口数量、牧民收入构成等情况,在安排的补奖资金额度内,制定'上封顶、下保底'标准,切实做到资金不结余、不超发。上封顶标准原则上不高于本地区上年度农牧民人均收入的两倍,下保底标准由各地州自行确定。封顶保底政策不得留有资金缺口,造成补助资金缺口的,由地(州、市)财政负担。"

④ 根据《西藏自治区建立草原生态保护补助奖励政策实施方案(2016—2020年)》和《昌都市建立草原生态保护补助奖励政策实施方案(2016—2020年)》整理。2016年方案中草原补奖标准相较其他省份更低,这是因为西藏地区脱贫攻坚统筹整合涉农资金的要求,用限定最高补贴金额后的中央财政草原生态保护补助奖励结余资金,解决生态补偿脱贫岗位(草原监督员)的补助。

⑤ 参见《西藏自治区建立草原生态保护补助奖励机制2011年度实施方案》(藏政办发〔2011〕71号),根据2011年方案,对牧户补助奖励金额实行限高,单个牧户家庭享受禁牧补助和以草定畜奖励的资金总额年人均不能高于4500元。

续表

	禁牧补助标准	草畜平衡奖励标准	补奖标准确定的原则
四川①	7.5元	2.5元	按照已承包到户的禁牧或草畜平衡草原面积发放。补奖政策实行目标、任务、责任、资金"四到州"。
甘肃②	青藏高原区每年每亩21.67元,黄土高原区每年每亩4.62元,西部荒漠区每年每亩3.87元	青藏高原区每年每亩3.35元,黄土高原区每年每亩2.67元,西部荒漠区每年每亩2.17元	禁牧补助和草畜平衡奖励资金发放实行"上封顶、下保底",具体标准由市州政府根据各地实际情况确定。

（1）禁牧补助的标准

总结各地方禁牧补助实践，禁牧补助标准的确定主要有三种形式：一是直接按照中央财政补助标准确定禁牧补助的发放标准，即每亩7.5元，例如西藏和四川；二是在中央财政补助标准基础上综合考虑各地人均草原面积、草原质量及收入差距等因素分类确定或调整每年每亩草原的补偿标准，例如甘肃、青海、新疆和内蒙古的部分市（盟）；三是视禁牧的情形（完全禁牧、部分禁牧等），按户或按人确定补助标准，例如内蒙古阿拉善盟。

（2）草畜平衡奖励的标准

总结各地草畜平衡奖励的标准，主要有三种形式：一是完全按照中央财政确定的奖励标准确定，即每年每亩2.5元，例如四川、新疆和青海等省份；二是在中央财政奖励标准的基础上根据地方实际情况分类实施或适当调整标准，例如甘肃和内蒙古的部分市（盟）；三是按户或人确定奖励标准，例如内蒙古的阿拉善盟。

---

① 参见《四川省人民政府关于四川省新一轮草原生态保护补助奖励政策实施方案（2016—2020年）的批复》（川府函〔2016〕164号）。

② 参见《甘肃省人民政府办公厅关于印发甘肃省贯彻新一轮草原生态保护补助奖励政策实施意见（2016—2020年）的通知》（甘政办发〔2016〕75号）。

(3) 封顶、保底的标准

相比较禁牧补助和草畜平衡奖励标准的明确性，《第二轮补奖政策指导意见》和《第三轮补奖政策指导意见》规定的封顶、保底标准则比较原则。地方规范性文件规定的标准则差异性较大，有些地方规范性文件，例如四川的部分市县，甚至没有明确规定封顶、保底的标准。有部分地方规范性文件虽然规定具体测算标准，但是测算的方法差异较大，主要方法有两种：一是不区分禁牧补助和草畜平衡奖励的封顶保底测算标准，这是多数地区的做法，例如内蒙古呼伦贝尔市按照封顶标准参照本地区上年农牧民人均纯收入确定，保底标准则参照当地贫困线执行。甘肃肃南县规定的标准为：草场全部禁牧的牧户人均不超过 38260 元。草场部分禁牧、部分草畜平衡的牧户人均不超过 28260 元。二是区分规定禁牧补助和草畜平衡奖励的封顶保底的测算标准，例如内蒙古锡林郭勒盟禁牧补助保底标准为每人每年 5000 元，封顶标准以 2015 年全盟农牧民人均可支配收入的 1.5 倍为参照依据，每人每年 18000 元，草畜平衡奖励参照本地区上年农村农区常住居民人均可支配收入控制。

第三节　草地承包经营法律制度评析

梳理草地承包经营法律制度，可以发现在草地利用和牧业生产经营方面，草地承包经营与耕地承包经营有诸多法律规则是相通的，例如草地承包经营权的取得和消灭、草地权利的类型、草地经营权的设立和流转等，但是在生态保护方面，草地承包经营权却附加更多的限制，例如轮牧、禁牧和草畜平衡等。以生态文明为视角，通过比较草地承包经营和耕地承包经营的异同，下文将在前述草地承包经营法律规范实证考察的基础上，从宏观到微观对具体制度进行深入剖析。

一 草地承包经营法律体系评析

考察现行调整草地承包经营的法律规范体系,不仅形成从高位阶宪法、法律和行政法规等中央立法到低位阶的地方性法规、单行条例和地方规范性文件等的纵向法律体系,而且形成从《民法典》《农村土地承包法》到《草原法》的由一般法到特别法的横向法律体系。

(一) 草地承包经营纵向法律体系的评析

考察调整草地承包经营的纵向法律规范,已经形成自上而下的完整体系,但就上述体系的内容进行深入考察,仍然可以发现在草地承包经营法律体系架构方面所存在的缺陷,其主要表现为法律的政策化倾向、中央立法和地方立法失调以及授权性立法缺失等。

1. 法律存在政策化倾向

考察整个草地承包经营法律制度,《农村土地承包法》和《草原法》对部分制度仅有原则性规定,甚至停留在政策层面尚未上升到具体立法,导致草地承包经营法律规定的确定性不足。主要表现在三个方面。

第一,尽管《农村土地承包法》规定"保持土地承包关系稳定并长久不变"、草地承包期限届满相应延长,但是具体如何落实,并没有明确规定,只能依赖中共中央、国务院颁布的《关于保持土地承包关系稳定并长久不变的意见》(2019)等政策性文件推进实施。

第二,尽管法律和政策明确规定统分结合的双层经营体制是我国农村基本经营制度,但是统一经营制度仍然停留在政策层面,缺少法律制度支撑。虽然《宪法》明确规定"家庭承包经营为基础、统分结合的双层经营体制"是我国农村集体经济组织的基本经营制度,但是在人民公社解体之后,统分结合的双层经营体制在实践中面临着只"分"不"统"、集体统一经营功能弱化甚至缺失的困境。① 现实中，农村集体经济组织并没有发挥预期的作用，农村集体经济在不断强化的农户分散经营中逐渐萎缩、弱化，甚至被侵吞。

第三，草原生态保护补奖政策的法律法规缺失。早在 2005 年党的十六届五中全会《关于制定国民经济和社会发展第十一个五年规划的建议》首次提出建立生态补偿机制。在此基础上，财政部会同农业部早在 2011 年就制定《2011 年草原生态保护补助奖励机制政策实施指导意见》，在草原禁牧区和草畜平衡区全面实施草原生态保护奖励补助政策。目前，相关政策已经实施十年有余，但草原生态补奖仍依据部门规范性文件《第二轮补奖政策指导意见》实施，并未见正式的行政法规或部门规章，更未在《草原法》中明确规定。由此导致牧民对于草原生态补奖预期不明，草原生态保护的长效激励机制缺失。

2. 中央立法和地方立法失调

从规范目的来看，地方立法应为实施中央立法之必要或具有地方性之特色。但考察草地承包经营之中央立法与地方立法，发现其多有失调，主要表现在以下三个方面。

第一，地方重复立法现象突出。根据《立法法》第 73 条第 4 款的规定，上位法已经明确规定的内容，地方立法一般不做重复性规定。但考察有关草地承包经营相关地方性法规，可以发现《草原法》《农村土地承包法》和《土地管理法》出台后，多数省份必有相关实施条例或办法出台，并且其内容多数于上述法律重复。②

第二，地方立法权限分配事项的错位。法律和行政法规是全国范

---

① 参见陆剑《我国农村集体统层法律制度缺失及其完善——基于湖北省"一镇三村"的实证研究》，《南京农业大学学报》（社会科学版）2015 年第 1 期。
② 例如对比《内蒙古自治区实施〈中华人民共和国农村土地承包法〉办法》（2009）与《农村土地承包法》（2009）则发现，前者的第 2 条、第 5 条、第 7 条、第 10 条、第 11 条、第 12 条、第 15 条、第 16 条、第 17 条、第 22 条、第 28 条等规定多是后者的简单重复。

围内实施的，比较原则和概括，需要由地方性法规根据本行政区域的实际情况制定执行法律和法规的具体规定。① 但是，如果本应当由中央立法明确规定的事项分配给地方立法，则会出现立法权限分配事项的错位。例如退耕还草和禁牧、休牧的实施对牧民的草地承包经营权影响重大，甚至对其权利造成根本限制，禁牧休牧期限、范围、补偿和法律责任本应当由中央立法明确规定，但《草原法》第48条却将该事项的制定权分配给省、自治区、直辖市人民政府。

第三，地方立法更新不及时导致与上位法冲突。由于《农村土地承包法》在2018年进行了重大修改，主要涉及三权分置改革、土地承包经营权的自愿退出、土地承包经营权的收回和调整、土地经营权流转和融资担保等。但在《农村土地承包法》实施后，地方性法规未能及时跟进，与上述规范存在明显冲突，亟待修改完善。

3. 授权立法的缺失

由于《农村土地承包法》和《草原法》修法时部分事项仍然不成熟、争议较大，受到"宜粗不宜细"立法指导思想的影响，这些事项往往授权国务院或相关行政部门制定具体办法。主要体现在以下六点。

第一，《农村土地承包法》第45条就社会资本流转土地经营权风险防范制度和管理费等授权国务院农业农村、林业和草原主管部门规定。目前，农业农村部已经制定《农村土地经营权流转管理办法》，规定社会资本流转土地经营权风险防范制度和管理费的收取办法，但是自然资源部仍未就草地经营权流转中的相关问题做出规定。

第二，《农村土地承包法》第47条规定，关于土地经营权融资担

---

① 参见全国人大法工委国家法室编著《中华人民共和国立法法解读》，中国法制出版社2015年版，第270页。

保办法由国务院有关部门规定,但目前国务院仍然未出台相关办法。

第三,《草原法》第 33 条规定:"草原载畜量标准和草畜平衡管理办法由国务院草原行政主管部门规定。"原农业部曾制定《草畜平衡管理办法》,但是因国务院大部制改革后农业农村部职能的调整,该办法已经废止。目前草畜平衡管理的办法亟须由自然资源部重新制定。

第四,《草原法》第 35 条规定:"草原禁牧、休牧、轮牧区,国家对实行舍饲圈养的给予粮食和资金补助,具体办法由国务院或者国务院授权的有关部门规定。"但是,考察国务院或有关部门的规定,国家发展改革委等在 2011 年颁布的《关于完善退牧还草政策的意见》(发改西部〔2011〕1856 号)规定,从 2011 年起,不再安排饲料粮补助,在工程区内全面实施草原生态保护补助奖励机制。由此,在草原生态补奖政策实施后,舍饲圈养的粮食补助事实上已经被取消,而资金补助仍然停留在政策文件层面,缺少法律和行政法规的规定。

第五,《草原法》第 42 条规定:"基本草原的保护管理办法,由国务院制定。"《国务院 2015 年立法工作计划》曾将《基本草原保护条例》纳入立法工作计划,由农业部负责起草制定,但是 2016 年后该条例再未列入国务院立法工作计划。由此,本条规定的基本草原保护管理办法事实上被无限期搁浅。

第六,《草原法》第 48 条规定:"国家支持依法实行退耕还草和禁牧、休牧。具体办法由国务院或者省、自治区、直辖市人民政府制定。"虽然国务院先后颁布《关于加强草原保护与建设的若干意见》(国发〔2002〕19 号)和《关于促进牧区又好又快发展的若干意见》(国发〔2011〕17 号),对退耕还草工程的实施和禁牧、休牧补奖等予以规定,但是相关规定仍然停留在国务院规范性文件层面,没有上升到行政法规层面，地方性法规和规章则很少专门规定具体办法。①

(二) 草地承包经营横向法律体系的检讨

从调整范围上来说，《草原法》关于草地承包经营的规定应构成《农村土地承包法》的特别规范。《草原法》亦应就草地承包经营的特殊性问题进行具体规定。但是梳理《草原法》草地承包经营和草地管理的规定，部分内容值得检讨。

1. 《农村土地承包法》与《草原法》立法理念冲突

《农村土地承包法》第 1 条规定，农村土地承包经营的立法理念在于保持农村土地承包关系的稳定并长久不变，维护承包经营当事人的合法权益。由此，在承包户滥用草地，超载过牧导致草原生态严重退化的情形下，草地承包方的草地也是不得非法收回和调整的。同时，与国有耕地的承包经营政策保持一致，根据《国关于全民所有自然资源资产有偿使用制度改革的指导意见》的规定，已确定给农村集体经济组织使用的国有草原仍然由牧民无偿承包利用。在上述前提下，承包户的经济利益和生活保障被置于更优先的地位，草地资源的过度放牧和低效利用（弃牧）将同时并存。

在《民法典》规定民事主体负有生态保护义务，而且中央政策亦高度重视生态保护的背景下，将《农村土地承包法》作为一般法适用于草地承包经营的时候，难免与《草原法》第 1 条规定的立法理念"保护、建设和合理利用草原，改善生态环境"相冲突。虽然《农村土地承包法》对于土地经营权人的生态保护义务和法律后果有明确规定，例如第 42 条规定的承包方的解除权、第 64 条的生态损害赔偿责任，其仍然适用于草地经营权人，但是对于土地（草地）承包经营权人违

---

① 部分省区制定专门的禁牧休牧地方性法规和规章，例如《宁夏回族自治区禁牧封育条例》《甘肃省草原禁牧办法》。

反生态保护义务的法律责任,该法是没有明确规定的。① 由于草地承包经营制度更多参照农地承包的经验,经济效益和牧民财产权益保障成为优先考虑的价值目标,在《农村土地承包法》缺失土地承包经营权人生态保护义务的具体规定和法律责任的时候,草地承包经营法律制度的设计如果完全遵循《农村土地承包法》的立法理念和逻辑,则明显违背《草原法》的生态保护理念。

2. 草地承包经营的特殊规定缺乏操作性

草地承包经营总体上可以适用《农村土地承包法》的一般规定,例如土地家庭承包经营权的取得条件、程序、流转、继承、征收补偿、其他方式承包等内容。但是,整体对比而言,草地承包经营法律制度仍然有特殊之处。例如《草原法》规定了草地可以联户方式承包、草地家庭承包经营期限为 30—50 年、集体经济组织享有草地集体使用权等规则。然而,就上述特殊规定,《草原法》并没有制定可操作性的规则,例如联户承包的权利主体和生态保护义务的履行,草地承包经营二轮承包期延长的起算、草地集体使用权的内容等均缺乏更具体的规则。

3. 草地利用中生态保护制度的立法缺失

根据《草原法》的规定,相比较耕地的承包经营者,草地的承包方要负担更重的生态保护义务。特别是围绕草地利用中的草原生态保护问题,不仅有专门法律《草原法》加以规范,而且形成了从国务院规范性文件,到地方性法规和规范性文件的自上而下的法律法规体系,并且中央政策和规范性文件占据比较重要的地位。但是,如果就法律和行政法规层面检讨,却发现虽然《草原法》规定草地承包方应当遵

---

① 参见陈徐奉《草原承包经营权与环境保护法律问题研究》,《西南民族大学学报》(人文社科版) 2009 年第 3 期。虽然《农村土地承包法》第 63 条规定,"承包方给承包地造成永久性损害的,发包方有权制止,并有权要求赔偿由此造成的损失。"但是,根据文义解释,该条应主要适用于承包方。土地经营权人违法将承包地用于非农建设造成承包地永久性损害的责任,能否适用于草地过度放牧导致生态退化,存在解释上的困境。

守禁牧、休牧、轮牧和草畜平衡的义务，但是相应的办法却授权国务院和地方性法规具体制定。虽然中央政策和国务院规范性文件规定实施草原生态补奖政策或生态补偿机制，但是《草原法》的规定仍然空白。

二 草地承包经营之财产法律制度评析

"三权分置"政策的入法使得新《农村土地承包法》中土地（草地）权利体系更加复杂，既有基于农民集体所有的承包地流转导致的"集体土地所有权—土地承包经营权—土地经营权"的"三权分置"类型，也有未流转状态下的"集体土地所有权—土地承包经营权"类型和其他方式承包导致的"所有权—土地经营权""两权分置"类型，更有基于国有土地（草地）由农民集体使用所产生的"国家所有权—集体使用权—土地承包经营权—土地经营权"所导致的"四权分置"类型。草地利用的不同情形所产生的不同权利结构和层次，导致《农村土地承包法》和《民法典》中承包地上权利边界更加模糊，草地财产权利体系更加复杂。

（一）草地集体所有权和使用权制度检讨

1. 集体所有权主体虚化

虽然《民法典》和《农村土地承包法》明确规定，农民集体所有的不动产和动产，属于本集体成员集体所有，由农村集体经济组织、村民委员会或村民小组依法代表集体行使所有权。似乎集体土地所有权的主体是明确的，但是若结合《民法典》总则编民事主体制度的规定，则可发现所谓"农民集体"究竟是何种类型的主体，《民法典》中是欠缺明确规定的。虽然有学者认为可以将农民集体视为非法人团体赋予其民事主体资格，[①] 亦有学者认为农民集体与农村集体经济组织

---

① 参见韩松《农民集体所有权主体的明确性探析》，《政法论坛》2011年第1期。

具有同一性，应通过农民集体的法人化改造赋予其民事主体资格，[①] 但是在法律缺乏明确规定的情况下，农民集体的主体地位仍然是模糊的。现实的选择是，根据《民法典》第99条的规定，农村集体经济组织依法取得法人资格后由其代表农民集体行使所有权。

2. 草地集体所有权和使用权权能不完整

依据《民法典》的规定，集体土地所有权和国家土地所有权都是私法意义上的所有权，是具有完整权能的自物权。但是，在《农村土地承包法》修改后，农民集体或农村集体经济组织收回权被取消，调整权（特别是三轮承包）受到严格限制，导致集体或国家土地所有权事实上已被承包户的承包权或土地承包经营权所消减，成为"空虚"的所有权。[②] 由此造成的结果是，在草地承包经营过程中，如果承包牧户过度放牧破坏草原生态、滥挖滥采、毁草开荒、承包草地非农建设和抛弃草地等，发包方是无法采取有效措施制止的。虽然发包方可以依据《农村土地承包法》第63条的规定对非农建设导致草场永久性损害的行为进行制止并请求承包方赔偿损失，也可以依据《民法典》第1229条的规定对破坏草原生态造成的损害请求承包方损害赔偿，但是由于发包方既没有收回或调整草地的权利，也没有就破坏生态环境的行为解除承包合同的权利，在承包方无赔偿能力的情形，发包方无法从根本上制止承包方破坏草地生态的行为。

3. 集体土地使用权性质不清，规则缺失

由于牧民承包的草地有大部分来自国家所有交由集体使用，因此在草地承包经营中，集体土地使用权的地位显得尤其重要。但综观

[①] 参见高飞《〈民法典〉集体所有权立法的成功与不足》，《河北法学》2021年第4期；宋志红：《论农民集体与农村集体经济组织的关系》，《中国法学》2021年第3期。

[②] 参见陈小君、孙聪聪《现行〈农村土地承包法〉体系解读与规范评注》，《广西大学学报》（哲学社会科学版）2019年第1期。

《民法典》《农村土地承包法》和《草原法》,集体土地使用权虽然可以解释为特别法上的用益物权,但是其权利性质仍然未被明确规定,权利内容和权利行使规则仍然缺失。

(二) 草地承包经营权的检讨

1. 草地承包方式单一,联户承包方式缺失法律规则

根据《农村土地承包法》第3条的规定,农村土地承包只能采取两种承包方式,即家庭承包方式和其他承包方式。由于承包方式在农村基本经营制度具有基础性地位,上述法律规定显然应当视为强制性规定,不可由农村集体经济组织或农民集体民主决议采用其他承包方式。但是,在《草原法》第13条规定联户承包方式的情况下,作为特别法的《草原法》显然是对上述承包方式的突破。当然,就《草原法》第13条的规定,联户承包方式的实施,草地承包经营权主体的确定,联户承包的草地财产权性质和法律适用等,仍然欠缺明确的规则。①

2. "三权分置"下草地承包经营权内涵模糊和权利受限

虽然将土地承包经营权限定为家庭承包方式取得的具有身份属性的用益物权有助于厘清土地承包经营权的内涵,但是如此界定,必将导致土地承包经营权财产属性的淡化和权能的过分限制,势必影响其权利的行使。特别是,该种观念容易将"三权分置"政策下的承包权认为是由土地承包经营权派生出的权利,将承包权视为土地承包经营权的内涵,从而导致后者的功能超载而不利于流转。② 同时,对于草地

---

① 内蒙古自治区人民政府《关于进一步落实完善草原"双权一制"有关事宜的通知》(内政发〔2010〕104号)规定:针对农区、半农半牧区草原面积小、不集中、划分难度大等实际情况,可通过嘎查村民大会研究决定,划分承包到联户,但亩数、户数、每户数量必须清晰,核发《草原承包经营权证》,统一管护,实行保护性利用、实际收益到户。城镇郊区的小片草原也可借鉴上述做法,做好承包到户工作。

② 参见单平基《分解、舍弃抑或改造:〈民法典〉编纂中土地承包经营权的定位》,《南京农业大学学报》(社会科学版)2020年第3期。

承包经营权,在生态保护高压政策下,草地承包经营权人需要受《草原法》规定的禁牧休牧和草畜平衡等制度的约束,其权利行使和流转都不同程度上受到限制。① 如何协调草地承包经营权与生态保护义务,特别是对于草地承包经营权的限制应否给予合理补偿,需要从理论和立法上给予回应。

3. 草地承包经营权的期限不确定

《民法典》和《农村土地承包法》并没有明确草地承包经营权的期限,由此导致作为用益物权的草地承包经营权没有稳定的预期,这事实上是违反物权法定原则的做法。实践中,虽然有的省市地方性法规和规范性文件明确规定草地承包经营权的期限,但是这种地方差异所导致的结果是该种用益物权作为财产权在跨地区流转和规模化利用上存在障碍。特别是《农村土地承包法》第 21 条规定"草地、林地承包期届满后依照前款规定相应延长",何谓"相应延长",究竟从何时开始,按照多长期限延长,只能依赖发包方和承包方之间的承包经营合同具体确定,由此导致草地承包经营权作为用益物权的确定性和稳定性受到严重影响。

(三) 草地经营权及其流转制度评析

考察《农村土地承包法》土地经营权流转的一般规则,涉及土地经营权的取得方式、流转的监管、流转合同的签订和登记、再流转条件和流转合同的解除等规则对草地经营权流转同样适用,但是检视《农村土地承包法》和《草原法》,涉及草地经营权流转的特殊规则和授权立法仍然缺失。

---

① 参见刘利珍《草原承包经营权探析》,《广播电视大学学报》(哲学社会科学版) 2015 年第 2 期。

不同权利来源产生的土地经营权性质是否一致,能否适用统一的法律规则欠缺明确的立法依据。如前所述,虽然依其他方式承包取得的土地经营权和经流转取得的土地经营权都属于市场化的权利,但是由于两者权利来源不同,取得条件不同,还存在公示效力的差异和再流转的区别,两者能否适用统一的规则令人生疑。特别是由于土地经营权的权利性质不明,土地经营权人进行担保融资时可能影响土地经营权的担保价值。

草地经营权流转专门立法和授权立法缺失。其具体体现为:第一,草地经营权入股规则和工商资本流转草地经营权规则缺失。《农村土地承包法》并没有就土地经营权入股和工商资本流转草地经营权制定具体规则,所以草地经营权流转规则缺失相应的内容。目前农业农村部已制定《农村土地经营权流转管理办法》,就土地经营权入股和工商资本流转草地经营权做出规定,但是由于草地承包经营管理职权从农业农村工作部剥离,农业农村部制定的《农村土地经营权流转管理办法》并不适用草地经营权入股和工商资本流转草地经营权。根据《农村土地承包法》第45条的规定,应由自然资源部就草地经营权流转的资格审查、项目审核和风险防范等制定具体办法。但是,截至目前,相关授权立法仍然未出台。第二,草地经营权融资担保规则缺失。根据《农村土地承包法》第47条的规定,土地经营权融资担保办法由国务院有关部门规定。目前,亟须由国务院有关部门就土地经营权融资担保中涉及的担保权主体、担保的性质和担保权的实现等做出明确规定。

《草原法》缺失草地经营权人生态义务的规定。根据《草原法》第33条、第34条、第35条的规定可以发现,无论是轮牧休牧禁牧制度,还是草畜平衡制度,其所规定的义务主体都仅为"草原承包经营者"。在草地流转范围不断扩大和"三权分置"的政策背景下,《草原法》的上述规定显然遗漏了草地经营权人。① 当然，可以通过扩张解释将《草原法》的生态保护义务主体扩张到草地经营权人，但是缺少立法的明确规定毕竟不利于上述规定的执行。

三 与生态保护相关的草地利用管理法律制度评析

（一）轮牧禁牧休牧制度检讨

检讨轮牧禁牧休牧制度，可以发现其实施多依赖地方立法，中央立法往往缺失，由此造成法律空白和政策实施的不统一。主要体现在以下四个方面。

轮牧休牧缺乏制度保障和补奖政策激励，形同虚设。虽然《草原法》第34条规定草原承包经营者应当实行划区轮牧，但是《草原法》和行政法规、部门规章等均缺乏相应的制度设计，无法保障划区轮牧的有效实现。在草原生态补奖政策实施后，由于轮牧休牧并非完全禁牧，只能按照草畜平衡给予奖励，无法享受禁牧补助，导致轮牧休牧缺少激励难以实现政策预期。

禁牧政策范围和期限僵化，无法实现草原的动态利用。根据草原保护和利用规律，轮牧休牧禁牧应当是根据不同类型的草原区分时间段的动态利用草原的方式，应当根据草地质量动态调整轮牧休牧和禁牧的草地范围。但是，由于草原禁牧补助政策的实施，从中央政策到地方立法，往往根据中央政策规定将特定地域的草地直接划为禁牧区域，并且以5年作为禁牧周期。除禁牧区域外的草地则属于草畜平衡区域，实行轮牧休牧，其实施周期由地方政府根据草地质量灵活确定并公告。但是，根据草原生态补奖政策和地方立法，禁牧区域的划分

---

① 事实上部分地方性法规，例如《内蒙古自治区禁牧和草畜平衡监督管理办法》《青海省实施〈中华人民共和国草原法〉办法》都规定，草原承包经营者或者草原使用者应当依法履行保护、建设和合理利用草原的义务。

是固定的，5年禁牧期内，即使草原生态恢复良好仍难以划为草畜平衡区。禁牧和草畜平衡制度之间缺乏良性互动的动态调整规则和标准，无法实现草原的动态利用和管理。

违反轮牧休牧禁牧的法律责任地方立法差异较大，欠缺法律统一规定。虽然《草原法》规定草原承包经营者应当履行划区轮牧和休牧禁牧义务，但是缺少法律责任的规定，因此上述制度只能沦为倡导性规范，无实质约束力。考察各地规定，可以发现划区轮牧往往缺少法律责任的规定，而休牧禁牧则规定了责令改正或罚款等处罚措施，以及扣发或停发草原生态补奖资金等警示举措。各地对于违反禁牧休牧规定的，有的规定处以每个羊单位五元的罚款，有的规定每个羊单位十元，有的则规定五元以上三十元以下，差别很大。

地方立法存在对草地承包经营权转让和流转的不当限制。虽然禁牧休牧构成对草地承包经营权的某种特别限制，但是并未从根本上剥夺承包户的处分权。即使在草原生态补奖政策实施后，从生态保护和草原规模化经营的角度，更应当允许草地的转让和流转。但是，考察地方立法，例如《青海省草原承包经营权流转办法》《呼伦贝尔市草原生态保护补助奖励政策实施方案（2016—2020年）》《肃南裕固族自治县草原禁牧监督管理办法》等，明确规定列入禁牧区的草原不得进行流转。上述地方立法显然无上位法依据，特别是违背了《农村土地承包法》第38条关于土地经营权自由流转的规定。

(二) 草畜平衡管理制度检讨

草畜平衡管理制度无疑是草原利用的核心制度，其不仅体现为草原承包经营者和经营权人应当遵守的义务，更是实现草原生态保护的重要管理手段。考察目前的草畜平衡管理制度，不仅欠缺法律和行政法规的明确规定，而且地方立法亦欠缺完善的规则设计。

草畜平衡管理偏离草地承载力管理的目标，载畜量的核定欠缺科学精准。第一，现行草畜平衡管理是以核定的草原载畜量和牲畜存栏数量为基础判断是否超载，本质上是牲畜饲养量或存栏量的管理。根据现行立法规定，草原载畜量是超载认定和草畜平衡管理的基础，即所谓的"以草定畜"。按照草畜平衡管理的逻辑，此处的"草"是指"通过草原和其他途径获取的可利用饲草饲料总量"，不仅包括天然草原，也包括人工草地以及饲草料基地，甚至包括外购的饲草饲料。显然，草畜平衡管理中的"草"已经超出天然草原的范围，草原承载力管理已经异化为饲草料总量和饲养量管理，甚至在实际操作中由于饲草料总量管理的复杂性，草畜平衡管理简单化为牲畜存栏量管理，实现草畜平衡的措施简单化为减畜。由此导致牧民为实现草畜平衡的目标被迫减畜，造成牧民和草地管理者之间利益的直接冲突。

第二，现行的载畜量计算标准仍然欠缺科学精准。虽然农业部《天然草地合理载畜量的计算》（NY/T 635—2015）的载畜量计算方法已将影响草原产草量的牧草再生率、草地合理利用率和冷暖季等因素考虑在内，但是由于该标准未考虑干旱半干旱区草地植被覆盖度对草地生态保护的需求，[①] 未考虑气候变化因素对牧草生长速度、产量、品质，以及对牲畜营养水平的影响，忽视划区轮牧等放牧方式对草地生产力的影响，计算出的草地载畜量与实际可承载的草地载畜量有较大差距。[②]

第三，现行的草原载畜量核定办法没有体现动态调整的理念。由2005年《草畜平衡管理办法》第3条的规定可见，草畜平衡应是草与畜的动态平衡。但是，在具体的载畜量核定中，2005年《草畜平衡管理办法》第10条规定，"草畜平衡核定每五年进行一次"，各地地方立

[①] 参见黄富祥、高琼、赵世勇《生态学视角下的草地载畜量概念》，《草业学报》2000年第3期。
[②] 参见李洪泉等《草原生态载畜量测算核定方法研究》，《草地学报》2018年第6期。

法中，有的规定三年，有的则规定五年。现行的载畜量核定显然忽视气候剧烈变化等偶然因素对草原生产力的影响，不利于牧民和草原监管部门根据草原质量及时调整牧民可养殖的牲畜数量，无法实现动态的草畜平衡管理。

草原载畜量的核定单位不明确导致草畜平衡责任主体认定困难。有的地方立法规定，草原载畜量的核定可以草原承包经营者或者草原使用权单位进行。但是，若以后者为单位认定超载，则当草原行政管理部门对超载行为给予行政处罚的时候，如何认定责任主体则面临困难，是村集体承担责任，还是实际超载的牧户承担责任？

草畜平衡核定缺乏行政救济和诉讼救济方式。从本质上来说，草原行政管理部门对于草原载畜量和最大饲养量的认定属于一种行政确认行为。由于其对于牧民行使草地承包经营权从事放牧活动利益影响重大，应当赋予牧民就核定的载畜量或最大饲养量提出行政复议或行政诉讼的权利。

违反草畜平衡管理规定的处罚较轻，个别地方立法处罚措施超过法律授权范围。地方立法所规定的违反草畜平衡的责任主要有责令限期改正或责令出栏超载牲畜、罚款、强制出栏和暂停或停止、核减发放草畜平衡奖励资金等。从处罚力度来看，多数地方处罚数额较低，例如2006年《甘肃省草原条例》第44条规定，超过核定的载畜量放牧的，逾期未改正的，每个超载羊单位按照超载比例罚款十元至三十元，并限期出栏。① 由于处罚标准较低，在实际执行过程中，多数牧民会以罚款来代替超载放牧，缺乏制度的约束力。

---

① 《甘肃省草原条例》第44条规定："草原使用者或者承包经营者超过核定的载畜量放牧的，由草原监督管理机构责令限期改正；逾期未改正的，按照下列规定进行处罚，并限期出栏：（一）超载10%—30%的，每个超载羊单位罚款十元；（二）超载31%—50%的，每个超载羊单位罚款二十元；（三）超载50%以上的，每个超载羊单位罚款三十元。"

同时，虽然《草原法》第 73 条授权省、自治区、直辖市人民代表大会或者其常务委员会就违反草畜平衡管理的纠正或者处罚措施作出规定，但是根据《行政处罚法》第 11 条的规定："地方性法规可以设定除限制人身自由、吊销企业营业执照以外的行政处罚。"地方性法规即使可以就法律所没有规定处罚措施的行为规定行政处罚，但是也应当在《行政处罚法》第 8 条规定的行政处罚种类范围内行使立法权。①强制出栏措施显然无法纳入《行政处罚法》第 8 条规定的行政处罚种类范围内。《内蒙古自治区草畜平衡和休牧禁牧条例（草案）》（2020年修订）第 34 条所规定的"强制出栏"的行政处罚显然超越《草原法》第 73 条所授权的行政处罚的种类范围，有超越地方立法权限之嫌。②

（三）草原生态保护补奖政策检讨

虽然草地生态保护补奖政策实施十年有余，但是未见法律和行政法规明确规定。检讨中央政策和地方立法，草地生态保护补奖政策虽然已近成熟，但是在立法上的制度构建仍然欠缺。

草原生态保护补奖的理论依据和法律依据不足。从政策上来看，草原生态保护补奖当属于生态补偿机制的内容，但是仍然需要检讨的是为何给予牧民禁牧补助和草畜平衡奖励。在法律没有规定生态补偿制度的前提下，禁牧和草畜平衡究竟属于草地承包经营权的权利范围

---

① 参见卞耀武主编，王晓斌等《中华人民共和国草原法释义》，法律出版社 2004 年版，第 150 页。

② 当然，亦有解释认为《行政处罚法》第 11 条的规定授权地方性立法增设第 8 条规定范围外的行政处罚种类的权力，强制出栏并不违反该条规定。本书认为虽然《行政处罚法》第 11 条第 1 款的规定本意在于扩大地方性法规的行政处罚立法权，但是仍应当在第 8 条规定的处罚种类范围内选择，不能滥设行政处罚的种类，否则会导致地方法中行政处罚种类的泛滥。强制出栏更是涉及对违法行为"以减损权益或者增加义务的方式予以惩戒"，更应当严格限制地方性法规的行政处罚立法权。值得肯定的是，该规定在最终公布的文本中已删除。

或义务性规定，还是属于对草地经营权的限制，需要妥当的理论对禁牧补助和草畜平衡奖励加以正当性论证。

草原生态保护补奖的内容（项目）有待明确。从退耕还草到草原生态补奖政策，退牧还草工程和草原生态保护补偿的内容和项目名目众多，例如粮食、现金、草种费、舍饲圈养建设资金、饲料粮补助和禁牧补助、草畜平衡奖励、畜牧品种改良补贴等种类繁多。截至目前，退牧还草工程仍然在实施，而草原生态保护补奖仅限于禁牧补助、草畜平衡奖励。就立法而言，需要研究的是草原生态保护补奖所针对的对象为何，不同补奖政策的内容如何确定，以避免补奖项目和内容之间的交叉和重叠。

补奖资金来源单一，发放方式需要法律和行政法规明确。目前补奖资金的主要来源是中央财政资金，但是若依《国务院办公厅关于健全生态保护补偿机制的意见》（国办发〔2016〕31号）（以下简称《生态保护补偿意见》）规定的"谁受益、谁补偿""多渠道筹措资金"精神，则草原生态补奖政策的资金来源过于单一，而且忽视横向生态保护补偿机制的建立。同时，对于补奖资金的发放，多数地方是将补奖资金与禁牧、草畜平衡责任相挂钩分批次发放，这符合《生态保护补偿意见》所规定的"完善生态保护成效与资金分配挂钩的激励约束机制"。但是其仍然需要在《草原法》中加以明确规定，以使牧民对于禁牧和草畜平衡具有稳定的预期。

补奖资金发放对象仅限于承包户，对草地经营权人激励不足。由《第二轮补奖政策指导意见》和部分地方补奖政策规定来看，补奖资金的发放对象仅限于承包户。若如此，则在草原转让和流转中，受让人和草地经营权人则难免因无法享受补奖政策而不遵守禁牧和草畜平衡的义务。就此，有的地方立法规定草原转让的补奖资金归受让人，草原流转的根据流转合同约定执行，当属比较合理的做法。

补奖标准缺乏法律的统一规则，理论依据不足，各地差异较大。虽然《第二轮补奖政策指导意见》明确规定中央财政的禁牧补助和草畜平衡奖励标准，但是地方政策多在其基础上进行调整，按照新的标准分类实施，甚至按户或按人确定补助标准。由此尽管有"封顶保底"政策，但是由于地方规范性文件中补奖标准差别很大，各地区牧户之间由于草地面积差异，补奖金额悬殊。就其原因，乃在于目前生态补奖政策的实施缺乏统一的法律规则和测算标准。草原生态补奖究竟是对于草地承包经营权人和草地经营权人经济利益损失的补偿，还是对于其基本生活的保障，地方政府在认识上不一致。

第三章

草地承包经营法律制度的社会实证分析

为深入了解草地承包经营及草原生态保护法律制度运行的社会效果，本书对草地承包经营的主体、草地承包经营方式、草地经营权流转、草地生态保护政策措施实施效果等内容进行了社会调查和统计，以此分析草地承包经营法律制度和草原生态保护实施的社会效果和存在的问题。

第一节 调查基本情况

一 调查地点和调查对象

从全国草原分布状况来看，内蒙古、新疆、西藏、青海、甘肃、四川六大牧区约占全国草原面积的3/4，是我国天然草原的主要分布区。① 由于单纯从事牧业的牧民多数为集中连片居住和放牧，调研对象的分布不具有均质性，为方便抽样，课题组根据国家民族事务委员会

---

① 参见农业部《2016年全国草原监测报告》，《中国畜牧业》2017年第8期。

公布的《牧区、半农半牧区县（旗）名单》，将内蒙古、青海、新疆、西藏、四川和甘肃六大牧区的 111 个纯牧业县确定为调查地点，基本覆盖我国北方和西部温带草原和青藏高原高寒草地。

在调查对象的选择上，由于我国草地分布的不均匀和区域性特征，课题组首先根据我国草地分布的区域状况，将六大牧区呼伦贝尔草原、科尔沁草原、锡林郭勒草原、阿拉善草原（包括乌兰察布草原）、阿尔泰草原、伊犁草原、巴音布鲁克草原、青海环湖草原、甘南草原、川西北草原、那曲草原等 21 个区片草原确定为样本区域，[①] 并将 111 个纯牧业县划分到 21 个样本区域。然后，采取分层抽样和简单随机抽样的方法，在每个样本区域随机选择 4 个牧业村作为样本村，然后以抽签方法在样本村随机选取 6 户牧民作为调查对象。最终，在六大牧区确定 21 个样本区域 84 个样本村 504 户牧民进行问卷调查和访谈。

二 调查过程和样本状况

本书课题组在预调研的基础上不断修改完善调查问卷和调研提纲，并制定了《课题调查方案》和《课题调查基本守则》。在选聘和培训调查员后，按照课题调查方案的要求抽样确定了调研对象，在 2018—2019 年，课题组利用寒暑假期先后分三批安排调研员 87 人次赴调研样本区域展开正式调研。

调研采用入户结构式访谈和实地个案访谈相结合的方法，由调研员在进入样本村（嘎查）后实地抽取牧民，根据调查问卷和调研提纲对该牧民进行结构式访问和访谈，收集与调研内容相关的资料。调研员亦利用自身便利条件收集、复制、拍摄整理部分村镇有关草原生态保护和牧区经济发展现状方面的材料，或者按照调查提纲的要求，赴

---

① 参见李建东、方精云《中国草原的生态功能研究》，科学出版社 2017 年版，第 8 页。

当地牧业主管部门和法院调查访谈收集资料。在本次调查过程中，课题组在样本区域针对调查对象共发放调查问卷504份，最终收到有效调查问卷479份，制作访谈笔录300余份，问卷回收率达95%，涉及39个牧业县，82个村，479户牧民，基本实现调查方案确定的目标和任务。（见表3-1）

表3-1　　　　　　　调研地点及有效样本分布状况[①]

序号	样本区域	调研地点	发放问卷数量（份）	回收问卷数量（份）
1	呼伦贝尔草原	陈巴尔虎	24	19
2	科尔沁草原	阿鲁科尔沁	24	22
3	锡林郭勒草原	锡林浩特市、正蓝	24	24
4	乌拉特草原（巴彦淖尔）	达茂、乌拉特中	24	24
5	鄂尔多斯草原	鄂托克前、鄂托克	24	24
6	阿拉善草原	阿拉善左、阿拉善右	24	17
7	祁连山草原（青海）	祁连	24	24
8	青海湖环湖草原	河南、共和、兴海	24	23
9	柴达木盆地草原	乌兰、都兰	24	24
10	青海高原	玛沁、囊谦	24	24
11	天山巴里坤草原	木垒	24	24
12	天山巴音布鲁克草原	和静	24	23
13	天山伊犁草原	温泉、昭苏、特克斯、新源	24	23
14	阿尔泰草原	阿勒泰、布尔津、吉木乃、裕民	24	22

[①] 由于地处偏远、牧民居住分散或者语言不通，个别样本村调查没有完成，部分样本区域回收问卷的数量少于24份。

续表

序号	样本区域	调研地点	发放问卷数量（份）	回收问卷数量（份）
15	昆仑山高寒草地	民丰	24	18
16	青藏高原（那曲草原）	申扎、班戈	24	24
17	冈底斯山麓高寒草地	改则	24	24
18	川西北若尔盖草原	若尔盖、红原	24	24
19	甘孜草原	理塘	24	24
20	祁连山草原（甘肃）	肃南、天祝	24	24
21	甘南草原	碌曲、夏河	24	24

第二节 调查资料分析

调查主要采用定性研究和定量研究方法相结合的资料分析方法。采用定性研究对具有代表性的个案访谈资料进行解释和分析，对搜集到的文献资料进行概括总结。采用定量研究对收集到的调查问卷进行统计分析，包括单变量描述统计和双变量相关分析，以期发现草地承包经营法律制度的实施状况和存在的问题。

一 草地承包经营权的取得方式

（一）草地承包方式调查

尽管在改革开放后草地和耕地都实行家庭承包经营，但是由于草地所有制类型不同，草地承包经营呈现更复杂的特征。根据国土资源部第三次全国土地调查，全国共有草地2645亿公顷（3.969亿亩），其中，天然牧草地2.13亿公顷（3.198亿亩），占80.59%，国有草地

1.973亿公顷（2.96亿亩），占草地总面积的74.60%。从各省（自治区、直辖市）草地权属结构看，国有草地占该省（自治区、直辖市）草地总面积的比例大于90%的是西藏、新疆、青海等省（自治区），比例分别为99.89%、99.22%和99.22%。① 可以看出，我国草地在权属结构上，国有草地要远远多于集体草地。

根据国家林业与草原局发布的《2018年全国林业和草原发展统计公报》显示，截至2018年年底，全国已承包的草原面积约为43.08亿亩（2.872亿公顷），占可利用草原面积的88.21%（占全国草原面积的73.10%），其中，承包到户的草原面积31.99亿亩（2.133亿公顷），占比74.30%；承包到联户的草原面积10.34亿亩（0.689亿公顷），占比24.00%。② 同时，在全部承包到户的草地中，国家所有、家庭承包的比例高达43.26%，相比较耕地承包经营中集体所有、家庭承包作为典型形态，③ 草地承包经营中的国家所有、家庭承包经营则是典型形态。显然，相比较耕地承包经营中"集体—承包户"之间的"所有权—承包经营权"法权关系，草地承包经营中更需要关注"国

---

① 中华人民共和国国土资源部、国务院第二次全国土地调查领导小组办公室编著：《中国土地资源与利用》，地质出版社2017年版，第229页。由于统计标准的差异，牧草地面积和草原面积是不同的。牧草地是指以生长草本植物为主，用于畜牧业的土地。根据《草原法》的规定，草原是指天然草原和人工草地。天然草原包括草地、草山和草坡，人工草地包括改良草地和退耕还草地。2018年中国国家林业和草原局公布的数据，中国有天然草原3.928亿公顷，占国土面积的40.9%，是耕地面积的2.91倍、森林面积的1.89倍。

② 参见国家林业与草原局《2018年全国林业和草原发展统计公报》，中国林业网（http：//www.forestry.qov.cn/2019-06-28）。已承包面积中有0.75亿亩未承包到户或联户，所以总比例不足100%。

③ 根据《第三次全国国土调查主要数据公报》统计数据，我国现有耕地12786.19万公顷（191792.79万亩），其中国有耕地1957.2万公顷（29357.4万亩），国有耕地所占比例仅为15.3%。据农业部《中国农村经营管理统计年报（2017年）》统计数据，2017年集体所有的耕地面积为15.23亿亩，其中家庭承包经营的为13.85亿亩。参见农业部农村经济体制与经营管理司、农业部农村合作经济经营管理总站《中国农村经营管理统计年报（2017年）》，中国农业出版社2018年版，第14页。

家—集体—承包户"之间的"国家所有权—集体使用权—承包经营权"三阶层法权关系。

表3-2　　　　　　　　草地承包经营类型比较

类　型	面积（亿亩）	占　比
全国草地面积	58.92（2011）①	
全国可利用草地面积	49.65（2011）	占全国草地面积的84.27%
全国已承包的草地面积	43.08（2018）	占可利用草地面积的88.21%
1. 全国草地家庭承包面积	31.99（2018）	74.3%（占全国承包总面积）
1.1 集体所有 家庭承包经营	18.15（2018）②	56.7%（占家庭承包总面积）
1.2 国家所有 家庭承包经营	13.84	43.26%（占家庭承包总面积）
2. 承包到联户的草原面积	10.34	24.0%（占全国承包总面积）

资料来源：由国家林业与草原局发布的《2018年全国林业和草原发展统计公报》；中华人民共和国国家统计局编写的《中国统计年鉴2011》，农业部农村经济体制与经营管理司、农业部农村合作经济经营管理总站编写的《中国农村经营管理统计年报（2018年）》整理。

在调研中，当问及"您家是以哪种方式获得村（嘎查）的草地的？"有效作答的478份问卷中，③75.5%的牧民选择家庭承包，6.1%的选择联户承包，14.9%的选择仍然由村（嘎查）集体统一经营，另有3.6%的牧民选择其他。该调查结论与上述林业与草原管理部

---

① 中华人民共和国国家统计局编：《中国统计年鉴2011》，中国统计出版社2011年版，第394页。从2012年开始《中国统计年鉴》土地状况统计项目由耕地、林地、内陆水域面积、草地和其他变更为耕地、园地、林地、牧草地、其他农用地、居民点及工矿用地、交通运输用地、水利设施用地。

② 参见农业部农村经济体制与经营管理司、农业部农村合作经济经营管理总站《中国农村经营管理统计年报（2018年）》，中国农业出版社2019年版，第2页。

③ 在全部回收的479份问卷中，有个别问题部分牧民并没有作答，因此统计数据中，个别问题的有效作答数和回收数并不一致。

门的统计数据大致吻合。① 虽然中央政策和文件严格要求各省（自治区）政府部门切实落实草地家庭承包制，但是相比较耕地90%的由家庭承包，② 草地家庭承包经营的比例仍然偏低，并且实践中还有联户承包这种特殊的承包方式。特别是在半农半牧区，由于草原面积小、户数多、草地质量差，更倾向推广联户承包方式。③

同时，对于部分由村（嘎查）集体统一经营而未能划分到户的草地，调查中发现其多为夏季草地、面积较小的零星草地或者由于水源、牧道限制无法完全围栏到户以及由于历史原因无法确权到户的草地。可见，与耕地可以通过田埂以较低的成本来确定边界不同，草地通过围栏到户的方式界定产权不仅面临较高的成本，而且许多情形下也是不可能的。④

最后，针对草地承包过程中出现的承包主体和利用主体分离的问题，特别是涉及国有草地的承包问题，有牧业监管部门管理人员认为应当推行国有草地有偿承包方式：⑤

> 我们这边草原少，人口多。对我们来说，我们希望资源优化利用。按以前国家的草原承包政策的话，家家都有权承包，都要

---

① 例如，截至2010年年底，甘肃省落实草原承包面积1.86亿亩，占全省可利用草原面积的77.20%，其中承包到户面积1.31亿亩，占承包面积的70.40%；承包到联户面积5000万亩，占承包面积的26.80%；其他方式承包面积514万亩，占承包面积的2.80%。参见《甘肃省人民政府办公厅关于印发甘肃省落实草原生态保护补助奖励机制政策实施方案的通知》（甘政办发〔2011〕232号2011年9月27日）

② 据《中国农村经营管理统计年报（2017年）》统计数据，2017年全国集体所有的耕地面积共15.23亿亩，由家庭承包经营的为13.85亿亩。参见农业部农村经济体制与经营管理司、农业部农村合作经济经营管理总站《中国农村经营管理统计年报（2017年）》，中国农业出版社2018年版，第14页。

③ 参见张美艳等《半农半牧区联户承包下草原治理与利用研究——以河北省丰宁县为例》，《北方经济》2016年第3期。

④ 参见杨理《草原治理：如何进一步完善草原家庭承包制》，《中国农村经济》2007年第12期。

⑤ 甘肃某牧业县草原监理站访谈，2019年7月23日。

承包，因为无偿使用，反正不要钱，那我为啥不承包呢。我们希望继续像以前那样有偿承包，有个门槛，承包你得交钱出来，这样不用草原的人他也没必要去争这个草地。用草原的人需要给国家交钱，草原破坏之后可以用这个钱恢复，推行有偿承包应该说是比较符合我们这边的情况。其他地方面积大、人少的，不一定需要这种模式。这边放牧的有七千多户，这些人占全县人口的五分之一，把不使用草原的踢出去分给放牧的，他们的面积至少会增加五倍呀！

（二）草地承包经营权的确权登记颁证情况

就草地承包确权颁证情况来看，虽然相比较耕地承包有所滞后，但是在中央和政府部门的强力推动下，草地承包确权颁证工作进展比较迅速。[①] 从调研地区草原确权承包登记落实情况来看，尽管各地落实进度不一致，但是绝大部分地区已经全面推进和落实草地承包确权颁证工作，例如内蒙古已基本完成土地承包经营权确权工作，颁证率达到94%。[②] 从调查问卷访谈和统计来看，当问及"您承包草地后，县（旗）政府部门有没有给你们发放草地承包经营权证？"在有效作答的351份问卷中，有295户牧民做出肯定回答，占比高达84%，有56户牧民回答没有或暂时没有，所占比例仅为16%。对于没有落实或暂时没有落实草地承包确权颁证的原因，访谈中有牧业监管部门和牧民表

[①] 具体表现在：国有草原确定给全民所有制单位、集体经济组织等使用时，使用权证颁证率低；依法属集体所有的草原，大多未进行草原所有权颁证登记，即使确权颁证登记的也很不规范，存在着证、账、地不相符等问题；已明确使用权的草原在进行承包时，承包经营权落实到户率低，以承包合同或使用权证代替草原承包经营权证的现象很普遍；承包草原面积不准、四至不清、混牧混用、明包实不包比较突出；承包管理工作静态化、变更登记不及时、记载内容不全、档案管理不规范、证书不统一等问题普遍存在。刘加文：《加快推进草原承包确权登记颁证工作》，《中国畜牧兽医报》2013年9月1日。

[②] 参见李文明《内蒙古土地确权颁证率达94%》，《内蒙古日报》2019年12月8日。

示，由于新旧测量技术之间有差距、承包户中有嫁出去的女孩在他乡未分到草地、无法明确牧民的草地边界、吃水纠纷等原因，个别牧民的草地承包经营权证未按期颁发。可见，草地承包政策和确权颁证是得到广大牧民的认可和支持的，草地家庭承包经营制已经在牧区得到全面落实和推进。

对于此次草地承包确权颁证的重大意义，在调查中，当问及被访对象："您认为草地确权颁证对生产经营有何好处？"被访对象普遍认为，确权颁证有利于明确草地界限，可以自发流转草地，合法生产经营，减少牧民对草地权属的争议。当然，也有部分牧民认为："只是证明承包草地，对其他生产经营没有作用。"虽然部分牧民对于草地承包确权颁证的意义缺乏深入的了解和认识，但是从实施过程来看，作为草地生产经营和草地生态补助奖励的基础性工作，草地承包确权颁证的意义不仅在于确认和界定牧民对所承包草地的权属关系，而且涉及牧区经济社会稳定和牧民生计保障问题。

最后，从调研访谈中，课题组发现由于对草原和林木范围的界定不明，草地划界和颁证的过程中往往会出现"一地两证"和监管范围重叠的问题，在访谈中某牧业监管部门的管理人员指出：[1]

> 这边气候环境特别适宜灌丛生长，原来我们的灌丛草甸，就长点不高的这种，稀稀拉拉的那种灌木。这几年保护起来以后，长得也高了，密度也大了，人家现在就说是林业部门的。只要已达到30%以上，人家就认定那是林地，就把那一块给划成林地了。像我们好多村上的草原，原本就没什么灌木林，就纯草原，然后围栏一围，禁牧上两年以后，灌丛一长起来，划成林地，就不是你的草原了，所以说在这方面也有问题。老百姓首先不接受这个

---

[1] 甘肃某牧业县草原监理站访谈，2019年7月23日。

东西，我的草原我保护起来最后还成了林地了，一分也不给我，还不能用了。从我们部门来说，林草两家现在合到一块也就不能一家人说两家话，我们管理上倒好解决，无非就是谁管理的范围缩一下，但是实际管理中老百姓不接受，他就说我辛辛苦苦围栏，自己掏钱修了，保护起来，最后还跟我啥关系都没有了。比较明显的就像是我们村，它的草原将近有十二万亩，但是林草一地两证处理的时候，它就有七万亩划成林地了，剩下的十二万亩草原里可利用的可能就剩下个两三万亩。剩下一部分都是在山顶上呢，太陡，上不去，没办法用，所以说他这个剩下的草原根本就不够生产生活的，而且无法享受草原生态补偿政策，严重影响农牧民群众生产生活。但是按这个趋势的话，现在这样弄，我们虽然说是使用权证上都变更了，但是承包经营权证上就没办法变更，也不敢变更，你一变更就引起群众的矛盾，所以一地两证的事情上我们也按照上面的要求变更权证，使用权证我们就变更了，因为那个是到村的，老百姓他不接触那个东西，相对好变更，但是你全县四万多亩这个承包经营权证，一个是变更起来太费事，要牵扯整个重新进行承包，不能把面积减掉就完了，这个引起的矛盾范围太大了。所以现在为止，我们承包经营权这块，还暂时没敢动。

　　现在草原管理方面我们遇到的问题就是，管理的主体不一样。原来草原的使用权证肯定要废除了，要重新确权，不可能以前发的整个全县的使用权证以后还用。以前是农业农村局发的，现在也没变。现在我们全县草原的面积和2011年相比已经发生很大变化，至少要减少可能一百五六十万亩，因为这些都已经划成林地了，所以原来的承包基础到现在已经不适用了，面积也小了，公园内的公园外的、自然保护区内和自然保护区外的已经搞不清楚了，所以现在还继续用2011年的那个承包的东西去管理的话，以后肯定问题还是比较多的。但是我们现在重新搞一种承包的话，没有任何支撑的政策、法律法规，人家承包经营权都是三十年或五十年不变，还没到期就开始调整，你得有个依据吧，但是现在从上到下没有这方面的依据，（草地跟土地不是一个政策嘛，以前农业农村局都是发的一个证，都是一样的证）现在实际管理中就有这个问题，把草原划成林地了，但是使用的时候老百姓还是按照草原使用，你管不了啊，你没办法管，你没办法把这个东西完全废除或变更了。

二 草地退化与草地承包方式的认知

草地退化即草地植被的衰退和草地生态功能的降低，主要表现为草原沙化、草原盐渍化以及草原污染等。从20世纪80年代初开始，牧区陆续落实草地承包制，到20世纪末21世纪初草地退化问题逐步引起公众和中央高度关注，草地承包制和生态退化之间的关联性成为学者研究的焦点问题。本书认为，牧民作为最直接的利益相关者，从牧民视角来认识草地退化问题无疑是最直观的。

（一）草地退化认知调查

当问及"从草地承包制实施到现在，您承包的草地质量有没有变化?"有效作答的472份问卷中，受访牧民认为明显好转和有所好转的所占比例分别为22.5%和12.9%，认为基本没有变化的为21.8%，认为轻度退化、中度退化和严重退化的分别为18.4%、12.1%和12.3%。总体来看，自草地承包制实施以来，有57.2%的牧民认为所承包草地有好转或没有变化，42.8%的牧民认为所承包的草地有退化。这与2001—2012年每年MODIS的最大NDVI数据分析的结果比较接近，

2001—2012年，全国具有恢复趋势的草地面积占草地总面积的60.55%，有恶化趋势的草地面积占草总内积的39.45%。①

(二) 草地退化原因调查

针对草地退化的原因，特别是学者所争议的草地承包制与草地退化之间的关联性，本书课题组进行了针对性的调查。当问及"您认为哪种草地承包方式更有利于保护草地生态?"有效作答的469份问卷中，有67.6%的牧民认为是家庭承包，19.2%的认为是村（嘎查）集体统一经营，10.7%的认为是联户承包，2.6%的选择其他方式。有超过三分之二的牧民认为草地家庭承包方式的实施对于草地生态保护更为有利。这说明大多数牧民并不认为草地家庭承包制是导致草地退化的直接原因。该调查结论与个别学者认为的联户承包更有利于草地生态保护的结论有明显偏差。② 分析其原因，乃在于草地家庭承包制不仅为一种草地经营方式，更是一种为避免草原利用过程中的"公地悲剧"和牧区生产的平均主义"大锅饭"而采取的以明晰草地使用权为目的的私人利用模式。③ 这种私人草地利用模式，可以有效避免草地无界和利用无序问题。在草地围栏建设实施后，由于从根本上解决了草地界限不清的问题，草地家庭承包制可以根本上解决草地公有共用带来的生态保护责任不清的问题。同时，近三十年草地家庭承包制的强制推行、政策宣传以及与之相挂钩的草地生态保护补奖政策的实施，使传统草地公有的观念已经完全被草地公有、家庭经营的观念所取代。这

---

① 参见刘钟龄《中国草地资源现状与区域分析》，科学出版社2017年版，第309页。
② 参见张美艳、张立中《农牧交错带草原确权承包问题探析——以河北省丰宁县为例》，《农村经济》2016年第1期；达林太、娜仁高娃：《对内蒙古草原畜牧业过牧理论和制度的反思》，《北方经济》2010年第11期。
③ 参见胡敬萍《在希望的草原上——内蒙古自治区牧区的变迁与发展》，《中国民族》2007年第8期；王勇：《"栏内青草栏外沙"——草场承包加剧了草原生态退化?》，《绿叶》2013年第8期。

些因素的结合，导致在牧民群体中，"谁利用，谁保护"的草地利用观念已经根深蒂固，并未将草地退化的直接原因归咎于草地家庭承包制的实施。

当问及"您认为导致草地退化的主要原因有哪些？"有效作答的478份问卷中，有77.4%的牧民认为是气候干旱，56.1%的认为是过度放牧，42.9%的认为是虫害和鼠害，36.2%的认为是草地面积过小。结合前述"您认为哪种草地承包方式更有利于保护草地生态？"的调查数据，牧民对于草地退化原因的认知上，气候干旱和过度放牧是大多数牧民所认可的导致草地退化的直接原因，鼠虫害和草地面积过小也是导致草地退化的重要原因。在这些原因中，仅草地面积过小是与草地家庭承包制的实施相关的。从调查数据分析，可以得出结论，大多数牧民认为气候干旱和过度放牧才是导致草地退化的直接原因，草地家庭承包制的实施尽管与同时期草地生态的加速退化具有相关性，但是并非导致草地退化的直接原因。该结论也可以从后续问卷的调查（"您觉得我国当前的草地家庭承包制应该如何实施？"被调查牧民普遍认为草地家庭承包政策是好的，应当继续坚持和完善）以及草原生态科学对于草地退化原因的研究结论中得到印证。[①] 显然，未来治理草原生态退化的重心应该放在控制过度放牧和防控自然灾害（气候灾害、鼠虫害等）上，而非废止草地家庭承包制。

虽然从调查数据上无法得出草地家庭承包制这种制度安排与草地退化具有直接联系的结论，但是仍然无法否认草地家庭承包制的实施与草地退化在时间上存在高度的一致性。相关研究甚至表明被普遍认为实施草原承包制度取得长足"发展"的近20年，恰好是草原退化和

[①] 综合我国草地过去半个世纪退化因素，影响草地生态功能发挥的主要因素包括气候变化、人类活动（过度放牧、肆意开采和乱采滥伐）和产业政策。参见李建东、方精云《中国草原的生态功能研究》，科学出版社2017年版，第14—21页。

荒漠化空前加剧的时期。① 这使得本书不得不深刻反思草地家庭承包制的实施对草地生态的负面影响。当问及受访牧民"您认为草地家庭承包对草地生态有没有影响?"有效作答的469份问卷中,有64.2%的受访牧民认为有影响,27.5%的认为没有影响,8.3%的回答不清楚。而对回答"有影响"的牧民进一步追问,"草地家庭承包对草原生态的影响主要表现在哪些方面?"则有高达68.8%的受访牧民认为是草地面积小、不能轮牧,有52%的认为是分户承包经营,很容易过度放牧,有38.6%的认为单个牧业户无法防治草地鼠虫害,还有31.8%的认为承包后水源分布不均,影响草地灌溉。可见,大多数牧民认为草地家庭承包制的实施虽然有利于明晰草地利用的权责关系,但是也会对草地生态造成负面影响,主要表现在家庭承包制的实施造成草地被分割为较小的放牧单元,不利于轮牧,可能造成过度放牧。这为未来草地家庭承包制的完善提供了可靠的依据和明确的方向。

三 草地经营方式与草地生态保护的认知

在生态保护高压常态下,传统的家庭游牧方式受到严峻挑战,粗放式的经营方式亟须向质量效益型转变,这不仅是建设"生态良好、生活宽裕、经济发展、民族团结、社会稳定的新牧区"的基本要求,而且是实现草地生态良性循环、草原畜牧业可持续发展的必由之路。

(一) 草地经营方式与生态保护之间的相关性

从调查来看,尽管草地家庭承包方式受到现代牧业生产方式和生态保护的挑战,但是经过近40年的推行,家庭分户放牧的传统经营方式仍然根深蒂固。当问及"草地家庭承包后,您家是采用哪种方式放

---

① 参见达林太、娜仁高娃《对内蒙古草原畜牧业过牧理论和制度的反思》,《北方经济》2010年第11期。

牧的?"有效作答的 458 份问卷中,71.2% 的牧民表示仍然采用家庭分户放牧,11.6% 的表示采用家庭联户放牧,12.2% 的表示村集体统一放牧,2.2% 的表示采用牧业合作(社)统一放牧。该统计数据相比较前述调查"您家是以哪种方式获得村(嘎查)的草地的?"的数据,家庭分户放牧和牧业合作社统一放牧的比例有所上升,而村集体统一放牧的比例有所降低。这说明由于牧区草地家庭承包制的推行,草地被确权划分到各家各户,家庭分户放牧就自然取代传统的集体游牧方式成为牧业生产的主流方式,即使面对生态保护的严厉措施和牧业规模经营转型的压力,亦没有明显转型的迹象。

当问及"您认为哪种放牧形式更有利于保护草地生态环境?"有效作答的 466 份问卷中,有 59.7% 的受访牧民选择家庭分户放牧,有 21.7% 的选择村集体统一放牧,18.2% 的选择家庭联户放牧,只有 12.7% 的选择牧业合作(社)统一放牧。从统计数据上看,选择家庭分户放牧的比例有所下降,而选择村集体统一放牧和家庭联户放牧以及合作社统一放牧的比例有所增加,这说明牧民对草地规模经营的生态保护作用是有所认识的。但是,仍然有近六成的受访牧民认为家庭分户放牧更有利于保护草原生态。当问及原因,受访牧民普遍认为家庭分户放牧比较自由,可以根据草地承受力自主决定存栏量,减少各户的埋怨,各家各户容易管理,因为"谁的草地谁爱惜";相反,统一放牧或联户放牧想法难以集中,会导致过度放牧。而选择联户放牧或统一放牧的受访牧民,则认为联户放牧或统一放牧可以互相控制过度放牧,有利于抵抗市场风险,牧民可以精养少养提高效益,家庭畜牧不多的一起联户放牧便于管理,解放劳动力,提高生产效率。

可见,在生态保护的问题上,哪种经营方式更有利于保护草原生态,牧民的认知并不统一。选择家庭分户放牧的更多考虑的是家庭分户放牧是权责比较清晰的放牧方式,而统一放牧和联户放牧则会产生

"搭便车"问题,影响合作的效率。而选择联户放牧或统一放牧的则更多考虑的是规模经营所产生的溢出效应,可以为牧民带来额外的经济效益和社会效益。事实上,从生态保护的角度来看,如果牲畜数量控制不力,无论哪种经营方式都会产生过度放牧从而导致草地退化。同时,联户放牧或统一放牧相比较家庭分户放牧而言,更会因信任危机而产生额外的合作和组织成本以及更多的"麻烦"。这也是仅六成的受访牧民选择家庭分户放牧更有利于生态保护的原因。这与部分学者认为联户放牧、规模放牧更有利于草地保护的观点形成明显的反差。①

(二) 牧业合作社经营方式与生态保护

牧业合作社是政策和理论都颇为倡导的实现草原规模化经营和生态保护的较好方式。但是,从调查结果来看,实施效果并不理想。从调查来看,样本村中40%都有牧业合作社,甚至在部分牧区牧业合作社比较普遍,例如在祁连山牧区80%的村都有牧业合作社。可见,在政策的大力扶持下,牧业合作社已经成为牧业生产经营的重要方式。针对牧业合作社的预期作用,当问及"您认为成立牧业合作社有哪些作用?"所在村有牧业合作社的受访牧民(183户)中,有55.2%的牧民认为可以提高牧民收入,有48.1%的认为可以提高牲畜产品质量,有43.2%的认为可以改善草地生态,27.9%的认为有利于实现脱贫。显然,设立牧业合作社后牧民最期待的是能够促进牧民增收、提高牲畜产品质量和生态保护,特别是有近四成的牧户认为牧业合作社对于改善草地生态是有作用的。究其原因,在于牧业合作社可以有效管理牲畜数量,实现草畜平衡和合理放牧,这与政策期待和理论研究是比

---

① 参见张国辉《参与式社区草地承包经营模式的绩效评价》,硕士学位论文,甘肃农业大学,2009年;李静、杨哲:《草地承包政策及在藏区实施情况的调查研究——以甘肃玛曲县、西藏当雄县为例》,《西藏大学学报》(社会科学版)2013年第1期。

较一致的。①

从牧业合作社的经营情况来看，当问及"你们村的牧业合作社是如何经营管理的？"有效作答的167份问卷中，64.1%的牧户表示是以草地和牲畜入股的方式，41.9%的表示是收益按股分红，36.5%的表示是牲畜分群饲养，34.7%的表示是牲畜统一销售，可见，多数牧业合作社的经营能够遵循草畜入股、合作经营、按股分红的股份合作制原则，但是与牧业合作社的政策预期相比较，牧业合作社在实现草地划区轮牧方面未能发挥更重要的作用。

对于牧业合作社的效果，当问及"您认为你村的牧业合作社发挥预期的作用了吗？"在有效作答的172份问卷中，仅有28.5%的受访牧民认为作用明显，42.4%的认为作用一般，18%的认为没有作用，11%的认为不清楚。显然，多数牧民对于牧业合作社的预期作用并不是完全认可，牧业合作社在实践中所发挥的作用与预期目标差距仍然较大。

就此，当问及"您认为牧业合作社发展过程中还存在哪些主要问题？"时，在有效作答的153份问卷中，受访牧民中56.9%的认为存在组织机构不健全的问题，49.7%的认为存在没有明确的经营规划的问题，46.4%的认为存在人员责任不明晰的问题，37.3%的认为欠缺激励机制。显然，组织机构不健全、没有明确的经营规划和人员责任不明晰等牧业合作社治理和经营管理的问题是制约牧业合作社发展的瓶颈。这与访谈中多数牧民反映的情况是一致的。虽然有些牧业合作社提高了牧民收入、帮助了贫困孩子上学、改善了草原生态，但是部分牧业合作社仍然存在领导能力和经验不足，欠缺专业人才、没有形成

---

① 参见敖仁其《草牧场产权制度中存在的问题及其对策》，《北方经济》2006年第4期；敖仁其《草原放牧制度的传承与创新》，《内蒙古财经学院学报》2003年第3期；李毓堂《中国草原政策的变迁》，《草业科学》2008年第6期。

规模养殖、管理不善、分红很少，合作社没有明显运转表现（空壳），处于停滞状态等突出问题。显然，牧业合作社作为牧民有组织的牧业生产经营实体，还未能充分发挥组织和引导牧民创收的作用，在通过划区轮牧和规模经营以实现草原生态恢复和保护方面的预期作用亦未能从牧民的访谈中得到验证。

四　草地经营权的流转状况

从前述调查问卷的分析可见，在实施草地家庭承包制后，由于草地承包面积过小，牧民在承包草地后为维持基本的生计条件，被迫扩大在单位面积草地的载畜量，这是导致草地过度放牧和生态退化的直接原因。在草原生态保护法律和政策高压环境下，为维持基本生活条件，部分牧民开始主动或被动地通过草地流转的方式扩大自家草地面积，避免过度放牧。草地经营权流转成为实践中牧民解决自家草地过度放牧，保护草地生态的有效应对方式。课题组从生态保护的角度，对实践中草地经营权流转的情况进行了问卷调查和入户访谈。

（一）草地经营权流转的方式

从调查资料来看，在有效作答的 460 份问卷中，有 29.3% 的被访牧民存在草地流转（包括转入和转出），70.7% 的不存在流转情况。相比较耕地流转的情况，[1] 草地流转面积和总户数所占比例都是比较低的。分析其原因，一方面是现阶段草原生态保护政策的严格实施，致

---

[1] 据统计，截至 2017 年年底，全国家庭承包耕地流转面积 5.12 亿亩，占家庭承包耕地面积的 37%，部分省市，如上海、北京、江苏、浙江和黑龙江，甚至超过 50%；流转出家庭承包耕地的农户数为 7070.6 万户，占家庭承包农户数的 31.2%。参见农业部农村经济体制与经营管理司、农业部农村合作经济经营管理总站《中国农村经营管理统计年报（2017年）》，中国农业出版社 2018 年版，第 153 页。

使占到全国草原面积40.7%禁牧休牧轮牧草原无法流转。① 另一方面，从访谈情况来看，承包牧民对草原流转普遍态度谨慎，因为流转后的草地，不是自家的草地，使用人倾向于多养牲畜，过度利用，这可能导致承包户不能达到规定的草畜平衡标准而无法获得草原生态保护补助奖励。可见，草原奖补政策的实施，客观上对牧民流转草地形成一定的制约。

当问及"您家转出的草地用于哪些生产经营？"在有效作答的37份问卷中，91.9%的牧民回答用于畜牧业，21.6%的牧民回答用于种植业；当问及"您家转入的草地是用于哪些生产经营？"在有效作答的73份问卷中，95.9%的牧民回答用于畜牧业，12.3%的牧民回答用于种植业。可见，草地流转中，绝大多数牧户流转草地主要是基于畜牧业所需，用于解决自家草地面积不足或面积过小的问题。该结论亦可从针对被访牧民关于草地流转原因的调查中得到验证，对于牧民流入草地的原因调查中，大多数牧户回答流入草地的主要原因是草地面积小，牲畜较多，增收困难和保护草地。

虽然草地流转的直接原因在于解决牧业生产资料不足的问题，但是也间接解决了牧业生产中自家草地过度放牧的问题，这应当是政策和法律所大力支持和鼓励的。若要针对草地流转和生态保护制定有效的政策和法律规范，有必要了解在草地流转过程中存在哪些限制和问题。对于草地流转的方式，课题组分别调查了"您家承包的草地是以哪种方式转出？""您家放牧的草地是以哪种方式转入？"两个问题，调查结果如表3-3所示。可见，在实践中，草地流转的主要方式仍然是出租和转包，即债权式的利用方式，转让和互换并不是主流。从某牧业监管部门的访谈中也可以印证该结论。②

---

① 农业部：《2016年全国草原监测报告》，《中国畜牧业》2017年第8期。
② 甘肃某牧业县草原监理站访谈，2019年7月23日。

问：流转的草地出租的多，还是转包出去、转让出去的比较多？

答：租的还是相对比较多，因为毕竟大多数人不用草原，闲置草原，他们租的一般是草质比较好点的，一般草质不好的他们也不租。

问：有没有大公司，就像那种工商企业下去搞草地经营的？

答：现在搞经营的有冰沟河，三峡的那些全部拆完了，然后冰沟河的旅游景点还在搞，那个旅游景点应该和我们草原不太牵扯，它主要是在河道里，把那个河道整治了一下，然后利用了一下周围的景色，实际上他也没占用草地。

问：流转有没什么条件或要求？

答：他们都是私下里租的，正规的流转很少。转包转让的很少，现在我知道的就是种羊场的草原，把种羊场的老百姓全部进城安置以后，种羊场的草原算是暂时流转给别的村了吧。他自己也没办法用就说是你们先用去吧，估计没有租金，它是政府的一个部门，没办法收这个租金，总之流转这块我们没做那么正规，他们也不会给我们到这来备案啥的。合作社也是从私人手里，都是他们私下签协议，我们这边基本上没有备过案，因为他们不给我们说我们也不知道。

从调查结果来看（表3-3），在转出草地方式中转让的比例高达41%，而转入草地中转让的比例仅占15.1%。究其原因，在调查过程中，针对转出草地的原因调查显示，草地面积小、增收困难和年老或者疾病丧失劳动能力是牧户转出草地的主要原因。正是因为这些原因导致牧户很难从草地中获得经济效益或无能力继续经营，才迫使这些牧户完全放弃自家草地的承包经营权，这也就解释了转出草地过程中转让的比例较高的原因。

表 3-3　　　　　　　　　草地流转方式

	样本数	转让	转包	互换	出租	入股	抵押	其他
转出	39	41%	25.6%	2.6%	33.3%	0	0	0
转入	73	15.1%	23.3%	0	63%	0	0	0

（二）草地经营权流转的条件

当问及"在草地流转过程中，您所在村的承包户把草地租给外村的人有没有限制？"在有效作答的 372 份问卷中，被访牧民中 52.7% 的回答"没限制，双方愿意就可以"，有 24.5% 的回答"有限制，需要经过（当地）村委会同意"，9.7% 的回答"没限制，但要通知（当地）村委会"，还有 13.2% 的回答不清楚。可见，大多数情况下，牧民之间流转草地（主要是转包和出租）并没有限制，这与草地流转的法律和政策规定是相吻合的。但是，亦有高达 24.5% 的牧户回答草地流转需要经过村委会同意。① 从调研来看，这主要表现在，部分村在草地流转过程中存在限制或禁止外村人员租赁本村草地的问题。问及原因，部分牧民回答，这是为防止出租草地造成过度放牧和外村人领取本村的草地生态补助资金。

而当问及"您认为在草地流转中法律是否应当对外村人（租地的人）进行限制？"比较有意思的是，在有效作答的 440 份问卷中，75.5% 的牧户回答认为应当限制，仅有 18.6% 的回答不需要限制，

---

① 虽然法律层面草地承包经营权的转包和出租并没有限制性条件，但是一些地方性法规和自治条例却有限制性规定。例如《果洛藏族自治州草原管理条例》第 7 条第 3 款规定：草原承包经营权流转优先在本集体经济组织内进行，由承包方和第三方共同向发包方提出申请，经发包方同意后，方可流转。本集体经济组织以外流转的，由承包方和第三方共同向发包方提出申请，经牧民会议三分之二以上成员或者三分之二以上牧民代表同意，并报乡（镇）人民政府批准，方可流转。采取转让形式流转的草原，需向县级人民政府申请办理权属变更登记手续。草原流转的期限，不能超过承包期的剩余期限。属于原承包方投入部分的草原设施，经原承包方与第三方共同协商，由第三方给予原承包方合理补偿。

这反映出牧民对于草地流转的保守态度和后顾之忧。从对于"您认为外村人租赁草地应当满足哪些条件?"的回答中,在有效作答的336份问卷中,61.3%的牧户认为应当签订草地出租合同,51.5%的牧户认为应当经过村委会同意,55.1%的牧户认为合同内容不得改变草地牧业用途,50.3%的牧户认为应当提供草地租赁保证金,42.3%的认为应当具备从事畜牧业生产的经验和能力。虽然现实中多数情况下,草地流转没有限制,不需要村委会同意,但是牧民对于现实中草地流转仍然有所顾虑,希望通过村委会对草地流转加以控制,通过签订草地出租合同对草地流转加以规范,将草地流转给具有牧业生产能力的经营户,以便保证草地流转中草地用于牧业生产和流转收益得到有效实现。

(三) 草地经营权流转存在的问题

牧民对草地流转的上述态度说明现实中草地流转仍然存在诸多问题,急需法律和政策加以解决。就此,课题组有针对性地进行了调查,当问及"您认为当地草地流转中是否存在问题?"在有效作答的438份问卷中,57.6%的被访牧民认为存在问题,28%的牧户认为不存在问题,14.4%的牧户则回答不清楚。同时,继续追问"您认为草地流转中存在哪些问题?"有效作答的265份问卷中,有69.4%的牧民认为草地流转中存在的问题是"草地随意流转,导致生态破坏严重",63.8%的认为是"草地流转合同不规范,牧民合法权益难以保障",56.2%的认为是牧民在草地流转后容易失去生活保障,13.2%的认为是村委会滥用权力强制牧民流转草地。

可见,牧民之所以对草地流转持保守态度,主要原因在于草地流转中可能产生的生态破坏问题和流转不规范问题导致牧民权益受损,既有生态保护的担忧,也有流转中的经济效益的考虑。未来草地流转政策和法律法规亦应当重点规范草地流转中的生态保护、流转的规范化和牧民权益保障问题。

五 草地生态保护与牧民生计保障

21世纪初,由于草原退化导致的生态问题愈演愈烈,2002年国家全面修订《草原法》,国务院专门出台《国务院关于加强草原保护与建设的若干意见》(国发〔2002〕19号),系统规定草原保护和建设的各项具体制度,主要包括基本草原保护制度、草畜平衡制度、划区轮牧、休牧和禁牧制度等。这些措施不仅涉及牧业生产经营方式转变,也涉及提高草原生产力建设方面,其中与草原承包经营比较密切的制度有禁牧休牧和轮牧、草畜平衡、草地围栏和生态移民等措施。从调查情况来看,在有效作答的440份问卷中,65.2%的牧民参与禁牧措施,61.1%的牧民参与围栏建设,57.3%的牧民参与草畜平衡管理,这成为课题组针对草地生态保护法律实施状况进行调查的重点。

(一) 退牧还草工程实施的总体状况

退牧还草工程是国家从2002年[①]开始实施,总体上包括基本草原划定、禁牧、休牧和轮牧、围栏建设、草畜平衡等制度。[②] 从实施状况来看,根据农业部草原监理中心发布的《2016年全国草原监测报告》显示,截至2016年年底,全国共划定基本草原面积2.35亿公顷,约占全国草原面积的60%;禁牧休牧轮牧草原面积1.6亿公顷,约占全国草原面积的40.7%,其中,实施禁牧的草原面积1.05亿公顷,

---

① 参见国务院西部开发办、国家计委、农业部、财政部、国家粮食局《关于启动退牧还草工程建设的请示》(国西办农〔2002〕48号)

② 根据农业部《关于进一步加强退牧还草工程实施管理的意见》(农牧发〔2005〕4号)规定,退牧还草工程是指通过围栏建设、补播改良以及禁牧、休牧、划区轮牧等措施,恢复草原植被,改善草原生态,提高草原生产力,促进草原生态与畜牧业协调发展而实施的一项草原基本建设工程项目。

休牧面积4654.5万公顷,轮牧面积773.5万公顷;① 累积落实草畜平衡面积1.71亿公顷(2017年提高到1.74亿公顷),约占全国草原面积的43.4%。②

由于退牧还草工程的实施,全国草原生态加快恢复,特别是草原重点生态工程项目区草原植被明显改善。③ 草原生态环境持续恶化势头得到有效遏制,根据草原监测结果,2018年全国草原综合植被盖度达到55.7%,全国重点天然草原平均牲畜超载率为10.2%;全国268个牧区半牧区县(旗、市)天然草原平均牲畜超载率为12.6%,其中,牧区县平均牲畜超载率为13.9%,半牧区县平均牲畜超载率为8.5%。④ 总体监测数据显示,退牧还草工程实施十多年来,全国重点天然草原生态退化趋势得到有效遏制,局部草原生态甚至呈现加速好转局面,草原生态功能得到明显改善,退牧还草工程项目取得较好的生态效益。

(二)禁牧休牧轮牧实施状况调查

1. 禁牧休牧和轮牧的实施概况

从调研情况来看,牧民对于禁牧和休牧的认识较为模糊,认为休牧就是时间较短的禁牧,应当和禁牧一样对待,给予补助。但事实上,由于我国自2011年以来实施的两轮草原生态保护补助奖励政策都以5

---

① 农业部:《2016年全国草原监测报告》,《中国畜牧业》2017年第8期。截至2018年年底,全国主要草原牧区都已实行禁牧休牧措施,全国草原禁牧休牧轮牧草原面积达到24.3亿亩(1.62亿公顷),约占全国草原面积的41.2%。参见国家林业与草原局《2018年全国林业和草原发展统计公报》。

② 参见农业部《全国草原保护建设利用"十三五"规划》(农牧发〔2016〕16号)。

③ 据监测,与非工程区相比,工程区内草原植被盖度平均高出15个百分点,植被高度平均提高48.1%,单位面积鲜草产量平均提高85.0%。参见农业部《2016年全国草原监测报告》,《中国畜牧业》2017年第8期。

④ 国家林业与草原局:《2018年全国林业和草原发展统计公报》,国家林业和草原局网站,http://www.forestry.gov.cn/sites/main/main/lyzt/zht.html,2020年4月28日访问。

年为一轮给予禁牧补助,各地草原的禁牧周期亦多依此确定禁牧的期限,而且在第一轮禁牧周期的基础上继续延长 5 年。这使得本轮禁牧周期(2016—2020)结束后,多数禁牧草原的禁牧期限都将达到 10 年之久。但对于季节性休牧,由于并未完全禁止放牧,则从草原生态保护补助奖励政策规定来看,很难纳入禁牧的范围,只能纳入草畜平衡管理,这导致实践中休牧形同虚设。

对于轮牧而言,调查中有半数的牧民在承包草地中划分冬春草地和夏秋草地,能够实现换季轮牧,轮牧成为这些牧民利用草原从事牧业生产和保护草原生态的常态做法。例如青海省祁连县在"以草定畜、草畜联动"的基础上,形成"春季休牧,夏季游牧,秋季轮牧,冬季自由放牧"的天然草地全年放牧模式,达到了"禁牧不禁养、减畜不减收"的目的。①

2. 禁牧的实施及对草地生态恢复的效果调查

退牧还草(主要是禁牧)被认为是保护草原生态和治理草原退化的最重要的手段,也被法律和政策赋予相当高的政策期许。当问及被访牧民"退牧还草对于草地生态恢复的效果?"在有效作答的 430 份问卷中,44.2% 的牧民认为效果明显,42.1% 的认为效果一般,5.8% 的认为没有效果,7.9% 的则表示不清楚。很多牧民还是较为认同禁牧对于草地生态恢复的效果,在访谈中,多数牧民和草监部门的负责人也认为,退牧还草减少牲畜啃食,当然有利于草木正常地生长,肯定有利于草原生态恢复。

然而,也有近半数的被访牧民并不认同禁牧对草原生态恢复的作用。部分牧民认为:"不可能完全禁牧,否则牲畜哪里放,人怎么

---

① 祁连县协调工作领导小组综合联络组:《"绿水青山"成为了祁连群众的"金山银山"》,祁连新闻网(http://www.qiliannews.com/system/2019/08/13/012949468.shtml)。

活。"牧业监管部门对此表示："彻底禁牧执法难度很大,有的牧民白天圈养晚上偷放,完全禁牧不合实际。""原先还可以依托农业农经站进行监管,现在机构改革后,草监站放在林草局内部,工作人员编制没有增加,监管人手更加不足。"可见,由于禁牧执法监管人员不足,无法满足日常监管的需要,偷牧时有发生,这是影响禁牧效果的重要原因之一。

更令人震惊的是,调研中有牧民认为："禁牧不利于草原植被生长,轮牧能有效促进草原植被生长。有的地方禁牧十年不见草,因为草都被大量繁殖的岩羊吃光了。"对此,牧业监管部门亦表示："长期禁牧,草场缺少牲畜啃食,导致旧草挤压新草的空间,新草无法正常生长,事实上并不科学,他们也清楚这些问题,但是上面政策如此,他们也没有办法。"

可见,禁牧短期内对于草地生态恢复效果还是比较明显的,毕竟没有了牲畜的踩踏和啃食,在自然状态下就可以恢复草地。如果禁牧期限过长,则随着禁牧时间的延长,禁牧的生态保护效果就呈现边际效益递减的现象。过长的禁牧期限,是影响禁牧的生态保护效果的重要原因。

3. 退牧还草对牧民生计的影响调查

禁牧休牧措施是基于生态保护的公共利益的需要对牧民牧业生产经营的强制干预,事实上在一定期限内剥夺了牧民的草地承包经营权,使其无法在草地上从事牧业生产。虽然政策和法规通过禁牧补助给予相应的补偿,但是这些补偿金能否弥补牧民的收入损失却不无疑问。

在访谈中,当问及禁牧补助和草畜平衡奖励的标准时,很多牧民并不清楚具体标准或者只知晓总数,而且各地差异很大,例如在祁连山牧区,甘肃肃南县部分牧民回答禁牧补助为每年12.29元/亩,草畜平衡标准为4.37元/亩,天祝县部分牧民则回答补助每年400—5000

元/人，但是青海省祁连县牧户则回答禁牧补助为每年8.5—11元/亩不等，草畜平衡标准为2—3元/亩不等。同时，当问及"您认为禁牧补偿标准是高还是低？"在有效作答的321份问卷中，4.7%的牧民认为高，33%的牧民认为中等，31.5%的牧民认为低，30.8%的牧民认为太低。总体上，有近三分之二的牧民认为禁牧补偿低或太低，仅三分之一的牧民认为是合理的或可接受的。同时，对该问题和调研省份的交叉分析显示，内蒙古和青海两省牧民对于禁牧补偿标准的满意度较低，而四川、甘肃两省的满意度较高。

当问及"退牧还草的实施对您家庭收入的影响？"在有效作答的429份问卷中，39.2%的被访牧民认为"短期看饲料成本增加，但长期看有利于草地生态恢复和收入增长"，47.1%的牧民认为"饲养成本增加，收入下降"，45%的认为"养殖头数减少，收入下降"，15.6%的认为"收入变化不明显"。分析调查结果，禁牧对于牧民牧业收入是有显著影响的。课题组就此问题对某草原监管部门进行了访谈：①

问：我们采取生态保护措施的时候，给这些牧民的补助怎么样？

答：补助的话全县一年草原补奖下来是四千九百多万吧，如果是全县平均的话，户均补助是一千一百多块钱，这些钱根本不够。禁牧的话我们一亩补助21.67元，五百亩的草地的话，一年下来也就给他补助一万多块钱，但是对老百姓来说，人家养两头牛就一万块钱，你给我的补助还不够人家减畜的需要呢。国家林业部调研的时候我们也提过这个问题，就说你在草原面积大的县，它不存在这个问题，一家可能有十几万亩草原呢，可能一亩补助二十多块钱总数也上百万呢。他们都封顶了，一家只给二十万，

---

① 甘肃某牧业县草原监理站访谈，2019年7月23日。

但是我们这个地方不行，我们这个地方本身土地面积狭小，山大谷深，草原面积本来就不多，人又比较多，人均下来这个钱就不够了。如果说是给放牧的人补偿这些钱，让他们控制牲畜啥的，这还够，但是全村的人不答应呀，凭啥给你发不给我发（有草原的都要发）。所以现在这个分配上，平均下去比较合理，但是管理上来说那些人从来不参与草原保护建设，也不使用草原，还拿这些补助，而正儿八经用这些草原的人补助的钱不够，草原分的也不够，就有这种矛盾。相反的，这些使用草原的还要拿着钱从这些不用草原的手里去租这个草原，实际上发给他的补助有时候还不够他的租金，据说他们一年光租草原就要花一两万块钱，你发个七八千、一万的补助根本就不够。

可见，禁牧对于牧民生产和生活是有显著影响的。禁牧的实施一方面导致牧民不得不通过外购饲料或流转草地来维持现有的养殖规模，但这造成牧民饲养成本的提高，另一方面由于放牧面积的减少，牧民不得不减少养殖规模，这又造成牧民牧业收入的下降。

4. 退牧还草的配套保障措施调查

在访谈中，针对退牧还草的配套保障措施，部分牧民表示："退牧还草虽然在保护和稳定生态系统有帮助，但牧民赖以生存的根本是以牧为命，所以国家和相关政府应该给予技术支持。""退牧还草一定程度上保护了草地，但是却影响了牧民收入，对于牧民不应只有金钱方面提供帮助，更是应该在其他方面提供帮助。""退牧还草能很好的改善草地的生长，但是同时退牧多的牧民的收入或收入的稳定性有所减少，希望国家对此改善补贴政策，或者改革退牧还草的政策。"被访牧民虽然普遍支持退牧还草的生态效果，但是对于退牧还草所带来的养殖成本增加和补贴政策还是颇有微词。当问及"在退牧还草实施后，您最希望政府提供哪些方面的帮助?"在有效作答的436份问卷中,有53.4%的被访牧民回答饲草料,41.5%的回答是贷款优惠,35.1%的回答是畜棚暖圈。可见,除政府已经给予的禁牧补贴外,牧民更希望政府能够在饲草料、贷款和养殖设施等牧业生产方面给予更多资金扶持以促进牧业生产成本的降低。

在调研中,我们发现为顺利开展禁牧和退牧工程,部分禁牧区地方政府除按照中央政策标准给禁牧的牧民发放禁牧补贴外,还额外给享受补奖资金的贫困残疾人员发放扶贫补助资金,例如内蒙古阿拉善盟规定贫困残疾人员每人每年可增加扶贫补助资金1000元(由残联和扶贫办审核);同时,为彻底解决草原补奖区牧民养老问题,部分地方政府还在草原补奖区实施养老保险统筹,对享受草原补奖农牧民给予缴费补贴。例如内蒙古阿拉善盟规定,新纳入草原补奖范围的牧民可以自行选择城乡居民社会养老保险或城镇职工养老保险,并按照相关缴费标准执行;对于自愿参加城镇职工养老保险的牧民,草原补奖期间每人每年给予1000元的缴费补贴。

(三)草畜平衡的实施状况

1. 草畜平衡管理的方式

为实现草原保护和放牧数量之间的协调,草监管理部门多通过行政强制手段对牧民的放牧行为进行干预。从实际执行情况来看,各地在核定各牧户的合理载畜量标准时,主要标准是农业部行业标准《NY/T635—2015 天然草地合理载畜量的计算》,即"一定面积的草地,在某一利用时段内,在适度放牧(或割草)利用并维持草地可持续生产的前提下,家畜正常生长、繁殖、生产的需要,所能承载的最多家畜数量"。由于该标准主要以承包草地面积作为计算载畜量的依据,实践中,采用各种手段督促牧民减畜成为草原监管部门进行草畜平衡管理的主要方式。相应的通过草地流转和购买饲草料等其他来源增加饲草饲料供应则由于缺少监督考核手段，存在很大的不确定性，很难被纳入载畜量核定标准。① 法律和政策文本中原本的草畜双向动态平衡管理（减畜或增加饲草料总量）在实践中变为以草地承包面积定畜的单纯减畜实现草畜平衡。

为落实草畜平衡，草监部门每年都会通过各乡镇统计各户的牲畜存栏数，制作草畜平衡台账，通过台账了解各户的牲畜存栏数，每年的种草数、每年购买的饲料数等，然后测算是否超载。如果发现超载，草监部门就会要求牧户减畜或者给予牧户相应的罚款。但是，在实际执行过程中，对于是否超载也不是严格按照各户承包草原面积计算，只要全村不超载一般就认定为不超载。这是因为草监管理部门无法全面实现入户核查，也无法准确统计各户牲畜数量，只能退而求其次。以下是针对该问题在某草监站的访谈：②

问：政府对草畜平衡是如何管理的？

答：我们每年是通过乡镇部门统计各户的牲畜数，先要做一个草畜平衡的台账，通过台账了解各户养多少牛多少羊，每年种多少草，每年买多少饲料，每年用来当饲料的秸秆有多少等这些，让他们详详细细统计上报，测算之后看他符不符合规定，超不超载。

问：超载的惩罚措施是什么？

答：超载的话肯定是要求他减畜，罚款。按目前的情况看，可能个别牧户放在他的承包草原数字上看他有可能超载，但是放在全村的范围他不超载，因为我们全县本身就不超载，各村也不

---

① 当然，该办法第 16 条也规定："草原使用者或承包经营者因饲草饲料量增加的，可以在原核定的载畜量基础上，相应增加牲畜饲养量。"增加了草原载畜量的核定的灵活性。但是，由于行政管理成本高昂，实践中这是很难操作的。

② 甘肃某牧业县草原监理站访谈，2019 年 7 月 23 日。

超载，他村上产的草足够养他村上所有的牲畜。但是按户来说的话，按他的承包面积核算的话可能是超载了，所以我们还要综合全盘考虑，只要他全村不超载，我们也就不处罚他。如果全村超载了，我们肯定先给村长说，你们村牲畜太多了，超载了，你们得想办法减畜，让谁减畜他们村上去安排。我们年年都核定，从2016年开始，每年都做台账，目前也只能这样管。像我们好多村都是全村的草原就两三户在使用，其他的人的都不放牧，所以只要全村不超载，我们就认为合适，完全严格按照承包证上承包的面积去限制，也不合适。

通过调研，课题组发现草畜平衡管理之所以呈现这种状况，究其原因，一是单方面减畜的草畜平衡管理方式，导致牧民对于草畜平衡管理的抵触情绪极大，因为这是以牺牲牧民生计为代价的。二是入户核查难度较大，执法过程中草畜平衡管理处罚措施威慑不足。由于超载放牧的处罚措施，牧民在报告自家养殖数量的时候大多会避免超载。即使被发现超载，由于处罚的金额较少，[1] 牧民多以罚代养，超载放牧的处罚力度明显不足。三是整村禁牧后集体草畜平衡区草地和牧户禁牧草地相互交织，特别是"插花草地"难以监管到位。四是新一轮的机构改革后，草原局和林业局合并后，由于草原地域宽广，草原管理部门的人手明显不足，管理起来难度较大，彻底执行草畜平衡管理的减畜措施行政成本高昂。调研中，对某牧业监管部门的访谈也可以印证上述结论：[2]

---

[1] 例如《甘肃省草原条例》第44条规定："草原使用者或者承包经营者超过核定的载畜量放牧的，由草原监督管理机构责令限期改正；逾期未改正的，按照下列规定进行处罚，并限期出栏；（一）超载10%—30%，每个超载羊单位罚款十元；（二）超载31%—50%，每个超载羊单位罚款二十元；（三）超载50%以上，每个超载羊单位罚款三十元。"

[2] 甘肃某牧业县草原监理站访谈，2019年7月23日。

管理这块，目前也只能主要靠村上进行管理，我们监管，因为我们现在县上这个草原部门现在的编制只有十个人，十个人的话要管全县五百多万亩草原的话，根本就管不过来，不像林业部门，上上下下将近千人，有编制的基本上就五六百人，然后还有聘用的护林员有九百多个，自收自支的单位员工也有几百个。我们这块草原面积要占全县一半的国土面积，这十个人根本管不过来。现在主要是依靠乡镇和村上去管理，除非就是哪个地方围栏破坏了，禁牧区放牧了这些情况，给我们报告了我们才下去查这个事情，只能就是事后管，完全做不到随时随地管，我们下面也没有乡镇站。以前我们属于农牧部门的时候，下面还有畜牧兽医站，有些活我们还可以给畜牧兽医站安排一下，这次机构改革完以后，畜牧兽医站属于农业农村局管，下面就没有站点，包括林业也一样。林业自然保护区把几个林场全部划到自然保护局省上直管以后，林业下面也没站，所以现在我们干什么就是亲力亲为，只能从县上直接下去，但是这么大的面积你根本就管不过来，所以管理模式上，我们亟须探索一种新的管理模式。

2. 牧民实现草畜平衡的方式

草畜平衡管理的目标在于实现牧民养殖数量和草地生产能力的平衡。由于国家对于超载放牧的管理和草原生态保护的重视，退牧还草工程实施以来，全国六大牧区及重点天然草原的超载率都在逐年下降。从调查情况来看，25.7%的被访牧民回答超载，而74.3%的牧民回答不超载。虽然相比较草监部门统计数据要高，但是相比较2006年全国及六大牧区草监部门统计的近40%的超载率明显要低。可以说，无论是课题组调查数据，还是草监部门的统计数据，牧户的超载放牧行为已经不是草原生态保护所面临的突出问题。

表3-4　　2006—2016年六大牧区省份及全国重点天然草原平均牲畜超载率① 单位:%

省(区)	2006年	2007年	2008年	2009年	2010年	2011年	2012年	2013年	2014年	2015年	2016年
西藏	38	40	38	39	38	32	29	22	19	19	16
内蒙古	22	20	18	25	23	18	12	8	9	10	12
新疆	39	39	40	35	33	30	24	19	20	16	10
青海	39	38	37	26	25	25	16	14	13	13	11.9
四川	40	39	38	38	37	37	29	19	17	13.5	12.5
甘肃	40	38	39	38	36	34	27	19	17	16	14.2
全国	34	33	32	31.2	30	28	23	16.8	15.2	13.5	12.4

为满足国家和当地政府要求的草畜平衡标准,避免超载放牧的处罚措施,牧民不得不采取一些应对措施。针对超载牧户的追问"您将如何实现草畜平衡?"在有效作答的111份问卷中,63.1%的牧民回答将会租入草地,50.5%的回答将减少牲畜存栏,28.8%的回答舍饲圈养,7.2%的回答其他方式。可见,面对超载放牧问题,牧民的解决方式还是比较灵活的,可以减少牲畜,也可以从其他途径,例如租入草地或者舍饲圈养,来尽可能保证多养牲畜的草料供应。但是,由于现行草畜平衡管理方式的简单化,乡镇场、村队、草原监理所与草原承包经营户所签订的《草原禁牧和草畜平衡责任书》并没有将流转草地和舍饲圈养纳入载畜量的计算标准。最终,单个牧户只能通过减畜解决超载放牧的问题。显然,如果严格执行目前草畜平衡管理的方式,将会导致牧民被迫减畜而损及牧业生产和生计问题。

3. 草畜平衡对草原生态恢复的效果

从调查来看,当问及"草畜平衡政策对草地生态恢复的效果?"在

---

① 农业部:《2016年全国草原监测报告》,《中国畜牧业》2017年第8期。

有效作答的 420 份问卷中，38.1% 的牧户认为效果明显，50.7% 的认为效果一般，6.2% 的认为没有效果，5% 的认为不清楚。相比较禁牧而言，草畜平衡对草原生态恢复效果并不显著。访谈中，某县草监管理部门表示：①

> 草畜平衡的（生态恢复效果）不清楚，禁牧的特别明显。我们希望的方式是全县适当放牧，不说禁牧或者草畜平衡，因为如果全县把一部分面积全部搞成禁牧了，势必这部分牲口全部核到草畜平衡区了，造成草畜平衡区局部的不平衡，像我们原来划了 160 万亩禁牧，暂时来说还合适，但是祁连山保护区如果越来越严格禁牧，那这部分牲畜如果说是不让放了，全部跑到草畜平衡区了，可能会存在草畜平衡的草原牲畜过多的问题。到时候再看吧，我们也没办法，到时候不让放了只能让老百姓卖羊。

从访谈情况来看，草畜平衡对草原生态恢复效果不显著的原因主要在于草畜平衡并不禁止放牧，草原监管部门无法准确掌握单个牧户的牧群数量，而且草畜平衡补助较少，激励不足，导致草畜平衡无法实现理想的生态保护效果。

4. 草畜平衡管理对牧民生计的影响

为遏制草原生态退化、恢复草原生态，各地根据草原面积、草原质量、草原承载能力，计算单位草地的合理载畜量标准，核定各牧业户所承包草地的理论载畜量，对达到草畜平衡的给予奖励，对超载放牧的进行处罚。这种"以草地定畜"的草畜平衡管理方式和奖惩措施在实施后，牧民为达到草畜平衡管理要求的载畜量而被迫减畜，其结果是牧民生计因此受到影响。

---

① 甘肃某牧业县草原监理站访谈，2019 年 7 月 23 日。

当问及"草畜平衡的奖励标准是高还是低?"在有效作答的368份问卷中,有26.9%的牧民回答太低,32.3%的牧民回答低,39.1%的牧民回答中等,仅有1.6%的牧民回答高。总体上,有六成的牧民认为草畜平衡奖励标准太低或低。

当问及"草畜平衡的奖励是否能够弥补您减畜的收入损失?"在有效作答的405份问卷中,6.2%的受访牧民回答能够完全弥补,39.8%的受访牧民回答不能弥补,54.1%的受访牧民回答能够部分弥补。可见,对于九成以上的牧民而言,草畜平衡实施后,由于片面的减畜政策,即使给予草畜平衡奖励,但是仍然不能弥补其减畜带来的收入损失。从牧业监管部门的访谈中,亦可印证目前的减畜政策对牧民生计的影响:①

> 草畜平衡这一块的话,我们就管理松一点,我们也清楚,现在老百姓日子也不好过,一面需要脱贫,一面祁连山这块又挡着不让放牧。(我调研的就是生态保护与牧民生计,好多牧民就是提出这个,草场不让人家放牧了,人家生活怎么办,补助又不够,好多牧民就是没办法了,那就是偷着放嘛)像我们有些乡镇上的老百姓,本来放牧就很有钱的,结果这样不让养以后又没其他的技能,立马变成贫困户了。

(四) 草地围栏建设的实施状况

草原围栏建设最初是作为生态修复工程实施的,目的是通过围栏来界定草原边界,实现各家各户定点放牧、分栏放牧,防止偷牧、抢牧,便于草地资源的计划使用和管理。从2002年退牧还草工程实施后,在2003—2015年,退牧还草工程累计投入中央资金235.7亿元,安排围栏建设任务10.53亿亩,其中禁牧围栏3.93亿亩、休牧划区轮

---

① 甘肃某牧业县草原监理站访谈,2019年7月23日。

牧围栏 6.6 亿亩，建设标准为青藏高原江河源退化草原治理区 25 元/亩，其他区域 20 元/亩，中央投资 80%，地方配套 20%。① 从调研数据来看，在有效作答的 425 份问卷中，64% 的牧户是围栏到户，14.6% 的是围栏到联户，21.4% 的是围栏到村。可以说，草原围栏已经成为推行草原承包到户的有力保障。

草原围栏是世界上保护草原的通行做法，其目的是使原来自然、无序的草原利用方式，转变为有计划的、可控的草原利用方式，使家畜的放牧行为在人们的科学掌控下实施。但是，草地围栏能否实现退牧还草工程和政策制定者的预期效果，不无疑问。本书课题组就此问题对受访牧民进行调查，当问及"您认为草地围栏对于草地生态恢复的效果？"在有效作答的 424 份问卷中，45.3% 的受访牧户认为效果明显，38.9% 的认为效果一般，9.9% 的认为没有效果，5.9% 的认为不清楚。虽然草地围栏可以避免草原的无序利用，但是仍然有近半数的牧民对于草地围栏的生态保护效果持质疑态度。部分受访牧民表示，虽然围栏之后不用担心牲畜走失和过界，有利于放牧，减少草地纠纷，但是围栏后每户所有牲畜均在自家草地放牧，牲畜的活动范围受限制，无法轮牧，如果牲畜过多，可能导致过度放牧；同时，过密的围栏会切断野生动物的迁徙路线，对于生物多样性有不良影响；如果围栏质量很差的话，很容易使动物受伤。② 对此问题，在对某牧业监管部门的

---

① 农业部草原监理中心编：《草原生态保护建设项目资料汇编》2015 年 12 月，第 4 页。
② 有报道指出，野生动物自由迁徙和游牧有利于草原上草籽的传播繁殖，能促进草原生态系统完备性，但是原本是为了修复草原生态而建设的围栏，发展过程中却陆续暴露出一系列影响生态的新问题，产生"变异"，围栏地区草种数量锐减，围栏外又无人管理草原植被裸露突出，草原退化不容忽视。参见央视新闻《草原围栏为何成为"生态杀手"，该不该拆》，参见央视网新闻《黄羊保护区内无黄羊 草原围栏为何成为"生态杀手"？》，http：//m.news.cctv.com/2018/07/31/ARTI6aXrsjSgDTxj89N03pbp180731.shtml? tdsourcetag = s_ pctim _ aiomsg，2023 年 7 月 5 日访问。

访谈中也有所反映：①

> 问：围栏有没有问题？比如围住后有些野生动物过不去。
>
> 答：以前提过，就说是围栏阻挡了有些野生动物的通道，有时候我们确实见有些鹿挂在围栏上死掉，但是从生态保护的角度来说，这些围栏确实起着一些作用，你要完全去掉那还不行。其实如果要用高标准围栏的话，网格比较小的那种，可能对野生动物保护好一点，因为它不至于脚或者头扎在里头，现在围栏的空间太宽，但是高标准围栏投资建设费用也是相当大的。
>
> 问：围栏建设主要是政府掏钱还是牧民掏钱？
>
> 答：多数还是政府掏，政府实施的项目。

从调研来看，围栏建设作为推动草地家庭承包制落实的措施，是界定草地产权和放牧范围的有力手段，对于防止越界放牧、保护草地生态也有一定的效果。但是，草地围栏的建设对于生态保护也有一定的负面影响，例如围栏分割草地无法实现轮牧（其实这是家庭承包制的必然后果），围栏还会隔断野生动物的迁徙路线，不合适的围栏还可能导致野生动物扎伤等。在草地围栏建设中，如何更好地优化草地围栏的方式和围栏设计，合理保留野生动物的迁徙通道，是该措施推行需要解决的后续问题。

（五）生态移民政策的实施状况

在草原生态保护过程中，生态移民是为遏制草地退化和保护脆弱的生态环境而采取的牧民就地安置或异地搬迁的措施。对于生态移民政策的实施状况，课题组从生态移民对牧民生活和收入的影响、生态移民政策实施的困境、生态移民政策对生态保护的效果和生态移民政

---

① 甘肃某牧业县草原监理站访谈，2019年7月23日。

策与草地承包经营权等方面进行了调研。

1. 生态移民对牧民生活和收入的影响

在调查过程中,针对生态移民对牧民生产和生活的影响,当问及"您认为生态移民对您的生活的影响?"在有效作答的 98 份问卷中,24.5%的牧民认为一切都比原来好,生活十分舒适,36.7%的牧民认为大部分比原先好,生活比较舒适,20.4%的牧民认为没有大的变化,和原来相差不大,11.2%的牧民认为大部分不如原来好,生活比较艰难,7.1%的认为一切不如原来好,生活十分艰难。

当问及"生态移民对您的家庭收入的影响?"在有效作答的 91 份问卷中,有 22%的牧民回答大幅提高,35.2%的回答小幅提高,22%的回答基本不变,8.8%的回答小幅下降,12.1%的回答大幅下降。综合前述"您认为生态移民对您的生活的影响?"的调查结果,可以看出在生态移民后有接近三分之二的牧民家庭收入是得到提高的,生活满意度是得到提升的,生态移民政策对于改善贫困地区的牧民生活条件不失为理想的选择。

2. 生态移民政策实施的障碍

对于生态移民所面临的困难,当问及"生态移民前后,您从事的职业的变化?"在有效作答的 88 份问卷中,有 61.4%的牧民回答依旧从事原先的职业,如放牧,30.7%的回答在新居住地找到适合自己的职业,4.5%的回答离开居住地,去大城市打拼,3.4%的选择其他。显然,异地搬迁后,由于农业生产技能和条件的不足,大部分牧民仍然从事畜牧业活动。

当问及"生态移民后,您的家庭遇到的主要问题有哪些?"在有效作答的 87 份问卷中,有 29.9%的牧民反映对生产、生活方式的转变不适应,有 49.4%的牧民反映饲草料不足,有 47.1%的牧民反映收入水平降低,有 47.1%的牧民反映资金短缺,另外有 21.8%的牧民反映外出就业机会减少。可见,由于牧业生产方式由游牧转为舍饲圈养后,畜牧业生产成本显著增加,部分牧民面临生产资料和资金短缺的问题。

这从某县某村的访谈中也可以得到印证,有牧民说:"养了大概100头牛,现在养殖都是圈养,成本高,当然放牧比较好。跟以前生活条件比更困难了,在老家口粮至少可以解决,现在挣钱难了,地比老家的差,长不出东西。""生活方式不适应,现在年轻人都出去打工,老人种地,靠天吃饭。部分牧民卖掉牲畜和草场,搬去城里居住。土地产出低,水源较少。没有牲畜和草场的只能留在新村。"当然,也有牧民认为:"现在孩子上学方便了,看病方便了,饮水方便了,国家政策好,地方执行不力。"有牧民表示:"在生态搬迁后,政府部门并未履行搬迁前的承诺,实现集体安置,而是只给了一定的资金补助让搬迁者自行购房。"显然,生态移民后牧民生产和生活成本显著增加,牧民持续增收压力较大,牧业管理部门的监管压力和移民就业安置压力也较大。这从对当地的牧业监管部门的访谈中也可以得到验证:①

> 生态移民也是头疼,因为这些人世世代代都是以放牧为生,就是我地种不好了我还有两个羊呢,还有点收入呢,尤其我们县气候寒凉,种的比别的地方晚,收的时候别的地方都收完了我们这边还没熟,等熟的时候该收的时候一场雪下来,啥也没有了,所以说纯粹的农业在我们这块就吃不开。然后主要有保障的还是放牧这一块,牧民世世代代就靠山吃山这样放牧着,你突然把人家移民转产,搬到一个地方去,人家既不会种地,也不会干别的东西,现在移民村那边,修的确实很大,但是老百姓在那边生存特别难。给他温棚也修了,但是他不会舍饲圈养。以前在山上他们把羊赶出去就好了,现在让种草,还要喂饲料,他们就干不了

---

① 甘肃某牧业县草原监理站访谈,2019年7月23日。

这方面的事，他也不知道那个投入多少，现在好多牧民也没养羊，种地也没啥经验，农区的人每年撒多少种子，浇多少水，他们也不懂。虽然说生态移民是一个方法，里面的人移出来，但是后续的这个问题特别多，投入特别大。培训和一些政策扶持以及相应资金得跟上，你没资金支持，把人移下来，你让老百姓自己咋解决。

3. 生态移民对草地生态恢复的效果

生态移民作为生态保护的有效措施，尽管在实施过程中仍然面临诸多生产生活和资金支持等方面的困难，但是其对于生态保护的作用仍然是比较突出的。从调查问卷统计可见，当问及"生态移民对草地生态恢复的效果？"在有效作答的115份问卷中，有41.7%的牧民认为效果明显，36.5%的认为效果一般，13%认为没有效果，8.7%的认为不清楚。分析其原因，生态移民不仅通过减少草地所承载牲畜来减轻作为生产资料的草地的压力，也通过转移牧区富余劳动力来降低草地所承载的人口压力，通过人和畜的双重减少逐步改善草原生态环境，恢复草原生态平衡。

4. 生态移民与草地承包经营权

生态移民从政策上来讲仅是将牧民从牧区迁徙到其他宜居地区集中居住和生产。在移民搬迁后，从法律上来说并不影响牧民的草地承包经营权。从调研情况来看，生态移民后，牧民虽然搬离牧区到其他地区生活，但是并不必然意味着直接失去原有草地的承包经营权。一种情况是原有草地承包经营权继续保留。例如《青海省人民政府关于进一步实施好三江源自然保护区生态保护和建设工程的若干意见》（青政〔2009〕19号）明确规定："移民草场仍由迁出乡（镇）人民政府负责保护和建设，草场承包经营权继续保留，迁出地各级政府或牧委会不能重新分配或转让使用权。"另一种情况是通过调整置换和经济补偿方式退出或收回原有的草地承包经营权。例如宁夏回族自治区人民政府《中部干旱带生态移民规划区土地权属处置的若干政策意见》(宁政发〔2008〕99号) 规定通过合理调整移民迁入区土地资源,区别情况对退出或收回的草地承包经营权予以适当补偿。[1]

六 草地家庭承包经营制度改革的认知

从前述调查来看,草地家庭承包经营已经成为牧业经营的主要方式,也是得到牧民广泛认可的。当然,家庭承包经营制度在实施过程中仍然存在需要继续改革和完善之处,本书课题组就此进行了调研。

(一) 草地家庭承包经营法律制度改革方向的认知

就草地家庭承包制是否需要改革的问题,当问及"您觉得我国当前的草地家庭承包制应该如何实施?"在有效作答的442份问卷中,有5.2%的牧民认为问题很多,应废止,有75.8%的认为应继续坚持,但需要完善,有19%的认为政策很好,不需要改革。同时,针对有部分牧民认为家庭承包制应当废止,课题组就其原因进行了深入调查,有牧民认为"以家庭为单位对生态保护起不了大作用,甚至围栏还会造成牲畜的非正常死亡,如被围栏绞死等",有的则认为"草地分配不公平,应当重新分草地",有的认为"希望联户,因为这样草地面积会更大",有的认为"应该由集体承包,这样就可以减少各种纠纷",也有

---

[1] 宁夏回族自治区人民政府《中部干旱带生态移民规划区土地权属处置的若干政策意见》(宁政发〔2008〕99号):"二、合理调整移民迁入区土地资源。区别情况予以适当补偿:(五) 迁入区农户原承包的耕地、林地、草地,按照当地县级人民政府制定的土地调整置换方案保留给原农户的以外,其余被调整置换的属于农民集体所有的土地,因地制宜、区别对待给予适当补偿。(六) 迁入区农户原承包的、被调整置换的属于国家所有的耕地、林地、草地,依法收回。但对其培肥地力等前期开发性投入,可根据当地实际情况,给予适当补偿。(七) 迁入区农户自主开发的、未确定给个人使用的国有土地,依法收回。(八) 迁入区农民集体所有的未利用地以及连续2年以上撂荒的耕地,依法收回。"

的认为"家里人口少的话草地面积也很小，无法养更多的牛羊"。虽然这些意见仅占极少数，但是也反映出草地家庭承包制落实中所存在的负面影响，仍然值得重视。当然，总体上，仍然有高达95%的牧民对草地家庭承包制持赞成态度，但是也有近四分之三的牧民认为草地家庭承包制需要完善。

当继续追问"草地家庭承包制如何改革？"在有效作答的335份问卷中，有58.8%的牧民认为应当明确草地界限，颁发草地承包经营权证，减少纠纷，有46.9%的牧民认为应当采用多种方式合作放牧，扩大放牧的草地面积，有41.2%的牧民认为应当鼓励牧民通过草地流转将草地集中到专业牧户经营，有29.3%的牧民认为应当拆除草地围栏，恢复轮牧和游牧传统，有24.5%的牧民认为应当重新调整承包的草地。可见，草地家庭承包经营制实施后，最主要的问题还是原有的整片草原分割经营后，家庭放牧面积减少，无法实现轮牧和游牧方式，导致草地超载过牧。同时，在调研中，也有少部分牧民表示，草地家庭承包制实施三十多年来没有调整承包草地，新生人口没有分配草地，导致家庭人均草地面积逐渐减少，不足以维持家庭成员生活。

（二）草地家庭承包经营后草地退化问题的解决

从前述草地退化原因的调查来看，气候干旱和过度放牧是主要原因。而造成过度放牧的主要原因就在于草地家庭承包制推行后草地面积过小，无法实现轮牧和游牧。为从根本上解决此问题，课题组进行专门调查。当问及"您认为实施草地家庭承包后，应该如何解决草地退化问题？"，在有效作答的468份问卷中，有16.2%的牧民认为应废除草地家庭分户经营，仍由集体统一经营，有24.6%的牧民认为应废除草地围栏分割，恢复传统游牧方式，有75.2%的牧民认为应鼓励牧民主动参与草地生态治理和恢复，有56.4%的牧民认为应采用强有力的监管措施落实目前的草地生态保护政策和制度，有7.7%的牧民认为采用多种方式实现草地的规模经营和轮牧。

可见，相比较单向度的草原生态监管，牧民更赞成通过双向沟通和内外部监督保护草原生态，一方面通过牧民自治和民主管理激活牧民保护草原生态的内生动力，另一方面通过外部监管和激励措施实现牧民放牧行为的规范化。实践中，部分地方政府探索通过牧民参与草畜平衡管理的方法来实现政策目标，并且取得较为理想的效果，例如祁连县制定《祁连县禁牧和草畜平衡管理办法》，采用逐级签订责任书，把责任落实到户到人，实行"谁承包谁负责、谁放牧谁管理"的禁牧管理模式；层层落实责任追究制度，同时将禁牧减畜纳入村规民约，充分发挥牧民群众监督作用，建立起民间互相监督、互相约束的监督机制。

同时，针对草地退化问题的解决，本书课题组对草地承包经营权的收回进行了专题调查，当问及"当草地承包户出现下列哪些行为，您认为村（嘎查）可以收回承包的草地？"在有效作答的447份问卷中，有59.3%的牧民选择"违反草畜平衡的规定，超载放牧"，有72.5%的牧民选择"非法采挖，导致草地生态严重破坏"，有62%的牧民选择"擅自改变草地的牧业用途的"，有38%的牧民选择"承包户随意出租或转包产生以上问题"。可见，对于严重破坏草原生态的行为，多数受访牧户是赞成发包方收回承包草地的。该调查结果对于根本上改变草地承包经营中发包方制止承包方破坏草地生态的行为颇具启发性。

第三节　调查结论及问题分析

综合六大牧区的调研情况，可以得出初步结论：在严格的草原生态保护措施下，多数地区草原生态持续改善和好转，但是草原生态环境依然脆弱，修复治理工作任重道远；虽然牧区已经全面落实草地家庭承包经营制，但是在生态保护重压之下，草地家庭承包经营方式受到制约，牧业生产经营方式亟须转型，发展经济和保障牧民生计面临重重困难。

一 草地家庭承包经营法律制度实施中的问题

（一）草地承包方式及经营方式的实施困境

草地家庭承包经营制已经全面落实，但是推行过程中出现的林草交叉"一地两证"问题有待解决，国有草地有偿利用制度有待探索。从调研发现，尽管草地家庭承包经营的全面推行相比较耕地家庭承包经营要缓慢，但是在草原生态保护补奖政策的推动下，草地家庭承包制快速推进，已经成为草地承包经营的主要方式。尽管如此，但是仍然有近四分之一的草地不能承包到户，而是以承包到联户或者村组的方式确定草地的经营主体。在草地家庭承包经营制推进过程中，对于半农半牧区和夏季草地、零星草地以及划分难度较大的草地等是否要推行家庭承包，需要结合实际情况制定相关立法加以明确。

同时，《草原法》仅规定"天然草原包括草地、草山和草坡，人工草地包括改良草地和退耕还草地，不包括城镇草地"。《森林法》则规定"林地，是指县级以上人民政府规划确定的用于发展林业的土地。包括郁闭度 0.2 以上的乔木林地以及竹林地、灌木林地、疏林地、采伐迹地、火烧迹地、未成林造林地、苗圃地等"。依据《森林法》的规定，郁闭度小于 0.2 的可以认定为草地，林地和草地的区分看似明显。但事实上，对照《土地利用现状分类标准》（GB/T 21010—2017）与国家林业局《森林资源规划设计调查主要技术规定》的规定，可以发现两者在认定林地和草地时，具体标准存在冲突和差异。根据调查，"一地两证"问题在我国西北林草资源及林牧业交织分布地区具有一定的普遍性，以青海省为例，截至 2018 年，全省林地面积约 1100 万公顷中，林权证与草原证重叠面积，即"一地两证"面积519万公顷，占47.2%。①"一地两证"导致同一土地适用多部法律，多种法定权利证书并存，政府监管政策出现冲突，草地生态保护补奖政策和生态效益补偿重叠，国家公共政策失灵。

最后，国家所有、承包经营作为草原承包的典型形态，该部分草原作为自然资源应当属于有偿使用的范围，但是实践中，往往与承包经营的耕地同等对待被无偿利用。在农业税费取消之前，许多地方也曾规定国有草地实行有偿利用。②但是，随着农业税费的取消，牧区草原有偿利用制度事实上不复存在。在调研中，有草原监管部门管理人员认为，在草地资源比较紧张的牧区，为避免牧民滥用承包权造成草原资源无序利用和浪费，应当改变草原无偿承包的方式。③

家庭分户放牧方式根深蒂固，新型牧业经营方式推进艰难。在草地家庭承包制实施后，为解决草地面积过小的问题，法律和政策文件都提倡牧区发展人工饲草地、设施农牧业、家庭牧场和规模化养殖以及牧业合作社，这被牧区视为现代畜牧业转型升级的方向。但从调研来看，牧民仍旧习惯于分户散养的传统放牧方式，牧业合作社并未充分发挥组织和引导牧民创收的作用。由于牧业合作社没有明确的经营规划、组织机构不健全和人员责任不明晰，特别是牧业合作社没有有

---

① 参见王义贵、王维家《关于林权证草原证"一地两证"问题的思考——以青海省为例》，《华东森林经理》2019年第3期。

② 例如《四川省草原承包办法》(2002)第17条曾规定"承包方应当向发包方缴纳草原使用费，由发包方在每年年底收取"。甘肃省天祝县曾颁布《关于进一步落实草原承包责任制实行有偿使用工作的安排意见》，但是后来因为2006年后废除农业税改革而没有实行。

③ 在访谈中，有草原监管部门工作人员认为：无偿承包使用方式，容易造成争抢草原利益的人多、承担管护义务的人少，参与承包的人多、利用草原的人少。因此，为更好地管理草原，促进草原可持续发展，建议在《草原法》修改稿中对草原承包有偿或无偿使用做出规定，将《草原法》修改稿第15条"可以由本集体经济组织内的家庭或者联户承包经营"修改为"可以由本集体经济组织内的家庭或者联户，采用有偿或无偿的形式承包经营"，为下一步探索实行草原有偿承包提供法律依据。另参见裴成芳等《天祝县草原有偿承包工作的几点思考》，《草业科学》2001年第1期。

担当有能力的管理人员进行经营，牧业合作社无法充分发挥带动牧民增收的示范作用，更多的时候成为获得国家政策补助的工具。

分析原因，一是传统放牧方式成本较低，新型牧业经营方式转型面临着高额的养殖成本和极大的市场风险。在没有外来资金支持和明显收益的情况下，牧民不可能冒着风险将草地交给牧业合作社，或者投资设施畜牧业。这是经济效益和市场因素，而非牧民生态保护意识差或者思想保守落后导致牧民不愿意加入牧业合作社。二是草原家庭承包后所形成的产权保护意识，牧民不放心将自己的草地交由他人放牧。特别是在草原补奖政策实施后，禁牧政策导致牧民无法流转草地，而草畜平衡奖励政策导致牧民不愿意流转草地。三是很多牧民仍旧依赖畜牧业谋生。在没有其他劳动技能或农业生产经验的情况下，很难从传统畜牧业中转出。

（二）草地流转的现实障碍

草地租赁和转包成为解决草地经营面积过小的有效手段，但是制约因素仍然较多。从调研发现，为解决草地家庭承包后草地面积过小和超载过牧的问题，牧民一般倾向于以租赁或转包的方式获得更多的草地从事畜牧业，但是总体上草地流转的比例相比较耕地较低；草地承包经营权和草地经营权抵押并未成为牧民解决融资困境的有效手段。分析其原因主要有以下四点。

一是大部分牧民，特别是文化程度较低和没有其他谋生技能的牧民，仍然依赖放牧维持家庭生计，而且由于近年来畜牧产品价格较高，牧业收入相比较其他农业收入甚至更高，由此决定大部分牧民不会主动流转承包的草地或者向其他产业转型。

二是严格的生态保护措施和补奖政策的实施，制约草地承包经营权的流转。从地方性法规来看，禁牧草地是不允许流转的，而草畜平衡草地的流转也受到限制。在调研中，当问及为何限制草地流转，牧民认为是为防止出租草地造成过度放牧和外村人领取本村的草地生态补助资金。同时，虽然《农村土地承包法》第38条仅规定土地经营权流转的，在同等条件下，本集体经济组织成员享有优先权，但是部分地方性法规却在此基础上附加更多的限制性条件，例如《果洛藏族自治州草原管理条例》第7条规定，草地承包经营权流转需经牧民会议决议同意并报乡（镇）人民政府批准。

三是流转的不规范和缺失的保障措施制约草地承包经营权的有序流转。从调研中发现，草地流转导致的生态破坏问题，草地流转导致的牧民合法权益难以保障以及草地流转后容易失去生活保障等是草地流转中存在的主要问题。在调研中，部分草原的实际经营人对草原补奖资金发放给原承包户有所质疑，认为自己实际履行了草畜平衡的义务遭受了损失却没有获得奖励，对草原生态保护持消极态度。草地流转后，承租人虽然获得了草原的经营权，但是并无权获得草畜平衡奖励，导致草原经营权人（承租人）没有保护草场的动力，出现超载过牧，或延长草原放牧时间，发生过度利用草原问题。[①] 由于流转的不规范和缺乏监督，在调研中也发现，部分牧民将流转的草地用于种植业、旅游经营，甚至建工厂。正是因为流转中存在的这些不规范问题和草地过度利用问题，在生态保护的高压政策下，部分地方性法规和文件禁止或限制草地的流转。同时，在草地流转中，特别是工商企业和大的农业经营户大规模流转草地时，无法完全确保流转草地的非农化和租金的及时支付，牧民合法权益难以保障，面临失去生活保障的风险。这些因素的存在，使牧民流转草地存在较大风险，信心不足。虽然早在2014年"中央一号文件"明确提出："探索建立工商企业流转农业用地风险保障金制度，严禁农用地非农化。有条件的地方，可对流转

---

① 参见潘建伟等《草原生态补助奖励政策效益评估——基于内蒙古呼伦贝尔新巴尔虎右旗的调查》，《农业经济问题》2020年第9期。

土地给予奖补。土地流转和适度规模经营要尊重农民意愿，不能强制推动。"但是，截至目前，涉及农村土地经营权流转的管理办法和各地的实施细则并没有出台。这导致实践中草地经营权流转监管缺乏明确的规范依据。

四是草地承包经营权和草地经营权抵押融资仍然欠缺操作性规范，导致牧民很难通过草地承包经营权和草地经营权抵押获得贷款。虽然《农村土地承包法》第47条允许土地经营权融资贷款，中国人民银行等六部委早在2016年就颁布《农村承包土地的经营权抵押贷款试点暂行办法》，但是，实践中土地经营权的抵押融资仍然面临重重障碍，突出表现在流入的土地经营权租金支付期限较短担保价值极低，银行金融机构积极性较差且附加担保条件较高，担保机构则因分支少、风控能力弱、担保费高且土地经营权变现能力差造成融资成本较高。[①]

（三）草地家庭承包制与草地退化的关联性

草地家庭承包制的实施与草地退化没有直接因果关系，但是零碎化和过小的承包面积是造成牧民被迫过度放牧的重要因素。调研中针对草地家庭承包经营与草地退化之间关系，课题组进行了专题调研。从调查问卷和访谈可见，造成草地退化的直接原因主要是气候干旱和过度放牧问题，并非草地家庭承包制的推行。但是，由于草地家庭承包制推行后，草地的零碎化和面积过小却是导致牧民过度放牧的诱因之一。也就是说，草地家庭承包制的推行并不必然导致过度放牧。如果在草地家庭承包制推行后牧民能够将牲畜数量控制在合理范围之内，合理放牧，则不会必然导致过度放牧和草地退化。在草地承包经营制推行后，如果能够通过控制放牧数量，或者通过扩大草地经营面积、

---

① 参见阎竣、陈传波《推进承包地经营权融资担保的困境与对策——基于承包方、受让方、银行与担保机构的多相关利益主体调研》，《农业经济问题》2020年第12期。

饲草料基地建设等方式开拓饲草来源,实现牧区人—草—畜的平衡发展,则草地家庭承包制并不必然导致草地生态的退化。

二 草地生态保护与牧民生计保障之间的矛盾

(一)草原生态保护补助奖励政策的实施效果

从调研来看,草原生态保护补助奖励政策有助于草原生态保护,但是由于欠缺立法明确规定,仍未形成长效机制,补偿标准地区差异较大,牧民对于补奖标准的认可度较低。从调研情况来看,牧民普遍对草原生态保护补奖政策持肯定态度,认为正是近十年来生态保护补奖政策的实施提高了牧民生态保护意识,促使牧民更加积极地贯彻禁牧休牧和草畜平衡等草原生态保护措施,草地生态环境得到明显改善。[1] 但是,目前第二轮草原生态保护补助奖励政策已经届满,新的草原生态补奖政策尚未出台,后续是否继续实施生态保护补奖政策,牧民心里无底。究其原因,在于虽然国家以政策文件的方式对履行生态保护职责的牧民发放草原生态保护补助奖励资金,但是由于《草原法》第 35 条第 2 款仅规定在草原禁牧、休牧、轮牧区,国家对实行舍饲圈养的给予粮食和资金补助,并没有明确规定对实施禁牧、休牧和草畜平衡的牧民给予生态保护补助奖励。草原生态补奖政策尚未形成立法,难以给牧民稳定的政策预期和生态保护激励效应。

同时,针对生态保护补助奖励政策的专题调研可以发现,对于生态补奖标准和补奖资金的分配,牧民的满意度较低。分析原因,一方面是禁牧和草畜平衡补助并不能完全弥补禁牧和减畜造成的牧民收入损失,部分牧民因为生态保护措施的实施养殖成本增加,养殖数量被

---

[1] 参见潘建伟等《草原生态补助奖励政策效益评估——基于内蒙古呼伦贝尔新巴尔虎右旗的调查》,《农业经济问题》2020 年第 9 期。

迫减少，收入降低；另一方面是生态补奖标准各地差异较大，同一片草地一山之隔因为所在省份不同补奖标准截然有别。更重要的是，多数省份补奖资金的发放是按照草地面积，而非人口数。实践中，草地承包制实施后三十多年未做调整，造成牧户之间人均草地面积差异较大。在草原生态保护补奖政策实施过程中，人多地少草地质量较好的牧户不得不面临收入降低的现实，而人少地多草地质量较差的牧户反而能够增收。由此造成牧户之间人均补奖金额差异较大，分配不均衡而引发对政策的不满情绪。

最后，从调查来看，在草原生态补奖政策实施过程中，休牧、轮牧因缺乏激励机制难以发挥预期作用。由于禁牧、休牧、轮牧和草畜平衡制度规则不清，在草原生态补奖政策实施的过程中，根据农业部、财政部《关于 2011 年草原生态保护补助奖励机制政策实施的指导意见》（农财发〔2011〕85 号）规定，草原生态补奖仅针对禁牧和草畜平衡管理，并没有再区分休牧、轮牧等。① 按照该政策，季节性休牧和划区轮牧被与连续放牧和自由放牧同等对待，短期的休牧和划区轮牧是无法得到禁牧补贴的，只能得到草畜平衡奖励。但从调研看，较低的草畜平衡奖励很难对牧民的放牧行为起到激励作用，而且也无法完全弥补牧民减畜的损失。由此，法律和政策上寄予期望的休牧和轮牧制度在实践中被束之高阁。

（二）禁牧制度的实施效果

从调研来看，禁牧制度保护草原生态效果明显，但是政策实施缺

---

① 依据该政策文件，对生存环境非常恶劣、退化严重、不宜放牧以及位于大江大河水源涵养区的草原实行禁牧封育；对禁牧区域以外的可利用草原根据草原载畜能力核定合理的载畜量，实施草畜平衡管理，牧民在草畜平衡的基础上实施季节性休牧和划区轮牧。参见农业部、财政部《关于 2011 年草原生态保护补助奖励机制政策实施的指导意见》（农财发〔2011〕85 号）。

乏灵活性，负面效应逐渐显现。禁牧在短期内确实有助于恢复草原生态，但是三到五年之后负面效应逐渐显现，突出表现在人退野生动物进、伤及人畜安全，岩羊大量繁殖啃食草地，旧草缺乏啃食新草无法返青。在政策和法律刚性约束之下，如何缓解禁牧所带来的生态保护负面效应值得政策制定者和管理部门深思。同时，如何评估禁牧对草地承包经营权的限制和对牧民生计的影响，需要理论给予更深入的研究和正当性论证，并在实践中结合生态补奖政策等给予适时回应。

（三）草畜平衡管理的实施效果

从调研来看，草畜平衡管理监管难度较大，未能充分调动牧民自身积极性，难以实现预期目标。相比较禁牧立竿见影的生态保护效果，草畜平衡管理的实施效果难以实现预期目标。究其原因，一方面由于国务院机构改革后草原监管职责由原先的农业部划归林业和草原局，导致草原监管部门监管人员不足、监管成本增大。另一方面，由于禁牧区与草畜平衡区相互交错，"插花草地"的存在，监管过程中识别难度较大。因此，在草畜平衡管理方面，单纯依靠行政管理和行政处罚措施面临很高的执法成本，而且效果未必好。其次，地方草原监督部门和自然保护区、国家公园之间职责范围不清，沟通协调存在困难。《草原法》规定草原监督管理部门主要是各级人民政府，国家级自然保护区、国家公园等管理机构未列入草原监督管理部门。实践中，各保护机构权属范围内的草原仍由地方人民政府管理，造成地方管理与保护区管理条例之间存在一定矛盾，地方政府与保护机构权责不够清晰，监管存在重叠。

（四）草原生态移民的实施效果

从调研来看，生态移民行政成本较高，增收困难，稳定脱贫任务艰巨。生态移民工程基本上是国家行政主导下的生态保护措施，虽然对于生态恢复效果立竿见影，但是行政成本也是极高的。特别是生态移民中贫困户的扶贫成本高、增收空间窄、产业培育难度大，稳定脱贫的任务艰巨。最突出的问题是，牧民生产方式转换而形成的不适应和心理落差。调查中，部分牧民，特别是留守老人，由于年轻人多外出打工，产生怀旧情绪，无法很好地融入新的生活环境和文化。这说明牧民在搬迁后除了生产方式层面的适应，更需精神层面和心理层面的疏导和安抚。

第四章

草地承包经营法律制度改革的理论基础

综合分析草地承包经营法律制度的立法现状和实施状况，现行草地承包经营法律制度实际上是耕地承包经营制度在草地利用和管理领域简单复刻后形成的，并没有充分体现草地利用和管理的特殊性。特别是，以经济效益为目标的耕地承包经营制度在牧区推行后，由于没有考虑到干旱半干旱草地的异质性和草地生态功能的特殊性，草地管理的私人利用模式在牧区面临"水土不服"的困境。与此同时，在政府强力推进草地生态保护政策和措施后，严苛而非科学的草地利用管制措施又造成牧民草地承包经营权的过分限制，牧民生计受到严重影响。未来草地利用和管理法律制度的改革和完善必须在生态文明理念的指引下，对上述问题给予积极回应，妥善解决草地生态保护和牧民生计保障之间的矛盾。

第一节 生态文明的基本理论

一 生态文明的概念和特征

(一) 生态文明的概念

追溯"生态文明"最早的提出者，应该是德国法兰克福大学政治系教授费切尔（Iring Fetscher），1978年他发表的题为《论人类生存的条件：论进步的辩证法》的文章，就指出："人们向往生态文明是一种迫切的需要，……把一切希望完全寄托于无限进步的时代即将结束。人们对自己所幻想的终能无限驾驭自然的时代究竟能否实现，已深感疑惑。正是因为人类和非人的自然界之间处于和平共生状态之中，人类生活才可以进步，所以必须限制和摒弃那种无限的直线式的技术进步主义。"①在该文中，作者认为生态文明是一种区别于现有生产和生活方式的进步和高级的文明形态，是人和自然和谐共生的一种状态。当然，虽然费切尔是西方国家最早提出生态文明的学者，并且揭示了生态文明的本质，但是该学说并没有产生广泛的影响。直到1995年，美国著名作家、评论家罗伊·莫里森在其著作《生态民主》中将"生态文明"（ecological civilization）看作"工业文明"之后的一种新的文明形态，"生态文明"才逐渐成为一个全球性话题。②

在中文语境中，"生态文明"一词最早出现在1985年2月18日《光明日报》"国外研究动态"栏目所介绍的苏联《莫斯科大学学报·科学社会主义》1984年第2期发表的署名文章《在成熟社会主义条件下培养个人生态文明的途径》。③1987年中国著名生态学家叶谦吉先生在学术界首次给"生态文明"进行定义："所谓生态文明就是人类既获利于自然，又还利于自然，在改造自然的同时又保护自然，人与自然之间保持着和谐统一的关系。"④之后，生态文明的研究逐渐受到学术界的重视，具有代表性的是由刘湘溶主编的《生态文明论》，其认为"生态

---

① Iring Fetscher, "Conditions for the Survival of Humanity: On the Dialectics of Progress", *Universitas*, 20 (1), 1978, p.161.
② 参见徐春《生态文明是科学自觉的文明形态》，《中国环境报》2011年1月24日。
③ 参见王续理《从生态文明研究到生态文明学》，《河南大学学报》（社会科学版）2008年第6期。
④ 刘思华：《对建设社会主义生态文明论的若干回忆》，《中国地质大学学报》（社会科学版）2008年第4期。

文明是文明的一种形态，是一种高级形态的文明，生态文明不仅追求经济、社会的进步，而且追求生态进步，它是一种人类与自然协同进化、经济—社会与生物圈协同进化的文明"①。

综合上述生态文明的表述，可以发现学界对生态文明的解释主要有两个视角：一是共时性视角，即将生态文明作为一种"文明结构"或"文明的构成要素"来理解，将生态文明视为一种同物质文明、政治文明、精神文明、社会文明同一范畴的文明要素或结构。② 由该视角，生态文明构成完整的治国体系的组成部分，体现为一种治国方略和工具。二是历时性视角，即将生态文明作为相比较农业文明、工业文明之后更高级的反映人与自然和谐相处的新型文明形态。③ 作为一种文明的高级形态，其不仅反映出人与自然和谐共生的文化价值观，也体现为一种可持续前提下的科学发展观，承载着人类对理想社会和未来发展方向的理想思考和价值抉择。

本书认为，生态文明并非一成不变的和静态的，而是不断深入和升华的过程。生态文明是具有多义性的术语，在不同的时空场景下有不同的理解，其首先应当是一种"生态理性"相关的价值判断和进步状态，即一种"文明标准"，其次指向一种与物质文明等相并列的"文明结构"，最后呈现为一种"文明形态"。④ 就本书而言，生态文明

---

① 参见刘湘溶《生态文明论》，湖南教育出版社1999年版，第30页。其他较早论述生态文明的著述有李绍东：《论生态意识和生态文明》，《西南民族学院学报》（哲学社会科学版）1990年第2期。沈孝辉：《走向生态文明》，《太阳能》1993年第3期。张海源：《生产实践与生态文明——关于环境问题的哲学思考》，农业出版社1992年版，第4页。

② 参见刘海霞《不能将生态文明等同于后工业文明——兼与王孔雀教授商榷》，《生态经济》2011年第2期，第188—191页。张云飞：《试论生态文明的历史方位》，《教学与研究》2009年第8期，第5—11页。

③ 参见孙雪、刘晓莉《我国草原生态补偿法制建设的时代意义》，《贵州民族研究》2019年第11期，第44—51页。

④ 参见陶蕾《论生态制度文明建设的路径——以近40年中国环境法治发展的回顾与反思为基点》，南京大学出版社2014年版，第52页。

主要指一种与传统工业文明相对应的文明形态，其不仅是一种人与自然和谐相处、协调发展的文化伦理形态，更是人类遵循自然生态规律和社会发展规律所取得的物质、精神和制度成果的总和。①

（二）生态文明的特征

考察学者对于生态文明特征的描述，有的学者认为生态文明的主要特征可以概括为审视的整体性、调控的综合性、物质的循环性、发展的知识性、成果分享的公正性和在诸文明中的基础性、先导性六个特征。②有的学者认为生态文明具有独立性、整体性、相对性和反思性过程性等五个特征。③有的学者则认为生态文明具有全面性、和谐性、高效性和持续性四个基本特征。④综合上述学者的论述，本书认为生态文明的特征需要结合生态文明的概念，在与其他文明形态，特别是传统工业文明的比较之中才能准确认识和把握，其主要体现为整体性、全面性和先进性三个特征。

1. 整体性

从语义解释，"生态文明"（ecological civilization）是由"生态"和"文明"两个术语构成。对于前者，根据当代生态学理论，生态和生态系统是等同的含义，是反映生态整体主义的一个概念，其表示人与自然的关系是一种有机整体的关系，人与其环境或人与其他非人自然体都是人类生态系统的组成要素。⑤《生物多样性公约》的第二条将"生态系统"定义为："生态系统是指植物、动物和微生物群落和它们的无生命环境作为一个生态单位交互作用形成的一个动态复

---

① 参见蔡守秋《生态文明建设的法律和制度》，中国法制出版社2017年版，第2页。
② 参见姜春云主编《拯救地球生物圈论人类文明转型》，新华出版社2012年版。
③ 参见丁开杰等《生态文明建设：伦理、经济与治理》，《马克思主义与现实》2006年第4期。
④ 参见严耕、杨志华《生态文明的理论与系统建构》，中央编译出版社2009年版。
⑤ 参见蔡守秋《基于生态文明的法理学》，中国法制出版社2014年版，第336页。

合体。"① 由此，生态系统作为一个和谐的有机整体，是有组织的、有序的和动态发展的系统。② 由生态学的理论出发，人类开发和利用自然的活动应当符合科学的生态观念和自然规律，即作为生态系统各要素之间的普遍联系和相互作用规律（即生态学第一和第二定律）。

2. 全面性

生态文明作为一种超越传统工业文明和传统绿色文明的社会形态，其并不是与精神文明、物质文明、制度文明相提并论的文明要素，而是贯穿在这些文明要素之中的综合性的文明形态。③ 生态文明的建设和实现不是单一的物质或器物层面，而是贯彻社会、经济、文化多个方面，在器物、制度和观念多个维度全方位的实现人与自然的协调发展。

3. 先进性

现代生态文明理念坚持以大自然生态圈整体运行规律的宏观视角，全面审视人类社会的发展问题，将人类的一切活动都放在自然界的大格局中考量，合理开发和利用自然资源。④ 显然，现代生态文明是在摒弃"传统人类中心主义"理念后，通过反思传统工业文明的弊端，以可持续发展理念科学处理人与自然的关系后形成的，相比较传统工业文明更为科学和先进的文明形态。

二 生态文明的本质和结构

（一）生态文明的本质

由上所述，相比较传统工业文明和农业文明，生态文明强调人类

---

① 全国人大环境保护委员会办公室编：《国际环境与资源保护条约汇编》，中国环境科学出版社1993年版，第146页。
② 参见余谋昌《生态学哲学》，云南人民出版社1991年版，第36页。
③ 参见陶蕾《论生态制度文明建设的路径——以近40年中国环境法治发展的回顾与反思为基点》，南京大学出版社2014年版，第63页。
④ 参见姜春云主编《拯救地球生物圈论人类文明转型》，新华出版社2012年版，第20页。

的活动要服从"人—自然"系统的整体利益,树立符合自然生态原则的生态伦理观和价值观,转变高耗能、高污染和高消费的传统工业经济形态为生态化的经济形态,转变无止境追求征服力的科技为以人为本、维护地球生态健康的调适性科技,摒弃科技万能论和物质主义价值观。① 生态文明是一种从整体论出发提出的文明形态,其本质在于建立人与自然的和谐关系,实现人类社会的永续发展。②

1. 生态文明不摒弃其他文明形态的成果

从文明形态的发展历程来看,虽然生态文明相比较传统农业文明和现代工业文明是一种更高级的文明形态,但是这并不意味着生态文明完全否定之前的文明形态。相反,生态文明是在继承发扬农业文明成果(如循环农业)、工业文明成果(如科学技术)的基础上,以更新、更高、更科学的发展理念和方式,顺应了人与自然和谐、可持续发展的客观规律,逐渐取代相形见绌的传统文明,是人类文明的一次质的升华和飞跃。③ 生态文明不但可以发掘传统农业文明的"亲生态性"优势,更可以应用现代生态科学和生态价值观,依托现代工业和科技成果,实现对自然的主动回归和自觉的、高级的"亲生态性"。④ 特别是,传统牧业经营方式所形成的游牧文化,可以为现代草原生态文明和草地经营方式改革提供可资借鉴的本土生态知识。

2. 人与自然的和谐共生是生态文明的根本价值理念

生态文明的提出旨在解决工业文明由于过度开发和利用自然资源所产生的生态危机。以工业化为主要内容的工业文明虽然带来了生产

---

① 参见卢风等《生态文明》,中国科学技术出版社2019年版,第330页。
② 参见施志源《生态文明背景下的自然资源国家所有权研究》,法律出版社2015年版,第13页。
③ 参见姜春云主编《拯救地球生物圈论人类文明转型》,新华出版社2012年版,第1页。
④ 参见严耕、杨志华《生态文明的理论与系统建构》,中央编译出版社2009年版,第175页。

力的巨大提高和社会财富的极大丰富，但是其机械论的哲学世界观和自然观，人类中心主义的不可持续发展方式，个人主义的价值观和物质主义的幸福观，也使自然超出了其所能承受的人类改造和利用发展的极限，导致资源的滥用、枯竭和生态环境破坏。① 生态文明正是基于对工业文明的上述缺陷产生的超越工业文明的新型文明形态，其认为在人与自然的关系中，人并非自然的主宰，而是自然界的重要组成部分，人类文明的发展是建立在人与自然平等的基础上的。② 可见，生态文明正是在超越工业文明的基础上实现了传统农业文明"亲生态性"的否定之否定式发展，本质上是人的自然本性的回归。③

3. 生态整体主义是生态文明的方法论

传统西方生态学处理人与自然关系的方法论总体上可以分为人类中心主义和非人类中心主义。无论传统人类中心主义，还是现代人类中心主义，皆主张在人与自然的关系中，人始终是中心、主体和目的，而人之外的自然始终是中心周围的事物、客体和手段。④ 显然，人类中心主义是主客体二元对立的思维方式的体现，其必然导致人与自然之间的冲突和矛盾。

非人类中心主义作为对人类中心主义反思和批判的产物，主要有动物权利/解放论、生物中心论、尊重自然论、大地伦理学、深生态学等主张。这些观点认为自然事物本身也就拥有和人类一样的生存和发展权利，理当受到人类的平等对待。⑤ 相对于人类中心主义，这些观点

---

① 参见王雨辰《论生态文明的本质与价值归宿》，《东岳论丛》2020 年第 8 期。
② 参见施志源《生态文明背景下的自然资源国家所有权研究》，法律出版社 2015 年版，第 13 页。
③ 参见陶蕾《论生态制度文明建设的路径——以近 40 年中国环境法治发展的回顾与反思为基点》，南京大学出版社 2014 年版，第 55 页。
④ 参见蔡守秋《基于生态文明的法理学》，中国法制出版社 2014 年版，第 87 页。
⑤ 参见汪信砚《生态文明建设的价值论审思》，《武汉大学学报》（哲学社会科学版）2020 年第 3 期。

是有进步性的，但是其主张将人类社会的伦理价值扩展到非人类生物或自然环境时，显然混淆环境伦理与人际伦理之间的区别，从人类中心主义的极端走向自然中心主义的极端，本质上仍然属于二元对立的思维方式的体现。

生态文明理念吸收大地伦理学和深生态学等非人类中心主义思想中整体主义和自然主义立场的有益成分，强调从整个生态系统的角度来反思人类的行为和文明，从而突破单方面考虑人类或生态的二元对立的思维模式。① 基于生态整体主义方法论，现实生活中的社会与自然已经形成人类生态系统，人是人类生态系统中的一种已被生态化、社会化了的元素，人只能作为兼具自然性和社会性的生态人而存在。② 在整体主义方法论指引下，人和自然并非相互对立的主体和客体之间的关系，而是共存于自然生态系统中的相互依赖关系。

4. 实现人类社会的永续发展是生态文明的价值目标

作为一种社会发展理念，生态文明秉持有机论和整体论的生态哲学，坚守生态理性为基础的可持续绿色发展模式，通过经济增长和技术进步来满足人民的基本生活需要，并最终实现人的自由全面发展和人类与自然的共同和谐发展。③ 生态文明的发展目标是以最低限度的自然资源消耗，最大限度地满足人类社会的生活需要，以实现人类社会和自然环境的共存和可持续发展。其所要考虑的不仅是当代人的发展需要，更要顾及人类社会的未来发展，不能以牺牲子孙后代的利益为代价满足当代人的不合理需求。

---

① 参见严耕、杨志华《生态文明的理论与系统建构》，中央编译出版社2009年版，第123页。
② 参见蔡守秋《基于生态文明的法理学》，中国法制出版社2014年版，第172页。
③ 参见王雨辰《论生态文明的本质与价值归宿》，《东岳论丛》2020年第8期。

(二) 生态文明的结构

生态文明的结构是生态文明的构成要素及各种要素之间相互作用和相互关联的方式。考察学者关于生态文明结构的论述，有的学者认为，从内涵上看，生态文明表现的结构形态中主要包括三个方面的要素，即生态意识文明，生态法治文明和生态行为文明。[①] 有的学者认为生态文明的内涵包括三个方面的内容，即生态物质（器物）文明、生态制度文明和生态精神（观念）文明。[②] 有的学者认为，从结构层次上看，生态文明由生态意识、生态道德、生态文化等构成的深层结构和生态物质文明、生态行为文明、生态制度文明等构成的表层结构组成。[③] 有的学者则从文化的视角，将生态文明分为器物、制度、技术、风俗、艺术、理念和语言七个维度。[④] 结合学者对生态文明结构的分析，抽取其中的共同要素，按照重要性程度，本章将生态文明的结构归纳为理念、物质和制度三个主体性要素，而其他诸如行为、道德、文化、风俗、艺术等都是辅助性要素，可以归入上述三大主体性要素之中。

1. 生态理念文明

所谓理念，根据《辞海》的解释，即观念，"译自希腊语 idea。通常指思想，有时亦指表象或客观事物在人脑中留下的概括的形象"[⑤]。在生态文明的形成和发展过程中，理念往往具有先导作用，

[①] 参见陈寿朋、杨立新《生态文明建设的结构形态与路径选择》，《职大学报》（自然科学版）2006 年第 4 期。
[②] 参见严耕、杨志华《生态文明的理论与系统建构》，中央编译出版社 2009 年版，第 169 页。
[③] 参见张首先《生态文明：内涵、结构及基本特性》，《山西师大学报》（社会科学版）2010 年第 1 期。
[④] 参见卢风等《生态文明》，中国科学技术出版社 2019 年版，第 21 页。
[⑤] 夏征农主编：《辞海》，上海辞书出版社 2009 年版，第 763 页。

指引着人类社会物质生产、消费方式和制度的演进。如果说工业文明的理念是人类中心主义指引下的物质主义、经济主义、享乐主义和消费主义观念，则生态文明所确立的是整体主义方法论指引下的绿色发展和理性消费。其主要包括两个基本原则：第一个是人类平等原则，其包括代内平等原则和代际平等原则；第二个则是人与自然平等的基本原则，即"人—自然"之间作为共同体是协同进化与发展的。①

2. 生态制度文明

通说认为，所谓制度文明是人类在处理人与人、人与社会关系以及人与自然关系方面取得的积极成果的总称，是特定时期或特定领域各种表现形式的社会规则构成的整体，其不仅包括由权威组织制定和监督实施的正式制度，例如政策、法律法规和章程等，也包括人们长期互动演化而来的习惯性遵守或默认的非正式制度，例如习俗、惯例、道德等。②就生态制度文明而言，就是以生态文明理念为指引形成的制度性成果，体现着人与自然和谐相处、共同发展的关系，是整个生态文明体系中的重要环节，也是联系生态理念文明和生态物质文明的纽带。生态制度文明要求在政治、经济、文化和社会制度建设过程中要将生态文明理念贯彻始终，即形成生态化的制度性成果。特别是，在生态文明法治建设中，要将生态文明理念贯穿在立法、司法和执法的各个环节，实现法律的生态化或绿色化。

3. 生态物质文明

生态物质（器物）文明，即符合自然生态系统要求的物质器

---

① 参见姜春云主编《拯救地球生物圈论人类文明转型》，新华出版社2012年版，第348页。

② 参见陶蕾《论生态制度文明建设的路径——以近40年中国环境法治发展的回顾与反思为基点》，南京大学出版社2014年版，第69—71页。

物，以及制造器物的科学技术和生产方式等。[①] 生态文明的理念认为人的需求具有多样性，不但有物质和精神的需求，也有对良好的自然环境和舒适愉快生活环境的生态需求。生态文明不是片面地反对工业文明的物质主义和享乐主义，而是提倡在绿色和环保的生产模式和消费观念下，强调满足人的生态需求，提高人的整体生活素质。[②] 可以说，生态物质文明是建立在传统农业文化和工业文明所创造的物质成果批评吸收的基础上的，是新兴生态科学与传统文明形态相结合的产物。

总结生态文明的三项构成要素的内容和相互关系，以生态文明整体主义方法论为依据，这三者在生态文明体系中是三位一体的关系。生态物质文明、生态制度文明和生态理念文明构成整体生态文明体系不可分割的组成部分。在三者相互关系中，生态物质文明作为整个社会物质生产成果的总和，与生产力相联系，是生态理念文明和生态制度文明的基础，为两者的发展提供物质条件，决定着两者的性质、类型和内容。生态理念文明则属于社会意识范畴，为物质文明的巩固和发展提供精神牵引和思想动能，并不同程度地影响物质文明的发展方向。[③] 生态制度文明包括经济制度、政治制度和文化制度等内容，是生态物质文明和理念文明建设的保障，其介于物质文明和精神文明中间，成为联系、沟通物质文明和理念文明的媒介和桥梁，发挥着承上启下的作用。[④]

[①] 参见严耕、杨志华《生态文明的理论与系统建构》，中央编译出版社2009年版，第169页。

[②] 参见申曙光《生态文明及其理论与现实基础》，《北京大学学报》（哲学社会科学版）1994年版，第31—37、127页。

[③] 参见岳伟、鲍宗豪《改革开放40年我国物质文明与精神文明关系的实践及理论探索》，《学术论坛》2018年第5期。

[④] 参见李元书、何影《论制度文明的中介地位和功能》，《理论探讨》2006年第4期。

三 社会主义生态文明观的核心要义

根据党的十九大报告、习近平总书记 2018 年在全国生态环境保护大会上所做的讲话（简称"5.18 讲话"）和党的二十大报告等政策文件，可以将社会主义生态文明观的核心要义概括为六个方面。①

（一）人与自然和谐共生的生态文明发展观

党的十八大报告在确立生态文明建设的优先战略地位的同时，就明确提出："必须树立尊重自然、顺应自然、保护自然的生态文明理念"，"推动形成人与自然和谐发展现代化建设新格局"。党的十九大报告则不但将"坚持人与自然和谐共生"确立为新时代坚持和发展中国特色社会主义的一个基本方略，而且创造性地提出人与自然是"生命共同体"的理念，明确提出牢固树立社会主义生态文明观。这是新时代中国特色社会主义思想对于人与自然关系的科学总结，也是马克思主义自然观的丰富和发展，奠定了社会主义生态文明的生态自然观基础。② 可见，在社会主义生态文明观中，生态文明作为一种科学处理人与自然关系的文明形态，不是将人或自然置于二元对立的位置，而是视为休戚与共的生命共同体。正如马克思指出："自然界，就它自身不是人的身体而言，是人的无机的身体。人靠自然界生活。这就是说，自然界是人为了不致死亡而必须与之处于持续不断地交互作用过程的、人的身体。所谓人的肉体生活和精神生活同自然界相联系，不外是说自然界同自身相联系，因为人是自然界的一部分。"③ 社会主义生态文明观科学运用唯物辩证法思想处理人与

---

① 参见郭兆晖《中国生态文明体制改革 40 年》，河北人民出版社 2019 年版，第 240 页。
② 参见张云飞《习近平生态文明思想的标志性成果》，《湖湘论坛》2019 年第 4 期。
③ ［德］马克思、恩格斯：《马克思恩格斯选集》第 1 卷，人民出版社 1995 年版，第 45 页。

自然关系的理论成果,是马克思主义中国化的理论成果。在草原生态文明建设中,应当将人与自然和谐共处的理念贯彻在草原的利用、保护和建设过程中。

(二) 绿水青山和金山银山辩证统一的自然资本观

"绿水青山"和"金山银山"是习近平总书记针对如何处理经济增长发展和生态环境保护之间的关系提出的一种隐喻式的科学论断(简称"两山论")。"绿水青山"代指生态环境保护,"金山银山"则代指经济增长发展。最早浙江工作期间,时任浙江省委书记的习近平在安吉余村考察时就创造性提出"绿水青山就是金山银山"的论断,其后又经过多次阐释而不断丰富和完善。其主要包括三个方面的内容。

一是"既要绿水青山,也要金山银山"。该论断表明经济发展和生态保护之间是有机统一和相辅相成的,生态文明不是抛弃经济建设,不顾国计民生的发展模式,而是摒弃过去那种以牺牲环境为代价的经济发展模式,实现经济增长和生态保护的协调发展。

二是"宁要绿水青山,不要金山银山"。该论断表明在经济增长和生态保护发生不可调和的矛盾时,要将生态保护放在优先地位,不能以牺牲环境为代价谋求经济的短期增长。习近平总书记指出"要把生态环境保护放在更加突出位置,像保护眼睛一样保护生态环境,像对待生命一样对待生态环境,在生态环境保护上一定要算大账、算长远账、算整体账、算综合账,不能因小失大、顾此失彼、寅吃卯粮、急功近利"[①]。也就是说,在生态保护和经济发展产生冲突的时候,要从长远发展的眼光来分析矛盾的本质,不能鼠目寸光只计较眼前的利益得失。

---

① 《习近平关于社会主义生态文明建设论述摘编》,中央文献出版社2017年版,第8页。

三是"绿水青山就是金山银山"。该论断科学阐释了生态保护的和经济发展之间辩证统一的关系,即保护生态就是保护自然价值和增值自然资本的过程,保护环境就是保护经济社会发展潜力和后劲的过程,把生态环境优势转化成经济社会发展的优势,绿水青山就可以源源不断地带来金山银山。① 也就是说,在生态文明建设的过程中,要承认和重视自然生态的价值以及自然资源和生态系统的生态服务功能,要积极进行自然资本投资,保护自然生态产品,就是保护和发展经济可持续发展的重要资本和生产力。②

(三) 用最严格的制度保护生态环境的生态法治观

由生态文明体系结构关系所述,制度和法治对于保障生态文明建设具有根本性、全局性、稳定性和长期性的作用。习近平总书记指出:"保护生态环境必须依靠制度、依靠法治。只有实行最严格的制度、最严密的法治,才能为生态文明建设提供可靠保障。"③ 法律是具有规范性、权威性和强制性的规范系统,可以为人们的活动提供稳定而持久的预期。在生态环境保护上,基于生态文明理念的政策或措施一旦上升为法律制度,必然成为调整建设生态文明的权威性行为规则,并对整个社会产生具有法律效力的影响,引导民众在开发和利用自然的过程中自觉践行人与自然和谐共处的生态保护理念,保障生态文明价值目标的实现。④

对于生态文明制度建设的具体内容,根据十八大报告、《中共中央国务院关于加快推进生态文明建设的意见》和党的十八届四中全会决定等相关政策文件,主要包括两个层面:一是要形成生态文明制度体

---

① 参见郭兆晖《中国生态文明体制改革40年》,河北人民出版社2019年版,第242页。
② 参见蔡守秋《生态文明建设的法律和制度》,中国法制出版社2017年版,第62页。
③ 《习近平关于社会主义生态文明建设论述摘编》,中央文献出版社2017年版,第99页。
④ 参见蔡守秋《生态文明建设的法律和制度》,中国法制出版社2017年版,第37页。

系,即源头预防、过程控制、损害赔偿、责任追究;二是建立健全关键制度,主要包括自然资源资产产权和用途管制、生态保护补偿、生态保护红线、生态环境保护管理体制等。当然,最重要最核心最根本的是建立健全生态文明的各项法律制度。其中,与草原生态保护相关的当属草地财产法律制度、草原利用和管理法律制度以及生态补偿法律制度。

(四) 良好生态环境是最普惠的民生福祉的富裕观

坚持"以人民为中心的发展思想",不仅要为人民群众提供满足日益增长需求所需要的物质文化产品,更要为其提供越来越重要的生态公共产品。改革开放四十多年来,我国经济发展尽管取得了巨大的成就,但是与之伴随的环境污染和草原生态退化亦日益严重,成为"民生之患,民心之痛"。习近平总书记就此指出:"环境就是民生,青山就是美丽,蓝天也是幸福。要像保护眼睛一样保护生态环境,像对待生命一样对待生态环境。"① 在经济和社会发展过程中,当人们的物质生活水平提高到一定程度,人们的需求就不再停留在物质生活的满足,更是更高层次的精神生活和生活环境。良好的生态环境不仅是满足人民美好生活需要的基本条件,也是人民所追求的幸福感的重要来源。良好的生态环境不仅是重要的生产力工具,而且是社会永续发展的必要条件和人民对美好生活追求的重要体现,是新时代人民生活富裕的重要标志。② 草原生态保护不仅关涉牧区畜牧业的可持续发展和为民众提供优美的环境,而且关涉牧民生计的长久保障。

(五) 山水林田湖草沙是生命共同体的综合治理观

根据《生态文明体制改革总体方案》的精神,生态治理和修复要

---

① 《习近平关于社会主义生态文明建设论述摘编》,中央文献出版社2017年版,第8页。
② 参见潘家华《生态文明建设的理论构建与实践探索》,中国社会科学出版社2019年版,第80页。

"树立山水林田湖是一个生命共同体的理念"，按照生态系统的内在规律，统筹考虑各自然要素，综合治理。从其内容来看，有两个方面的内容：

一是山水林田湖草沙是生命共同体的思想。按照生态学规律，山水林田湖草沙等自然生态要素，包括人类在内，是一个有机的生态系统整体。正如习近平总书记指出："山水林田湖是一个生命共同体，人的命脉在田，田的命脉在水，水的命脉在山，山的命脉在土，土的命脉在树。"① 人和自然生态要素实质上都是生态系统的组成部分，各个生态要素之间是相互联系、相互制约和相互依存的关系，解决生态问题要遵循生态系统的整体性、系统性及其内在规律。

二是综合生态系统治理的思想。有前所述，生态文明区别于工业文明的重要特征在于其运用整体主义的方法论，从生态系统整体出发，协调解决人与自然和谐共处和生态保护与经济发展的问题。山水林田湖草沙是生命共同体的思想正是整体主义生态学思想的体现，这意味着在生态保护、系统修复和综合治理方面，要统筹兼顾生态系统的各个自然要素，增强生态系统的自我修复能力。这种生态治理的思想事实上是契合综合生态系统管理方法的，即综合运用多种方法、采用多学科知识、综合考虑经济发展各方需求，解决资源利用、生态保护和生态系统退化的问题。② 在解决草原生态退化时，就不能单一地考虑草地植被恢复问题，而应该将草地植被恢复置于草原生态系统治理之中，综合考虑水、草、土、畜和人等草原生态系统构成要素的需要和价值，

---

① 习近平：《关于〈中共中央关于全面深化改革若干重大问题的决定〉的说明（2013年11月9日）》，《人民日报》2013年11月16日。
② 参见蔡守秋《基于生态文明的法理学》，中国法制出版社2014年版，第349页。目前对生态系统方法和综合生态系统管理的内容规定得比较全面的国际法律政策文件是2000年《生物多样性公约》缔约方大会第五次会议通过的第V/6号决定《生态系统方法》，它提出了有关生态系统方法的5项导则和12项原则，即COP-5原则。

制定可持续发展的草地利用和管理制度,维护草原生态系统平衡。

(六) 建设清洁美丽世界的人类福祉观

以全球视野来看,生态保护并非单个国家能够完成的任务,特别是那些跨区域和全球性的环境污染治理,更是如此。习近平总书记提出:"保护生态环境,应对气候变化,维护能源资源安全,是全球面临的共同挑战。中国将继续承担应尽的国际义务,同世界各国深入开展生态文明领域的交流合作,推动成果分享,携手共建生态良好的地球美好家园。"① 在全球化的背景下,生态保护和应对全球气候变化更需要各国通力合作,为建设清洁美丽的地球家园而共同奋斗。生态文明建设不仅是我国解决人与自然关系矛盾的智慧成果,而且已经成为人类命运共同体的重要组成部分。按照人类命运共同体理念,必须在全球范围内构筑一个尊崇自然、绿色发展的生态体系,以支撑全球的可持续发展。②

综合社会主义生态文明观的核心内容,生态文明是超越工业文明的新文明形态,其需要以综合生态系统管理的方法解决经济发展和生态保护的突出矛盾,用制度和法治化的手段协调人与自然的关系,统筹解决自然资源利用中的生态问题。草原生态保护不仅是经济和社会可持续发展问题,更是事关牧区民生和牧民福祉的大事。

第二节 现代草地管理理论与草地利用管理法律制度再检讨

以生态系统综合治理的视角来看,草地无疑属于"山水林田湖草

---

① 《习近平关于社会主义生态文明建设论述摘编》,中央文献出版社2017年版,第127页。
② 参见张云飞《习近平生态文明思想的标志性成果》,《湖湘论坛》2019年第4期。

沙"生命共同体的有机组成部分，草地生态文明建设亦属于生态文明建设的重要内容。只有按照生态文明理念建立完善的草地承包经营制度，妥善解决牧区经济发展、牧民生计保障和生态保护的突出矛盾，才符合草地生态文明建设的基本要求。

一 现代草地管理理论：平衡论和非平衡论及其演变

生态系统综合治理观是生态学和管理学相结合所产生的最新生态治理的科学方法论，是一种以科学为基础保护和管理自然资源的全面方式，已经成为指导我国环境法在内的全球"第二代环境法"发展的重要理念和方法。[①] 草地是一种包括人、草、畜、水等生态要素的具有完整功能的生态系统，草地生态治理应当遵循生态学的规律，不能只关注草地的生态属性或经济属性。[②] 按照生态系统综合治理观，每个地方都是特有的自然和社会经济条件的组合，从而构成独特的区域生态系统，在开发利用自然资源时，必须因地制宜，采取不同的对策。[③] 在草地生态管理过程中，必须注重草地生态系统的差异性，制定适宜的草地管理政策。

（一）平衡论及其草地管理模型

现代草地平衡生态系统理论作为传统的"自然平衡论"的发展，主要是从美国发展起来的。以美国著名生态学家克莱门茨1916年创立的植物演替理论和植物生态学思想为基础，美国政府机构将其发展应用于草地分级管理操作系统，并且在20世纪70年代前作为草地管理

---

① 参见史玉成、郭武《环境法的理念更新与制度重构》，高等教育出版社2010年版，第25页。
② 参见陈洁等《中国草原生态治理》，上海远东出版社2009年版，第269页。
③ 参见蔡守秋《基于生态文明的法理学》，中国法制出版社2014年版，第414页。

的基础理论被广泛应用于草地管理实践。① 同时，草地平衡生态学理论和方法在世界各国（包括中国）草地生态学领域和草地资源管理中亦产生重要影响，成为各国制定草地管理政策的重要理论基础，例如我国的草畜平衡管理和禁牧政策。

根据平衡生态学理论，植物群落以固定的方向、可预测的途径，经过一系列预期的、有序的演替阶段，到达一个唯一的平衡点或稳定状态，即气候决定的顶级群落。②如果没有放牧压力，则给定的草地将持久保持该稳定状态。即使在有放牧干扰的情况下，与草地演替的过程相反，这种演替也是线性的、可逆的，草地生态的变化也是逐步的，只要减轻或停止放牧后，草地群落仍然具有向顶级群落演替的潜势。③这是草地演替理论的核心观点，也是平衡生态学理论下草地管理模型的基础。

基于草地演替理论，在草地生态系统可调节能力范围内，如果将放牧压力调节到与相反的演替趋势相等的水平，从而在一定放牧率下使植被保持平衡状态，就获得可持续的畜产品生产。④ 此即基于草地平衡生态系统的草地演替管理模型的核心观点。其主要内容包括以下三个方面：⑤ 第一，在草地平衡生态系统中，草地生态和植被状况与放牧或牲畜数量之间的关系被描述为简单的线性的负相关关系，而

---

① 参见王晓毅、张倩、荀丽丽编著《非平衡、共有和地方性——草原管理的新思考》，中国社会科学出版社2010年版，第48页。

② Pickettsta, Ostfeldrs, "The Shifting Paradigm in Ecology", KnightRL, Bates SF. eds. *A New Century for Natural Resource Management*. Washington, DC: Island Press, 1995. 转引自李向林《草原管理的生态学理论与概念模式进展》，《中国农业科学》2018年第1期。

③ 参见熊小刚、韩兴国、周才平《平衡与非平衡生态学下的放牧系统管理》，《草业学报》2005年第6期。

④ 参见李向林《草原管理的生态学理论与概念模式进展》，《中国农业科学》2018年第1期。

⑤ 参见王晓毅、张倩、荀丽丽编著《非平衡、共有和地方性——草原管理的新思考》，中国社会科学出版社2010年版，第7页。

其他因素如气候、自然灾害和土壤条件等外部条件都被看作既定不变的。草地管理的实质就是评估在保持天然植被再生能力条件下草地承受放牧的能力,即草地的承载力,通过控制放牧密度将牲畜数量控制在草地生态可调节能力范围之内。第二,由于只考虑演替趋势和放牧密度,草地植被的演化具有单轴连续变化的特征,据此可以评估放牧后的草地植被种群构成,并同相同气候和土壤条件下给定地点的物种组成与不受干扰的原始的顶级状态相对比,评价草地健康状况。第三,由于草地植被和生产能力的稳定性和均质性,草地承载力具有可预测性,为保持草地生态系统的平衡,草地管理者更倾向依靠控制载畜量维持草地生态平衡。牧业经营者更倾向通过围栏明确草地边界,获得草地所有权或使用权,以稳定草地权利和经营预期。在草地经营过程中,定居饲养成为主要的牧业经营方式,牧民更倾向追求商业性的牲畜数量目标。

可见,基于平衡生态学的草地管理模式,本质上是"科学"合理利用草地资源的畜牧业生产模式,其目的是通过运用各种技术和政策手段维持草地生态系统稳定,尽可能地为人类提供可持续的最大产量的畜产品。但是,该理论在20世纪中期以后日益受到国际上广泛的质疑,新的草地生态学理论不断涌现。其主要原因是:首先,草地平衡生态理论往往把生态系统看作封闭的、具有内部控制机制的、可预测的稳定系统。[1]在该理论模型中,植被演替与牲畜放牧之间的关系被简单描述为线性可逆的负相关关系,忽视两者间所存在的复杂的长期磨合反馈和适应过程和草地生态系统中其他要素例如土壤和水的相互作用和影响。[2] 其次,草地平衡生态理论将引发草地生态变化的因素简单

---

[1] 参见邬建国《生态学范式变迁综论》,《生态学报》1996年第5期。
[2] 参见王晓毅、张倩、荀丽丽编著《非平衡、共有和地方性——草原管理的新思考》,中国社会科学出版社2010年版,第9—10页。

归结为放牧率或牲畜数量，忽视了气候变化和偶然性事件的影响，导致实践中观察到的某些草地生态系统与平衡论所描述的场景大相径庭，例如干旱半干旱地区的草地生态系统往往受到气候干旱等因素影响表现为较大的年际波动和非平衡状态。

（二）非平衡论及其草地管理模型

由于认识到平衡生态学在应对非洲和亚洲干旱半干旱地区草原植被动态变化解释力的不足，非平衡理论在20世纪70年代后逐渐成为重要的草原生态学理论。非平衡生态学理论认为草地生态系统的内在自我调节能力是有限的，可能受到降水、放牧等因素的强烈干扰影响，并不总是可以逆转的，因此草地生态系统是动态变化的和难以预测的。[1]其核心观点有以下三点。

第一，在非平衡生态系统中，影响植物群落的因素，除牲畜数量外，还包括降水时间和数量、放牧时间和长短，以及植物种个体对环境条件的反应等。[2]草地植被主要由随机的非生物因素驱动（特别是降水量），牲畜数量并非主要因素。[3]这意味着在非平衡生态系统中，牲畜—植被间不存在单一的线性负反馈关系，草地植被的时空分布存在严重的不均衡性和异质性，以平衡论为基础的缺乏弹性的草地承载力管理模式可能是失效的。同时，由于受到干旱等非生物因素的影响，牧民的牲畜数量很难达到草地植被顶级状态所匹配的承载量，被广泛责难的"过牧"观点可能并不成立。

第二，在非平衡生态系统中，由于植被和放牧密度之间并不总是

---

[1] 参见熊小刚、韩兴国、周才平《平衡与非平衡生态学下的放牧系统管理》，《草业学报》2005年第6期。

[2] 参见王晓毅、张倩、荀丽丽编著《非平衡、共有和地方性——草原管理的新思考》，中国社会科学出版社2010年版，第14页。

[3] 参见李文军、张倩《解读草原困境——对于干旱半干旱草原利用和管理若干问题的认识》，经济科学出版社2009年版，第41页。

单一、线性、连续和可逆的，平衡论所采用的草地健康状况评价方法是无法适用的。草地健康状况的评价必须扩展为用土壤、植被、水和空气的整体性与生态系统的生态过程间的平衡程度和可持续性来表示。① 美国国家科学研究委员会（NRC）在《草原健康——草原分类、调查、监测的新方法》（1994）报告中将草地健康定义为："草原生态系统的土壤、植被、水、空气以及生态过程的完整性得到平衡和持续的程度"。② 草地健康状况不再根据单一的植被种群特征进行评价，而是综合评价影响草地生态的各种要素的结果，此即作为非平衡草原生态系统管理基础的植被动态理论，状态—过渡模型（state‑and‑transition models 或 STMs）的核心方法。③

第三，在非平衡生态系统中，由于草地植被的时空分布的异质性，草地经营方式的选择上，移动的和牲畜分散的放牧策略可能更为合适。在草地产权选择上，相比较确保草地产权的清晰和权利的稳定，牧民可能更关注在紧急情况下获取草地关键资源的能力。④ 通过维持可变的草地物理边界和使用者边界以实现对放牧资源的弹性管理，可能更有利于保障牧民在干旱季节获取关键资源。⑤

---

① 参见王晓毅、张倩、荀丽丽编著《非平衡、共有和地方性——草原管理的新思考》，中国社会科学出版社 2010 年版，第 14 页。
② 李向林：《草原管理的生态学理论与概念模式进展》，《中国农业科学》2018 年第 1 期。
③ 状态—过渡模型是为应用于以事件驱动植被动态为特征的草原系统而专门设计的。"状态"，是指能够抵抗一定变化的比较稳定的植物群落，常常称为"稳态"，但不一定是顶极群落。"过渡"则是指在长期的过度干旱、火灾、虫灾和病害大爆发、人为强度干预等外界影响下，这些稳定状态的植物群落发生变化而"过渡"到另一个状态。
④ 所谓关键资源是非平衡草原生态系统中，所存在的产草量保持相对稳定的区域，这些区域是在最恶劣气候下决定牲畜数量的关键因素，因此被称为"关键资源"。在放牧畜牧业方式下，"关键资源"往往成为旱灾时牧民可以求助的地方，即降水相对较多、产草量相对较高的地方。
⑤ 参见李文军、张倩《解读草原困境——对于干旱半干旱草原利用和管理若干问题的认识》，经济科学出版社 2009 年版，第 49 页。

(三) 平衡论和非平衡论的评价及现代趋势

从平衡论到非平衡论的提出，反映出现代草地生态学理论对于草地生态系统复杂性认识的不断深化。平衡论及草地演替理论以及相应的草地载畜量管理模式，将放牧作为驱动植被动态变化的单变量方法，是以生产力水平较高、环境条件相对优越、稳定的草原生态系统为预设条件。这种草地管理模式忽视气候等因素对草地生态的影响，显然无法解释干旱半干旱草地生态系统中牲畜和植被之间的动态变化过程。相反，非平衡论及状态—过渡模型则充分考虑到草地生态变化的多因素影响，特别是气候因素的影响，能够合理地解释干旱半干旱草地生态系统的不稳定性和不可预测性。

当然，非平衡论对于平衡论提出的挑战和新的解释模型并不意味着两种理论是替代或相互冲突的，事实上两种理论都存在各自的局限性。平衡论由于过于简化放牧与植被之间的关系，无法对那些受外在因素和偶然事件影响的草地生态系统给予充分的解释，并提供合适的草地管理方法。同样，非平衡论则可能过度强调事件驱动的植被动态，轻视许多生态系统中连续可逆的变化特征的重要性。[①]这两种理论中单独的任何一种范式都不足以有效地解释和评估所有草地生态系统中的植被动态。一方面，一个区域性草地并不总是能够清晰地界定为符合平衡论的草地生态系统或符合非平衡论的草地生态系统，例如即使在一个干旱半干旱草地生态系统中仍然可能存在零星的关键资源地，其草地的生产力往往是稳定的，更符合平衡论的模型；另一方面，在同一个完整的草地生态系统中，平衡和非平衡都可能在不同的时空尺度上影响着植被动态，生态系统可能

---

① 参见王晓毅、张倩、荀丽丽编著《非平衡、共有和地方性——草原管理的新思考》，中国社会科学出版社2010年版，第123页。

是由平衡和非平衡动态共同构建并沿着一个从平衡到非平衡行为的连续统一体分布。①

针对现有的平衡论和非平衡论草地生态理论的局限性，显然需要更多能够有效整合两者理论的新的草原生态学理论和管理模式，可以更加有效地解释具有复杂性和社会性的草原生态系统。恢复力理论无疑是促使草原科学转型的主要理论，其在20世纪80年代末被引入草原科学，并于90年代末正式应用于草原资源评价，并被认为有可能取代非平衡理论的主导地位，其核心思想是生态系统的变化具有必然性，而且可能存在多个替代性稳定状态，管理的目的是设法引导生态系统的变化，从而为社会提供多样化的生态系统服务。② 当然，尽管该理论具有取代平衡论成为主流生态学理论的趋势，而且对于草地生态系统的解释更加符合实际观测结果，但是在我国草地生态学理论和实践中，其仍然未能受到充分的重视和应用。

可见，对于复杂而具有社会性的草地生态系统，所谓的"平衡"和"非平衡"，应该是处于一个连续波谱的两极状态，实际上很多草地生态系统既非"平衡"和"非平衡"，而是同时兼具两者的特征。③ 由此，在草地管理中，不能简单地将平衡或非平衡适用于特定区域的草地管理，而应该综合评估特定区域草地影响植被生态的各种因素，特别是借鉴当地牧民对于草地降水变化等的传统知识和经验，因地制宜地制定草地管理和利用策略。

---

① 参见王晓毅、张倩、荀丽丽编著《非平衡、共有和地方性——草原管理的新思考》，中国社会科学出版社2010年版，第119页。

② 参见李向林《草原管理的生态学理论与概念模式进展》，《中国农业科学》2018年第1期。

③ 参见李文军、张倩《解读草原困境——对于干旱半干旱草原利用和管理若干问题的认识》，经济科学出版社2009年版，第19页。

二 现行草地承包经营和管理制度的内在逻辑分析

(一) 草地承包经营和管理制度的外在体系

现行草地承包经营和管理制度是围绕草地承包经营制度所建立的制度体系,根据《草原法》和《农村土地承包法》等草地法律法规,其包括草地权属(产权)制度、草地利用、草地保护和草地建设四个方面。

1. 草地权属(产权)制度

现行法律规定,草地权属制度是以农村土地承包经营制度为模板构建的,但是有所差异的是,草地权属的具体形态不仅包括"草地国家所有权—草地集体使用权—草地承包经营权"和"草地集体所有权—草地承包经营权"的私人利用模式,还包括"国家所有权—草地集体使用权—草地联户承包经营权"和"草地集体所有权—草地联户承包经营权"的共有产权模式。当然,从前述调查资料显示,由于政策的强力推动,草地家庭承包经营占据约四分之三,而草地联户承包经营仅占不四分之一。

2. 草地利用制度

从草地经营者的角度,《草原法》所规定的草地利用制度主要包括草地承包经营制度、草畜平衡制度,划区轮牧和舍饲圈养以及征收等。《国务院关于加强草原保护与建设的若干意见》和《草原法》将草畜平衡、划区轮牧作为草原利用的核心制度。特别是草畜平衡制度,从草地承包经营者的角度,是其必须履行的法定义务,而作为草原保护管理的核心,则以草畜平衡管理的方式落实草原生态保护的目标。划区轮牧则是在草地承包后,草地承包经营者在承包草地内部按季节草地和放牧小区,依次轮回或循环放牧的一种放牧方式。

3. 草地保护制度

草地保护主要是草地生态保护，主要包括基本草地保护制度、退牧还草、草畜平衡管理和禁牧、休牧政策等。从生态保护的角度，草地利用制度中的划区轮牧、舍饲圈养等也兼具生态保护的功能。基本草原类似于基本农田制度，把具有特殊生态作用的草地划定为基本草地来实施严格的保护，例如人工草地、重要放牧场、改良草地、割草地及草地自然保护区等。退牧还草则是为治理退化草地，通过禁牧、休牧、划区轮牧以及围栏建设、补播改良等措施，实现恢复草原植被和草地生态目标的草地保护制度。草畜平衡管理则是从草地管理的角度，通过草地载畜量的监管来实现牧户牲畜饲养量和饲草料总量平衡的一种行政管理制度。禁牧、休牧政策则是根据《草原法》第47、48条的规定，对严重退化、沙化、盐碱化、石漠化的草原和生态脆弱区的草原实施的放牧控制和草地利用限制措施。

4. 草地建设制度

根据《草原法》的规定，草地建设主要包括人工草地建设、天然草地改良、饲草基地建设和草原围栏建设等政策措施。这些政策措施主要是从增加草地生产力，减轻天然草地放牧压力的角度制定。从实施的效果来看，草地建设制度亦有利于草地生态保护，广义上也可视为草地保护制度，只不过其更多强调以积极主动的政策措施促进草地生态环境改善和退化草地治理，提升草地生产力。

（二）草地承包经营和管理制度的内在逻辑

分析草地权属（产权）制度、草地利用、草地保护和草地建设制度的内在逻辑，就是运用生态系统论的方法，理顺基于草地承包经营制度所建立的草地经营管理制度的内部结构和关联关系，明晰制度的边界和缺陷。

1. 草地权属制度与草地保护、利用和建设制度的关联关系

由于牧区推行以草地家庭承包经营为基础的承包制，建立以草地家庭承包经营权为核心的草地产权制度，草地利用管理制度亦以此为基础。

首先，草地承包经营权是草地生态保护义务和责任确定的根据。《草原法》第 14 条第 2 款明确规定："承包经营草原的单位和个人，应当履行保护、建设和按照承包合同约定的用途合理利用草原的义务。"草地承包经营权确立的目的就在于通过草地产权的明晰，明确草地利用和生态保护的权利和责任。在落实草地承包经营权后，涉及草地生态保护的责任首先应当由草地承包经营人承担。

其次，草畜平衡管理中草原载畜量的核定，多以草原承包经营者或者草原使用权单位进行。2005 年《草畜平衡管理办法》第 10 条明确规定草畜平衡管理的重点就是要落实"草原使用者或承包经营者的牲畜饲养量"。在上述规定执行过程中，载畜量的核准和草畜平衡的责任亦常落实到承包草地的草原承包经营者或者草原使用权者。例如《内蒙古自治区草畜平衡暂行规定》第 9 条规定："草畜平衡核定以草原承包经营者或者草原使用权单位为单位进行。未承包的机动草原的草畜平衡核定以草原所有者或者草原使用权单位为单位进行。"

再次，草地承包经营权人承包草地面积是禁牧和草畜平衡补奖资金的测算和发放的基础。根据《第二轮补奖政策指导意见》和《第三轮补奖政策指导意见》的规定，中央财政按照实施禁牧、草畜平衡的草原面积拨付补奖资金，而地方多按照牧民承包到户的实施禁牧和草畜平衡的草原面积发放补奖资金。如此，未承包到户的草地和明确权属关系的草地则无法享受生态保护补奖政策。

最后，草地建设项目的实施亦多以草地承包经营单位为基础进行。

如前调研所示，草地生态保护建设项目实施的过程中，例如草地围栏建设、饲草料补贴一般都根据承包草地的面积和权属关系确定项目建设补贴资金的对象。特别是，草原围栏作为落实草地承包经营权的技术性工具，是休牧、禁牧、轮牧、天然草地保护等政策措施实施的保障措施。①

综合分析当前草地承包经营和管理制度的内在逻辑，草地承包制的推行和草畜平衡管理的实施，都是以平衡生态系统理论为基础开展的。② 其表现为：一方面，由于承包的草地被认为是均质的，牧民和管理者更倾向于采取平均分配草地的方式划定草地产权，并且采取围栏的方式维护草地边界；另一方面，管理者则将草地视为相对稳定的生产系统，以载畜量控制为核心实施草畜平衡管理，通过减畜或休牧、禁牧减轻草地的承载压力，实现草地的生态恢复和草地生态平衡。

2. 草地保护、建设和利用制度的关联关系

众所周知，草地兼具经济效益和生态效益。草地利用将草地作为生产资料使用，重视的是草地的经济效益，而草地保护和建设则更倾向草地生态的保护和草地生产的可持续发展。这三者之间是紧密联系和相辅相成的关系。

首先，草地利用和保护、建设的关系。保护、建设草原是利用草原的基础和条件，目的是为人类创造更多的生态效益和经济效益，利用草原应是在保护、建设草原的前提下的合理和可持续利用。③ 处理好三者之间的矛盾，本质上就在于协调经济发展和生态保护之间的关系，

---

① 参见韩俊等编《中国草原生态问题调查》，上海远东出版社2011年版，第177页。
② 参见乌尼尔《与草原共存：哈日干图草原的生态人类学研究》，知识产权出版社2014年版，第102页。
③ 参见卞耀武主编《中华人民共和国草原法释义》，法律出版社2004年版，第3页。

在保护好草原生态的同时能够科学合理地利用草原，实现草原生态文明。

其次，草地保护和建设的关系。从两者的目的来看，草地保护和建设的目的都在于通过保护草地生态环境，维持草地生产力的稳定。但是，草地保护制度则更多是为防范草地生态退化而采取的被动应对或预防措施，其以责任为后盾，对破坏草地生态的违法主体进行处罚，保护草地的生态环境不恶化。草地建设则是通过积极和主动的生态治理措施和工程项目，提升草地的生产能力和生态质量。

总之，现行的草原生态保护、建设和利用制度显然多建立在草地私人利用模式基础上，在赋予草地承包经营权主体合理利用草地的权利的同时，亦通过义务和责任的强制承担，例如禁牧、休牧和草畜平衡，来实现草地生态的保护。同时，基于草地生态的公共产品属性，国家对受到限制的草地承包经营者给予生态保护补助奖励。

三 生态文明视角下草地利用管理法律制度再检讨

虽然前文已经全面梳理和分析现行草地承包经营制度和管理制度在规范层面和实践层面存在的问题，但是仍然需要以社会主义生态文明观和现代草地管理理论为指导对上述制度存在的问题再审视，对问题的本质进行深刻剖析。

(一) 生态视角下草地承包方式和经营方式再检讨

以生态文明观重新审视现行草地承包方式和权属制度，可以发现虽然《草原法》和《农村土地承包法》对草地承包经营权人的生态保护义务已经有所规定，但是在具体制度构建过程中，基于平衡论的草地管理模式并不符合生态文明的理念，对草地生态和牧民生计都造成严重影响。

首先，以家庭承包为基础的草地承包方式和分户经营方式，虽然有利于草地产权清晰，但是草地家庭承包经营实施过程中草地的分割和分户经营，割裂草地整体生态系统，很难实现草地划区轮牧和规模经营，违背草地利用规律。特别是，在干旱半干旱牧区，草地家庭承包和分户经营后，政策对固定边界的要求与牧民对弹性边界的需求形成了矛盾，削弱了牧民对关键资源的获取能力，对牧民生计和资源利用及管理造成影响，从而产生了"私地悲剧"。① 依据生态文明整体主义方法论和综合生态治理观，家庭承包方式和分户经营都是不符合生态文明理念的。草原地区的家庭承包制与农区的家庭承包制应在制度上有所不同，即应以家庭为单位承包，但不应鼓励以家庭为单位来利用草地。② 相比较家庭承包经营和分户经营的单一承包模式和单一经营方式，联户承包和联户经营，则可以实现草地规模经营和轮牧放牧，更加符合草地生态保护的规律。对于那些不适合分割承包的草地、零碎分散的草地或确权难度较大的草地，特别是对于干旱半干旱牧区的非平衡生态系统，灵活采用联户承包或集体统一经营的方式，拓宽草地利用的空间规模，可能更符合草地利用的规律。③

其次，集体土地所有权和国家土地所有权的权能虚化，集体土地使用权性质和规则模糊，导致实践中农村集体经济组织或村委会很难发挥统一经营的双层经营体制的优势，特别是发包方草地收回权和调整权的严格限制并不利于草地合理利用和生态保护。在草地承包制实施的过程中，由于根据人口和牲畜数量划分草地，草地往

---

① 参见李文军、张倩《解读草原困境——对于干旱半干旱草原利用和管理若干问题的认识》，经济科学出版社2009年版，第51页。
② 参见杨理《草原治理：如何进一步完善草原家庭承包制》，《中国农村经济》2007年第12期。
③ 参见李静、杨哲《草地承包政策及在藏区实施情况的调查研究——以甘肃玛曲县、西藏当雄县为例》，《西藏大学学报》（社会科学版）2013年第1期。

往被分割为较为细碎和零乱的单元，而农村集体经济组织或村委会的行使收回权和调整权受到严格限制，这导致对于撂荒的草地、生态退化的草地和进城落户无经营能力的草地都无法予以调整和集中，无法发挥农村集体经济组织或村委会统一经营的功能在草地生态保护方面的作用。

最后，草地承包经营权和草地经营权流转仍然存在诸多制约因素，影响草地流转、集中规模经营在草地生态保护方面的作用。基于非平衡生态理论，由于草地植被的分布在时空尺度内具有明显的异质性，移动和牲畜分散的放牧策略可能更合适干旱半干旱牧区，这必然要求牲畜能够在更大范围的草地实现流动放牧。但是，由于"三权分置"下草地承包经营权的身份性和社会保障功能，草地经营权流转限制因素是较多的，特别是草地生态保护补奖政策的实施更加制约草地承包经营权的流转。同时，草地经营权流转规则和草地经营权人生态保护义务的缺失，不仅导致草地承包经营权人的权益无法得到保障，还导致其流转的草地被肆意利用，破坏草地生态。实践中，新型的草地经营方式和流转方式，例如牧民专业合作社、草地租赁和转包等，都面临着诸多制约因素，无法完全发挥生态保护的作用。

（二）生态视角下草地保护、建设和利用制度再检讨

目前推行的禁牧休牧、草畜平衡管理和草地生态保护补奖政策主要是从草地生态保护的角度实施的，虽然对于草地生态恢复都有一定的效果，但是由于未能完全兼顾牧民生计需要，从根本上不符合人与自然和谐共生的生态文明发展观。

首先，禁牧制度虽然短期有利于草地生态恢复，但是禁牧政策范围和期限僵化，无法实现草地的合理利用和牧民生计保障。从禁牧政策实施的效果来看，长期封山禁牧（10年以上），不利于草地综合生

产能力的提高，使植株老化退化严重，直接抑制草地植物的再生与自然更新能力，影响草地功能和效益的持续发挥，造成草地资源严重浪费。① 此外，草地长期禁牧，导致牧民无法有效利用草地，这必然导致养殖成本增加，影响牧民收入持续增加。

其次，草畜平衡管理并未落实动态平衡理念，载畜量的核定标准不科学，调整周期过长，未能充分调动牧民自身积极性，难以实现生态保护的预期目标。作为协调草地生态保护和牧民生计的核心制度，草畜平衡是符合草原生态保护和利用规律的。但是，在干旱半干旱牧区，由于草地生产能力受到气候影响波动较大，静态的草地载畜量管理往往难以实现。单个牧户的牲畜数量难以核定，单向的减畜措施往往导致牧民持续增收困难。

最后，草地生态保护补奖政策作为激励牧民采取禁牧、草畜平衡保护草原生态的重要政策，由于政策措施缺乏立法规定，补奖政策欠缺科学性，仍然未能形成草地生态保护的长效机制。在实施草地禁牧和草畜平衡措施后，必然会影响牧民收入，作为一种生态补偿制度，补奖政策的实施对于保障牧民生计发挥着重要的作用。但是，在补奖政策实施的过程中，由于补偿标准较低，补偿差异较大，牧民"偷牧""过牧"现象频繁出现，造成补奖政策成为单纯的牧民生活补助或扶贫资金，偏离草地生态保护的政策目标。

总之，现行的以家庭承包为基础的草地承包经营和管理制度，都是以平衡论及其草地管理理论建立的，其往往忽视具有时空异质性的干旱半干旱牧区草地管理的特殊性。现行法律和政策制定者在照搬农区经验推行承包责任制的同时，也将农区生态系统的平衡论范式直接套用在牧区，牧区草地资源时空异质性特点被完全忽视，这是以载畜

---

① 参见刘钟龄《中国草地资源现状与区域分析》，科学出版社2017年版，第256页。

量控制为核心的草畜平衡管理政策在牧区草地管理中失效的根本原因。①未来的草地承包经营和管理政策必须以现代生态学理论为基础，充分重视非平衡生态论的草地管理模式，根据不同的草地生态系统因地制宜制定适当的草地管理政策。

---

① 参见李文军、张倩《解读草原困境——对于干旱半干旱草原利用和管理若干问题的认识》，经济科学出版社2009年版，第177页。

第五章

草地承包经营法律制度改革的具体路径

由于法律和政策的推动，草地家庭承包经营已经成为当前牧区基本经营制度的基础，草地公有制和草地管理的私人利用模式当然成为解决草地退化和牧民生计矛盾的预设制度前提。草地承包经营法律制度的改革是无法打破目前的这种路径依赖状态的，是无法通过废止草地承包经营制度实现生态保护的政策目标的。现实的选择是，以社会主义生态文明观为理论支撑，通过重塑牧区集体经济组织法人，改革草地承包方式和草地经营方式，加强新型草地经营主体的组织化，实现草地利用的科学化，最终达到兼顾草地生态效益和经济效益的双重价值目标。

第一节 草地管理模式更新：生态学的视角

现代草地生态学理论不仅为草地生态管理提供理论支撑，而且为草地利用和管理法律制度提供科学依据和路径指引。根据现代草地生态学理论，特别是非平衡论范式下的草地生态动态变化模型，草地生态是多因素共同作用的结果，不能采用单一的私人利用模式和载畜量控制为核心的草地管理模式。对于干旱半干旱草地的治理，应当充分重视气候因素的影响，采用更富有弹性的产权模式和草地管理模式，特别是应当重视传统知识中异质性草地的利用经验，从草地利用的时空转换和组织化方面改革草地的经营方式，实现草地的科学合理利用。

一　草地管理的国外经验及启示

如何有效地管理包括草地在内的自然资源，避免自然资源的过度利用，国外学说主要提出三种理论模式：一是私人产权模式或私人利用模式，其主要根据是"公地悲剧"理论；二是政府规制模式；三是共同管理模式。

"公地悲剧"理论是针对畜牧业中公共牧场退化问题，由英国经济学家威廉·福斯特·劳埃德（1833）最早提出。他认为如果公共牧场尽可能多的用于放牧去实现获利最大化，这种经济模式将会伴随着公众利益损失的代价而垮掉，造成公地利用的悲剧。[1] 加勒特·哈丁（1968）在《公地的悲剧》中则以牧羊人与牧场利用的例子对"公地悲剧"（The Tragedy of the Commons）对做出系统阐释，他认为只要公地是开放的、未管理的，其结局必然是公地退化，这就是"公地悲剧"，或者说"无管理的公地悲剧"（The Tragedy of the Unmanaged Commons）。[2] 哈丁的理论尽管没有清晰地界定"公地"及其发生机理，但是他的理论无疑塑造了一个解决环境和资源问题的范式，或者主导性框架，得到新古典经济学的支持。为避免发生"公地悲剧"，哈丁在1968年提出两类措施，一是通过建立明确界定和有效实施的产权制度

---

[1] Lloyd, W. F, "Two Lectures on the Checks to Population", *Population and Development Review*, Vol. 6, No. 3, Sep., 1980.

[2] Hardin, G. "The Tragedy of the Unmanaged Commons", *Trends in ecology & evolution*, 9 (5), 1994, p.199.

达到私有化的目的，比如将草地分配给牧民使用；二是对于那些无法明确产权的资源，政府通过国家的法律和制裁，直接管制自然资源的准入和利用，例如空气污染问题。①但是之后的研究表明，哈丁所提出的完全的私人财产权或者集权式的政府规制模式，存在诸多缺陷，公地问题的解决不能简单化，有许多比产权方式更好地解决办法。针对"公地悲剧""囚徒理论"和"集体行动逻辑"等理论模型，美国政治经济学家埃莉诺·奥斯特罗姆（1990），建立公共池塘模型，认为集权和私有化，都不是解决公共物品的灵丹妙药，人类社会中的自我组织和自治，实际上是更为有效的管理公共事务的制度安排。②奥斯特罗姆的理论无疑为面临"公地选择悲剧"的人们开辟了新的途径，为共享性自然资源的利用提供了自主治理的制度基础。但是，从实践来看，对于自然资源的管理建立何种合理而有效的制度并没有共识，詹姆斯·M. 艾奇逊（2006）在对资源管理中的三种常见治理模式（private‑property regimes, government‑controlled resources, local‑level management）的综合研究后认为没有放之四海而皆准的模式，最重要的是建立符合当地实情的管理模式和管理措施。③

西方经济学界的这些理论成果无疑为草原等共享性资源的管理和立法提供了重要的理论支持，成为各国草地管理立法的重要理论支撑。本书以草地资源面积排名前五位的国家（包括中国），即澳大利亚、俄罗斯、美国和加拿大为对象，就其草地管理制度进行综合考察，以期为我国提供可以借鉴的经验。

---

① Hardin, G. "The Tragedy of the Commons", *Science*, Vol. 162, No. 3859, 1968.
② ［美］埃莉诺·奥斯特罗姆等：《公共事物的治理之道：集体行动制度的演进》，上海三联出版社2000年版，第32—44页。
③ Acheson, J. M. "Institutional Failure in Resource Management", *Annual Review of Anthropology*, 35 (1), 2006.

1. 澳大利亚草地管理实践

澳大利亚是世界上天然草地面积最大的国家，草地主要分布在干旱半干旱地区。澳大利亚的草地大部分属于国有土地，主要分布在自然条件较差的中部和北部地区，私有土地占比相对较小，主要分布在草地畜牧业较发达的东南沿海地区。对于国有草地，澳大利亚主要采用"公有私用"的形式以租赁或颁发许可证的方式，将草地以较低的价格交给私人长久使用，租期为21年、42年和99年不等，以家庭为核心对草地利用进行科学化管理。① 澳大利亚草地管理的经验主要有②以下三个方面。

一是草地管理机构地位较高，鼓励社区化管理模式，强调保护牧民的利益，其与州政府和其他社会组织共同参与草地管理。在草地管理方面，澳大利亚由农业、渔业和林业部以及环境部分工协作，建立综合的自然资源管理体制，联邦政府的任务是在自然资源管理中提供国家级的领导和协调，州政府和特区政府的主要任务是实施可持续自然资源利用政策和计划，提供适用的制度框架和立法框架，土地拥有者和区域性社区的任务是确定自然资源管理问题和制定适当的策略。③

二是严格的联邦政策法律规定，因地制宜的州地方立法。在联邦政府层面，澳大利亚在1936年颁布《草原管理条例》，1986年颁布《动植物控制法案》，1989年制定《土壤保护和土地管护法案》，还制定《牧场管理的国家原则和指导方针》，这些政策法律已经成为澳

---

① 参见中国社会科学院农村发展研究所农业资源与农村环境保护创新团队《内蒙古草原可持续发展与生态文明制度建设研究》，中国社会科学出版社2015年版，第56页。

② 参见陈洁等《中国草原生态治理》，上海远东出版社2009年版，第233—238页。中国社会科学院农村发展研究所农业资源与农村环境保护创新团队：《内蒙古草原可持续发展与生态文明制度建设研究》，中国社会科学出版社2015年版，第58页。

③ 参见刘晓莉《中国草原保护法律制度研究》，人民出版社2015年版，第163页。

大利亚草地管理的指导方针和行动指南。在州政府层面，比较重要的有1901年新南威尔士州的《西部土地法案》，1989年南澳大利亚州的《牧场土地管理和保护法案》，1997年西澳大利亚的《土地管理法案》以及昆士兰州的《土地法》等。在这些草地管理法律中，联邦和州立法都规定严格的草地保护规定和惩罚制度，例如不得改变租赁的草地的用途，禁止超载过牧等破坏草地的行为，否则政府有权收回草地等。

三是科学合理的草地利用制度。澳大利亚通过围栏放牧和划区轮牧的方式在草地放牧，并且大力推广圈养，科学搭配畜群数量和种类，以优惠的政策鼓励私人植树种草，这些制度对于保护澳大利亚草地生态和生物多样性起到非常重要的作用。

2. 俄罗斯草地管理实践

《俄罗斯联邦宪法》第9条规定："土地和其他自然资源可以以私人所有、国家所有、地方所有或其他所有制的形式存在。"当然，虽然草地作为自然资源也是多种所有制并存，但是据统计，在土地私有化改革十多年后，国家所有和地方所有仍然占九成以上。[①] 在草地管理方面，俄罗斯草原生态系统保护得较好，其主要经验有以下三点。[②]

一是重视环境保护和生态安全保护立法。俄罗斯的生态立法体系非常健全，从联邦层面的《俄罗斯生态鉴定法》《俄罗斯联邦特殊保护的自然区域法》《俄罗斯联邦动物界法》《环境保护法》，到俄罗斯政府颁布的《俄罗斯联邦资源政策的任务和优先方向》等，俄罗斯都将自然环境保护作为国家政策目标。

二是俄罗斯资源管理逐渐向综合管理方向发展。俄罗斯不但建立

---

① 参见库金娜·安娜《俄中土地法律制度比较研究》，博士学位论文，中国政法大学，2012年。
② 参见陈洁等《中国草原生态治理》，上海远东出版社2009年版，第251—254页。

协调机构,如联络员制度,实现各资源管理机构的协调,而且不断扩大自然资源部门的职能,将生态管理、监督执法等职能合并到自然资源部,加强自然资源和生态保护的统一管理和执法。

三是注重草地建设保护和草地资源监测。俄罗斯不但重视实施灌溉、施肥、围栏、补播、更新等草地管理措施,而且普遍应用3S技术(卫星遥感、地理信息系统、全球定位系统)对草地资源进行监测和生态评估。

3. 美国草地管理实践

美国的草地主要为国家(联邦政府和州政府)所有和私人所有,前者占40%,后者占60%,不同的所有权形式其管理形式也不相同。对于国家所有的天然草地主要实行许可证管理制度,租赁给私人使用,实现载畜量管理。对于私人所有的草地则通过政策指引和技术推广,由私人负责草地的保护。通过明晰产权,美国形成其独特的草地管理模式和经验主要有三点。①

一是健全的草地资源管理法制体系。早在1934年美国内政部土地管理局通过《泰勒放牧法案》首次提出使用发放放牧许可证方式管理放牧活动。之后,相继颁布1969年《国家环境政策法》、1976年《联邦土地政策和管理法》、1978年《公共草原改良法》、1995年《草地革新法》等,保证公共草原的合理利用和草地可持续发展。

二是自然资源的综合管理。较早实行资源综合管理的美国,其内政部除管理公共土地资源,还要管理公共土地上的能源、矿产资源、森林等自然资源。而私人所有的牧业土地、水和森林等自然资源的管理则放在农业部管理。这样可以实现对自然资源的统筹管理和综合

---

① 参见陈洁等《中国草原生态治理》,上海远东出版社2009年版,第239—243页。中国社会科学院农村发展研究所农业资源与农村环境保护创新团队《内蒙古草原可持续发展与生态文明制度建设研究》,中国社会科学出版社2015年版,第60—64页。

利用。

三是科学合理的草原利用保护措施。为实现草地放牧的有序管理，美国除实行放牧许可证管理制度，规定放牧范围、限定放牧量，还利用畜种配置管理草地，利用草地健康评价体系来监测和控制草地利用，通过围栏实现轮流放牧。为保护生物多样性，美国还建立草地自然保护区，严格控制外来物种。对于退化草地，采用购买私人牧场方法，委托专业机构管理草地。

4. 加拿大草地管理实践

加拿大属于草地资源比较丰富的国家，草原面积约占国土面积的32%，主要属于国有（约占6%）、私有和联户所有（按股份确定放牧牲畜数量）。① 在草地管理中，加拿大的专门草原保护法律并不多，主要有1872年《土地主权法》、1988年《加拿大环境保护法》和1995年《环境评价法》。在草地管理实践中，加拿大具有比较独特的经验。②

一是成立专门的草原生态管理机构，专职实施草原水土保持项目和规划。未解决20世纪30年代草原退化导致的沙尘暴影响，加拿大专门成立大草原地区农牧场恢复管理局（PFRA）负责草原区生态保护和建设等事务，该机构至今仍然存续并发挥草地生态保护的作用。

二是严格的草地利用制度。在加拿大，法律对草地的利用率做出详细规定，比如人工草地利用率要低于产草量的80%，天然草地利用率要低于产草量的50%—60%，牧场只有在每年的5月1日至10月31日的特定时间段放牧。国家对牧场载畜量和放牧强度超过规定标准的有权进行干预，或者收回出租草地。

---

① 参见刘晓莉《中国草原保护法律制度研究》，人民出版社2015年版，第157页。
② 参见陈洁、罗丹等《中国草原生态治理》，上海远东出版社2009年版，第245—250页。

三是成熟的 PFRA 社区牧场生态放牧管理模式。加拿大社区牧场和草地产权都属联邦政府所有，由农牧场恢复管理局（PFRA）专门负责管理，其本质上是为周边农牧场提供服务的机构。大部分社区牧场的主要职责并不是饲养牲畜，而是在夏季按牧场载畜量，通过按牧畜数量为周边的牧民和中小规模的农牧场主提供放牧管理服务，收取管理费。社区牧场按照固定的牧群—分群管理—限时放牧—时时防病—连续、延迟、轮牧、控制时间、补充的技术操作规程实施放牧管理，严格实行以草定牧、围栏放牧和划区轮牧等措施。①

总结国外草地管理的经验，可以发现各国对于草地管理的共同经验有：第一，不管何种产权模式，草地管理要有严格的法制保障体系。草地管理要结合当地草地资源状况，制定合理的保护和利用制度，并且要有严格的监督管理制度和法律责任制度。我国牧区草原气候—土壤—植被、社会经济发展、民族传统文化等时空异质性明显，要走草原保护和管理的科学发展之路，就必须因地制宜地探索多样化的管理模式。② 第二，要建立综合的自然资源管理机构，并赋予包括生态环境保护在的职责。这是基于自然生态系统的整体性和生命共同体的综合治理观的必然要求，也是基于资源利用和环境保护协调发展的结果。第三，要因地制宜建立科学合理的现代放牧制度和草地生态监测体系。草地管理主体应下放到社区牧场，而且需要在草地生态健康评价的基础上，建立合适的划区轮牧制度和以草定牧的制度等。第四，成熟的社区共管模式。草地管理的多元主体参与不仅有利于草地管理机构制定符合实际的政策措施，而且可以积极调动社区力量参与草地生态的

---

① 参见中国社会科学院农村发展研究所农业资源与农村环境保护创新团队《内蒙古草原可持续发展与生态文明制度建设研究》，中国社会科学出版社 2015 年版，第 53 页。

② 参见侯向阳、尹燕亭、丁勇《中国草原适应性管理研究现状与展望》，《草业学报》2011 年第 2 期。

维护，建立可持续发展的草地利用模式，例如澳大利亚和加拿大的成熟经验值得借鉴。

二 草地管理的共治模式及构建

综合现行草地管理的制度和实践，在草地承包经营制实施后，为保护草原生态环境，避免草地退化，国家陆续实行基本草原制度、草畜平衡制度、禁牧轮牧休牧、生态移民等草原生态保护和草地管理制度以及与之配套的舍饲圈养和围栏建设工程。草地承包经营制度成为与之衔接的草原生态保护制度的基础，而后者也是前者的必然延伸，由此形成一个草原利用和生态保护的制度群体发挥作用。① 以生态平衡论为基础的草畜平衡管理和禁牧休牧政策成为草地管理的核心，其认为草地退化的根本原因是建立在草地承包经营基础上的超载过牧，所以把采取限制牧民放牧和减畜通常作为保护草地生态的重要措施，往往忽视作为草地经营者和牲畜所有者的牧民的生计问题。从实践来看，上述政策和制度的实施完全依赖外部强制力或草地管理部门的监管，本质上都属于压力转移型的草地管理模式，并不伴随内生性的变革力量，很难激发牧民保护草原生态的自觉性和主动性，这些措施虽然短期内对于减轻天然草地的过牧压力有一定效果，但是长远来看必然得不偿失。② 无论从国外草地管理的经验，还是我国草地管理制度的实施效果，上述管制型的草地管理模式都无法适应日益复杂的草地管理实践。国外和国内个别牧区实施的草地管理共治模式无疑是我国草地管理模式变革的最佳模板。

---

① 参见代琴《草原承包制度的困境及改革路径》，《社科纵横》2013 年第 2 期。
② 参见张英杰《我国北方半干旱草原沙漠化防治中压力转移模式的检讨——以内蒙古巴林右旗为例》，《水土保持研究》2002 年第 4 期。

第五章 草地承包经营法律制度改革的具体路径

1. 草地管理共治模式的内涵

所谓草地管理的共治模式，即草地共管（cooperative management），一般是指草地管理过程中，多个组织或多个群体（包括草地的使用者和管理者、科研人员、环保主义者等利益群体）在既定的目标下，通过公正协商对特定地理范围内的草地资源进行合作管理的情形和过程。① 尽管学者对于草地共管模式的理解仍有差异，但是其一般强调多方共同的资源管理，参与者共同协商达成共识的过程，共享权利和收益，共同承担相关责任等特征。② 当然，由于草地共管理论事实上来自对鱼类、森林、地下水等公共资源的管理经验，理论基础是奥斯特罗姆建立的公共池塘模型，其主要是解决无法排他性使用或排他性成本较高的公共资源或共有资源的管理问题。③

2. 草地管理共治模式的合理性

对于草地等具有公共产品属性的自然资源，相比较私人利用模式和政府管制模式，采用共管模式进行草地治理，具有明显的制度成本上的优势。

首先，草地公有制为基础的草地集体所有权和使用权在实施草地共管模式上具有天然的制度优势。虽然实施草地承包经营后，牧民对草地享有排他性的使用权，但是基于集体所有权和使用权，农村集体经济组织或村委会仍然享有草地的处分权和管理权，在一定条件下有权调整和收回草地。同时，基于"统分结合"的双层经营体制，农村集体经济组织或村委会可以在村域或社区范围内发挥统一经营和组织

---

① 参见陈秋红《社区主导型草地共管模式：成效与机制——基于社会资本视角的分析》，《中国农村经济》2011年第5期。
② 参见左停、苟天来《自然保护区合作管理（共管）理论研究综述》，《绿色中国》2005年第4期。
③ 参见王晓毅、张倩、苟丽丽编著《非平衡、共有和地方性——草原管理的新思考》，中国社会科学出版社2010年版，第139页。

制度划区轮牧方案的作用，并且可以为承包牧户提供其他生产销售的综合服务。

其次，草地共管模式可以改变官僚化和僵化的草地政府规制模式，以较低的制度成本提高草地管理的效果。草地管理的政府规制模式将自然资源的管理简单化和官僚化，可能方便税收和行政管理，但是其必然倾向于对多样性的、网络状的自然和社会系统实行简单化、标准化管理，将自己的知识体系凌驾于牧民的本土知识体系之上，并制定、执行、推广一系列并不符合实际生态环境、社会和文化条件的政策和工程。① 短期来看，政府规制方案，例如严格的禁牧和草畜平衡管理，对于草地生态恢复立竿见影。但是，长期来看，由于忽视牧民利益和社区合作，这些措施往往会导致过高的监管成本，并且实施效果难以持续。这也可以解释为何现实中牧民获得补奖资金的同时仍然会有"偷牧"和"超载"行为。

如果能够在草地管理中采用共管模式，则由于共管协议是参与者共同协商达成的，是各方利益主体有效沟通后的结果，能够尊重当地的文化、价值观念和传统知识，可以较为公平的分享利益和分配责任，草地共管方案能够得到社区内牧户的自觉遵守，草地管理的制度成本显然较政府规制更低。同时，利用社区参与机制，即以牧区社区的牧民为主体，并以他们的传统文化和约定为手段，鼓励社区牧户在每户草原的责权利清楚的基础上，采用联合共同放牧的机制来管理公共草地资源，可以有效扩大放牧空间、减轻单位草地的承载压力，并且可以统筹关键资源的使用，降低草地承包经营后草地规模利用的谈判成

---

① 参见李文军、张倩《解读草原困境——对于干旱半干旱草原利用和管理若干问题的认识》，经济科学出版社2009年版，第288—293页。

本和草地使用的排他性。① 可以说,我国当前草地管理效果不佳,不是无人管理的失序的问题,而是管理者没有注意到当地文化的特异性、草地资源的特异性而导致的管理方式未能切中要害的管理错位问题、制度配套不健全的问题。②

最后,草地共管模式能够充分吸收牧民经验知识和传统游牧文化精髓,有利于牧业的可持续发展。③ 对于干旱半干旱牧区,传统游牧文化中的移动放牧规则对于当代牧业现代化仍然具有借鉴价值,因为这种放牧方式不仅契合生态文明的思想,而且能够保证放牧畜牧业的可持续发展。如果重新恢复和执行移动规则,社区内部就会产生有关资源使用行为的协调预期,其可以提供一种制度机制以克服目前不稳定和不可持续的放牧模式。④

3. 草地管理共治模式的关键要素

尽管国内对于草地共管模式的研究和实践仍处在起步阶段,但是从现有国内外草地共管理论和实践分析,草地共管模式的成功实践需要诸多关键要素的支撑。⑤

首先,草地共管的基础是以社区或放牧系统为单元的对公共草地或共有草地的管理。草地共管本质上是建立在非排他性的公共资源或共有资源(集体所有、共同所有或共同使用)基础上的,不能将具

---

① 参见中国社会科学院农村发展研究所农业资源与农村环境保护创新团队《内蒙古草原可持续发展与生态文明制度建设研究》,中国社会科学出版社2015年版,第76页。
② 参见罗康隆、吴合显《草原游牧的生态文化研究》,中国社会科学出版社2017年版,第204页。
③ 参见陈秋红《社区主导型草地共管模式:成效与机制——基于社会资本视角的分析》,《中国农村经济》2011年第5期。
④ 参见王晓毅、张倩、荀丽丽编著《非平衡、共有和地方性——草原管理的新思考》,中国社会科学出版社2010年版,第236页。
⑤ 参见任健、墨继光、张树斌《草地共管在滇西北退化草地治理中的实践》,《云南农业大学学报》(社会科学版)2010年第4期。泽柏等:《草地共管在红原的实践》,《草业与畜牧》2007年第2期。

有排他性的财产强制性地纳入共管的范围。以社区或放牧系统为单元意味着草地共管的参与主体应当尽量限制在具有共同利益或者认同感较高的社区或单个放牧系统单元内，否则规模较大的社区由于认同感的缺失会造成过多的利益冲突和过高的协商成本，无法达成有效的共管协议。这种"认同感"为牧民在社会生活中采取一致行动提供了依据，有利于增强牧民之间的凝聚力和牧民对所生存社区的依赖及归属感。①

其次，多方主体的共同参与和平等协商。在共管协议和放牧方案制定的过程中，不仅受益者和受损者群体，而且所有的利益相关者和资源的使用者都应当有权参与。特别是社区牧民作为草地资源最直接的使用者和受益者，赋予其充分的话语权，将其建议作为最重要的考虑因素，使其承担最重要的策划角色，草地共管有利于强化其主人翁地位和需求决策权力，能够培养其草地管理的意识和能力。② 政府和草地管理部门尽管在草地共管中扮演关键角色，但是其仅应当以利益相关者的角色参与协商过程，而不是强制性地实施方案。除此之外，农村集体经济组织和村委会、社会公益组织和其他社会力量等作为利益相关者共同参与，尽管没有协议的决策权，但是可以发挥社区牧民与当地畜牧管理部门之间利益冲突的协调作用，为共管协议的制定和实施提供有关草地情况与管理的建议。通过多元主体的共同参与，共管协议才能充分体现各方利益需求，激励资源使用者的合作行为，从而改善资源管理中的效果和效率。③

---

① 参见陈秋红《社区主导型草地共管模式：成效与机制——基于社会资本视角的分析》，《中国农村经济》2011年第5期。

② 参见金彤、刘永功、朱映安《共管机制下草地资源管理的行为主体分析》，《安徽农业科学》2011年第19期。

③ 参见王晓毅、张倩、荀丽丽编《非平衡、共有和地方性——草原管理的新思考》，中国社会科学出版社2010年版，第233页。

再次,共管协议和放牧方案中本土生态知识的融入。本土生态知识是资源使用者在长期的资源利用过程中形成的人与自然和谐相处的经验和认知,其根植于当地文化,与当地生态环境相契合。其是民族文化系统中的重要支撑部分,是当地牧民与自然环境之间广泛建构的良性互动关系的具体化,是传统文化区域持续生存的技术保障。① 在草地管理中,要摒弃过去那种无视传统生态知识和牧民放牧经验的偏颇观点,积极吸收成熟的本土生态知识。只有将优良的本土生态知识融入共管协议和放牧方案中,才能保证协议和方案符合草地使用者的利益需求,激励其保护草地生态的内生动力。

最后,权威机构和领导者的组织、执行和监督。草地共管的安排实质是将本属于草地管理部门的决策权与当地牧民平等共享的过程。② 如何保证共管协议和放牧方案的顺利制定和有效实施是草地共管的关键。在草地共管中,必须存在一个权威机构能够管制成员的进出和流动,组织共管协议的协商和签订,负责与外部组织的协调谈判,对遵守规则的成员给予激励,对违反规则的成员集体实施制裁。由此,当地的领导者(传统的、委任或选举的),特别是民间精英,通常在草地共管中承担重要角色。③ 作为社区稳定的中坚和凝聚人心的力量,民间精英在发展社区经济、调和社区的各种关系、调解社区的各种冲突等方面具有重要作用,由其担任草地管理的领导者有利于形成草地共管的稳定运行机制。④

---

① 参见孟和乌力吉《沙地环境与游牧生态知识——人文视域中的内蒙古沙地环境问题》,知识产权出版社2013年版,第56页。
② 参见左停、苟天来《自然保护区合作管理(共管)理论研究综述》,《绿色中国》2005年第4期。
③ 参见王晓毅、张倩、苟丽丽编《非平衡、共有和地方性——草原管理的新思考》,中国社会科学出版社2010年版,第185页。
④ 参见陈秋红《社区主导型草地共管模式:成效与机制——基于社会资本视角的分析》,《中国农村经济》2011年第5期。

综上，草地的共管共治虽然能够最大限度地避免来自草地管理部门官僚化的决策对牧民利益的忽视，但是草地共管的实施并非简单的对草地管理政府规制模式的替代，而是需要牧业科学技术的支持，精细的放牧方案设计和牧民民主管理能力的提升，其有效实施依赖于强有力的社区组织和领导。当然，从我国牧业发展现状来看，由于粗放型的放牧仍然占主流，我国大多数牧民社区并不完全具备上述实施条件，但是作为现代草地管理和牧业现代化发展的优选方案，仍然具有在实践中加以试点和推广的价值。

第二节 草地承包方式和经营方式的完善

一 草地承包方式完善：多元自治模式

（一）草地承包经营制度改革的不同观点评析

基于当前草地承包方式所存在的草地不合理分割、破坏草地生态系统，特别是草地家庭承包制与非平衡草地生态系统之间存在矛盾等缺陷，[①] 学者提出以下改革路径。

一是废除论，有个别学者认为草地具有不同于耕地的独特生态功能，照搬农村普遍实行的集体所有制和草地承包责任制，严重破坏草地生态系统，也无法取得如同农区的预期效果，回到"民族公有制"是有其道理的。[②] 该学说从草地生态系统论的角度，认为内蒙古自治区解放后实施的民族公有制和游牧方式对于草原生态保护是有利的，亦发现传统游牧方式的优势，但是显然该观点并不符合当前农村土地制

---

① 参见第一章第三节和第四章第二节对于草地承包经营制度所存在的弊端的分析。
② 参见敖登托娅、乌斯《内蒙古草原所有制和生态环境建设问题》，《内蒙古社会科学》（汉文版）2004年第6期。

度改革的基本方针和政策，亦不符合调研中牧民对于当前草地承包制度改革的期待。

二是完善论，主流学说和目前政策仍然是坚持草地家庭承包制的前提下，不断完善草地承包制和草地经营方式。其主要观点有：第一，应当坚持目前的草地家庭承包制，并且在明晰产权的基础上，通过多种形式的联合实现草地利用的规模化；① 第二，草地承包制需要因势利导，不能简单地一概推翻，对于那些还没有分到户实际上也无法分到户的草地，在法律和政策上应允许在自愿的基础上共同使用，不能搞"一刀切"；② 第三，借鉴传统游牧文化的合理因素，采取轮牧休牧、集体合作、分工协作等方式改革草地经营方式；③ 第四，应在完善草地家庭承包制的基础上鼓励集体行动，通过多样化的地方社区自主治理，实现放牧利用前提下的草地多功能优化管理。④

本书亦坚持完善论，认为应当在完善草地承包制的前提下，不断改革草地利用方式和草地管理方式。综合完善论的观点，草地承包制的完善主要有三个路径：一是对于草地承包方式的完善，即不能强制推行单一化的草地家庭承包方式，应当允许多元化的承包方式或者草地共同使用方式。这事实上是针对草地私人利用模式的改革，即在产权模式上允许共有或共同使用产权模式的存在。二是在草地家庭承包的基础上，改革草地利用方式，即承包后的草地可以通过合作经营和

---

① 参见特力更、敖仁其《游牧文明与草原畜牧业》，《前沿》2002年第12期；杨理：《草原治理：如何进一步完善草原家庭承包制》，《中国农村经济》2007年第12期；徐斌：《"三牧问题"的出路：私人承包与规模经营》，《江西农业大学学报》（社会科学版）2009年第8期。
② 参见李文军《牧区需要灵活多样的产权制度安排》，《中国民族报》2011年第6期。
③ 参见敖仁其《草原放牧制度的传承与创新》，《内蒙古财经学院学报》2003年第3期。
④ 参见杨理《中国草原治理的困境：从"公地的悲剧"到"围栏的陷阱"》，《中国软科学》2010年第1期；王晓毅：《互动中的社区管理——克什克腾旗皮房村民组民主协商草场管理的研究》，《开放时代》2009年第4期。

规模流转等实现规模经营和草地轮牧。三是草地管理方式上由单一强制改为多元治理，通过牧民的主动参与实现自主治理。

（二）生态学视角下草地承包方式的多元自治

我国的草地承包经营制度本质上是一种在草地公有制基础之上建立的草地利用制度。虽然最初作为一种农村基本经营制度和土地经营方式应用于土地制度改革，但是后期由于土地使用权的财产化，逐渐演变为一种固定的草地产权模式。由于农区土地家庭承包制的成功实施，牧区土地制度改革中亦借鉴农区经验，将家庭承包经营作为草地制度的基础和主要承包方式强制性推广。但是，从前述草地生态学理论分析，这种草地产权模式事实上是以平衡论为基础的草地私人利用模式，并不适合在干旱半干旱等草地植被不稳定的牧区推广。以最新的草地生态学理论为基础，特别是借鉴非平衡论范式下草地管理的经验，我国草地承包方式的完善主要包括以下方面。

首先，对于草地生态系统相对稳定的牧区，例如草质质量好、产草量高的草甸草原，以平衡论范式为基础，可以实施以家庭承包经营和载畜量控制为核心的草畜平衡管理模式。由于该类草地降水量和偶然性因素相对较少，牧草的植被状况稳定，可以实现牧草生产力状况的定期评估，则草地划归私人使用和进行草畜平衡监管相对比较容易。当然，即使此类草地在平衡论范式下进行管理，草地放牧单位（非承包单位）仍然不能划分过小，否则容易导致单个草地的过度放牧。

其次，对于草地生态系统容易受到降水或偶然事件影响的牧区，例如干旱缺水的荒漠草地、严寒的高海拔草地和品质差的热性次生草地等，则应当遵循非平衡范式理论，实行多元化的承包方式或者不实施承包制而由集体统一经营。因为在这些草地生态系统中，植被分布具有高度的异质性，牲畜数量受到降水量和水源等因素的影响较大，在草地划分的时候关键性资源的获取和水源分布都可能成为极其重要的因素和矛盾焦点。在这种情况下,为保护草地生态,应以草地生态系统单元作为草地承包和利用的单位,对于非平衡草地生态系统应当优先采用联户承包或者集体统一经营方式,而不是按户承包、分户经营。①

最后,在集体拥有草地所有权或使用权的前提下,应当充分发挥牧民集体和农村集体经济组织的功能,赋予其决定草地承包方式的有限自治权。由于牧区草地相比较农区土地具有的生态功能上的差异性,以家庭承包为基础的双层经营体制并不适宜在牧区完全推广,特别是针对具有异质性的干旱半干旱草地。牧区草地应当根据该区域草地的植被状况和气候等因素,由牧民集体和农村集体经济组织决定采取何种方式承包,或者不实行承包而由集体统一经营。当然,某区域的草地承包方式的选择,应当由草地管理部门对草地植被等级进行评估,认定为平衡生态系统或非平衡生态系统的基础上,进行干预和管理。

二 草地经营方式改革:放牧的时空维度

草地管理模式的更新不仅体现在承包方式或产权模式的改革,更重要的是在既定产权模式下如何科学合理地利用草地。某种程度上,草地生态治理的关键其实在于改良草地经营方式,制订合理的草地利用方案,实现草地生态环境改善与牧民生计保障之间的良性运转。

(一)划区轮牧的制度化

划区轮牧是作为一种国内外普遍应用的科学利用草地的现代化放

---

① 《国务院办公厅关于加强草原保护修复的若干意见》(国办发〔2021〕7号)提出:"在落实草原承包经营制度和规范经营权流转时,要充分考虑草原生态系统的完整性,防止草原碎片化。"

牧方式，是根据草原生产力和放牧畜群的需要，将放牧场划分为若干分区，规定放牧顺序、放牧周期和分区放牧时间以科学控制放牧强度的放牧方式。① 从前述对草地承包经营法律制度的综述和调研来看，尽管《草原法》第34条规定草地承包经营者应当实施划区轮牧，均衡利用草地，但是从实施状况来看，《草原法》及相关法律法规仍然缺乏制度化的操作规范，实践中由于草地家庭承包经营后的分户经营，划区轮牧的实施并不理想。依据国内外生态学理论最新研究成果，本章认为应当确立划区轮牧在草地利用管理中的核心地位，将划区轮牧制度化。

  首先，应当充分认识到划区轮牧在草地利用中的核心地位。按照草地生态学理论的认知，放牧是由人居、草地和家畜三要素构成的草地生态子系统，其内核为人居—草地—畜群放牧系统单元的健全与稳定，因此科学的草地管理模式应当按照放牧系统单元有组织的放牧。② 划区轮牧正是在汲取传统游牧方式的合理元素基础上，通过草地利用的"时间"轮换和牲畜的"移动"在草地承载能力范围内实现科学放牧。经过国内外长期的、大量的科学试验与生产实践证明，划区轮牧能够有效减少牧草浪费，改善草地植被组成，提高牧草产量和品质，增加畜产品数量，防止家畜寄生性蠕虫的传播。③ "流动作为一种管理工具，用得越多，长期内土地退化的可能性就越小，承受住短期扰动（如周期性的高放牧压力）并且不危及生态系统功能运转的可能性就越大。"④ 划区轮牧不但是一项实现草地管理

---

① 参见卞耀武主编《中华人民共和国草原法释义》，法律出版社2004年版，第71页。
② 参见任继周、侯扶江、胥刚《放牧管理的现代化转型——我国亟待补上的一课》，《草业科学》2011年第10期。
③ 参见邢莉、邢旗《内蒙古区域游牧文化的变迁》，中国社会科学出版社2013年版，第389页。
④ 王晓毅、张倩、荀丽丽编著：《非平衡、共有和地方性——草原管理的新思考》，中国社会科学出版社2010年版，第356页。

现代化的农业关键技术，而且是一项能够合理利用草地、缓解草畜矛盾，保护草地生态环境的草地管理方法。因此，落实划区轮牧，应当从观念上摒弃将放牧和划区轮牧视为一种落后、原始的生产方式的认识。

其次，划区轮牧应当制订科学的轮牧方案。与自由放牧相比较，划区轮牧是对草地放牧系统单元在草地利用时间和空间维度上的管理。在轮牧方案的制订过程中，草地承载力管理仍然是方案设计的基础性要件。[①] 轮牧方案设计应当在科学测定草地产草量、确定载畜量和放牧牲畜数量的基础上，按照草地类型合理确定轮牧周期、放牧天数和轮牧频率。可以说，草地划区轮牧方案是一种更加精细化的草地利用技术方案，其设计的科学性是划区轮牧能否有效实现的关键，而与传统农业和牧业相比较，轮牧方案设计显然更依赖草地管理技术专家和当地民众传统放牧经验的支持。

最后，划区轮牧的实现需要配套制度的支撑。划区轮牧的实现不仅需要较大范围的草地面积可以轮换，更需要科学测定载畜量和有组织地实施。从配套制度安排上，有三个关键性配套制度需要完善：一是实现草地适度规模经营的草地产权制度和流转制度，在实施的区域能够保证有足够的资源实现四季分区放牧，例如应当尽量将草地按照放牧系统单元进行确权承包，即使已经确权的草地也能够通过流转、调整或合作经营实现按照放牧系统单元划区轮转放牧；二是科学合理的测定载畜量和弹性的草畜平衡管理，即应当按照放牧系统单元，综合影响草地生态的多种因素合理测定载畜量，而不是以户为单位固化载畜量标准；三是轮牧方案的有效实施依赖于权威机构的组织和监督，牧民必须接受地方权威（包括选举的牧民小组，共管委员会或地方政

---

① 参见李文军、张倩《解读草原困境——对于干旱半干旱草原利用和管理若干问题的认识》，经济科学出版社 2009 年版，第 273 页。

府）所确定的关于移动时间的规定。① 不仅草地管理机构应当积极协调和监督轮牧方案的实施，而且其他放牧组织，例如牧区农村集体经济组织、合作社、家庭牧场主等都应当能够参与轮牧方案的制订和组织实施。

综上所述，划区轮牧不能仅作为一种放牧的技术方案体系在《草原法》的原则性和政策性规定中，还应当作为一种草地利用和管理制度在相关法律法规中落实，并且通过其他配套制度的安排保障其顺利实施。

（二）经营方式的多元化：适度规模经营

新中国成立以来，我国草地的经营方式在不断发生变革。从新中国成立初的家庭分散经营，到人民公社时期的集体统一经营，再到改革开放后的家庭分散经营，每次变革都是以克服旧的经营方式的弊端为目的。从某种程度上，我国草地制度的演变史就是土地经营方式的变迁史。当前，为解决草地生态退化和牧民生计的矛盾，"发展适度规模经营"成为草地经营方式变革的政策选择。②

1. 草地适度规模经营的内涵

结合农地适度规模经营的含义，草地适度规模经营主要是指通过

---

① 参见王晓毅、张倩、荀丽丽编著《非平衡、共有和地方性——草原管理的新思考》，中国社会科学出版社2010年版，第237页。

② 《国务院办公厅关于加强草原保护修复的若干意见》（国办发〔2021〕7号）提出："（十二）合理利用草原资源。牧区要以实现草畜平衡为目标，优化畜群结构，控制放牧牲畜数量，提高科学饲养和放牧管理水平，减轻天然草原放牧压力。半农半牧区要因地制宜建设多年生人工草地，发展适度规模经营。（十三）完善草原承包经营制度。加快推进草原确权登记颁证。牧区半牧区要着重解决草原承包地块四至不清、证地不符、交叉重叠等问题。草原面积较小、零星分布地区，要因地制宜采取灵活多样方式落实完善草原承包经营制度，明确责任主体。加强草原承包经营管理，明确所有权、使用权，稳定承包权，放活经营权。规范草原经营权流转，引导鼓励按照放牧系统单元实行合作经营，提高草原合理经营利用水平。在落实草原承包经营制度和规范经营权流转时，要充分考虑草原生态系统的完整性，防止草原碎片化。"

集中适当面积的草地,充分发挥各生产要素(土地、劳动力、资金、设备、经营管理、信息等)的最优组合和有效运行,取得最佳经济效益和生态效益的一种经营方式。①相比较农地适度规模,草地适度规模经营的目标不是单纯的提高草地经济效益,也包括通过集中一定面积的草地实现草地划区轮牧和草地生态保护。适度规模经营不仅可促进草地可持续利用、维护草原生态环境,也可以提高牧业经济效益以实现提高牧民收入水平的目标。②

结合学术界对于农地适度规模经营的理解,草地适度规模经营的内涵主要包括三个方面:一是规模经营的"适度性"。尽管对于"适度"的标准学术界仍然未能达成共识,③但是就草地适度规模经营的目标而言,最优的草地经营规模不仅取决于草地面积与养殖成本之间的最优临界点,而且要考虑到单位面积草地合适的载畜量和实现划区轮牧的最低面积。二是规模经营形式的多样性。草地规模经营的形式,除通过草地流转实现草地的适度集中外,亦可以通过联户经营或合作放牧、专业合作社放牧以及集体经营等形式扩大可放牧的草地面积。三是规模经营不是单纯追求规模,而是要和草地的经营形式相契合。不同的经营形式由于组织程度的高低不同,掌握的生产要素和技术水平都有差异,其经营能力各不相同。草地经营的方式与其适合的经营面积之间存在关联,绝不能套用同一标准、同一模式判断不同经营方式的最优面积。

---

① 参见张立中《草原畜牧业适度规模经营问题研究》,《经济问题探索》2011年第12期。任保秋:《我国农村土地经营方式创新的现实选择》,《理论导刊》2006年第12期。

② 参见钱贵霞、张娜、钱福樑《不同目标导向的草原畜牧业适度经营规模研究——基于内蒙古四种草原类型牧户数据》,《农业经济与管理》2019年第2期。

③ 参见鄢姣《中国农业适度规模经营研究:一个文献综述》,《农业经济与管理》2021年第1期。

2. 发展草地适度规模经营的关键环节

依据目前的法律政策文件，农村土地适度规模经营的政策目标主要是通过适度规模"优化土地资源配置和提高劳动生产率"。① 但就牧区而言，草地适度规模经营的意义不仅在于提高畜牧业经济效益，还具有草地生态保护的功能。

按照生态学理论的观点，任何生态系统的承载能力都是有阈值的，草地畜牧业的经营规模很大程度上受到草地生态承载能力的限制。在草原牧区，发展适度规模经营的关键环节包括以下四个方面。②

首先，牧区剩余劳动力的转移是前提。适度规模经营后，由于畜牧业生产效率的提高，必然造成牧区草原劳动力的富余，如果不能将这些富余劳动力通过转移至其他产业，则必然造成牧区牧民收入水平的下降或隐性失业。

其次，草地流转的规范化是保障适度规模经营的基础。在现有的草地家庭承包经营模式下，承包牧户取得的草地承包经营权具有完全的排他性权利，甚至可以排除集体所有权和国家所有权的草地调整权和收回权。在现有的制度和经济条件下，如何实现草地的适度规模，不仅需要破除阻碍草地流转的各种障碍，例如权属不清、富余人员的社会保障、撂荒草地的退出等，而且需要规范草地流转秩序，保障流转双方的利益，防止草地流转"非牧化"。

再次，培育新型草地经营主体是关键。按照制度经济学和草原生态学的理论，牧民的组织化程度越高则生产经营的效率越高，越有能

---

① 中共中央办公厅、国务院办公厅印发的《关于引导农村土地经营权有序流转发展农业适度规模经营的意见》（中办发〔2014〕61号）指出："实践证明，土地流转和适度规模经营是发展现代农业的必由之路，有利于优化土地资源配置和提高劳动生产率，有利于保障粮食安全和主要农产品供给，有利于促进农业技术推广应用和农业增效、农民增收，应从我国人多地少、农村情况千差万别的实际出发，积极稳妥地推进。"

② 参见张立中《草原畜牧业适度规模经营问题研究》，《经济问题探索》2011年第12期。

力采用先进的畜牧业生产技术改进草畜品种和草地生态，其抵御自然灾害和防范市场风险的能力越强。当然，对于具有弱质性的牧业而言，组织化程度会受到牧民草地流转意愿、畜产品市场价格、投资回报率等因素的影响，草地经营面积并不是越大越好，而要与其组织能力和经营能力相匹配。培育新型牧业经营主体，提高经营主体的草地经营规模，不仅有利于增加牧民收入，而且事关牧区生态文明建设。

最后，建立健全社会化服务体系和社会保障是支撑。适度规模流转的实现需要建立相应的社会服务体系，例如草地流转交易平台、畜产品销售服务体系、畜牧业技术服务体系、畜牧业保险金融服务体系和草地基础设施服务体系等。① 同时，对于健全和提高牧民社会保险水平，例如医疗保险和养老保险，逐步替代草地的社会保险功能，亦有助于促进闲置草地和进城牧民草地的退出和流转。

3. 草地适度规模经营的主体形式

结合中共中央办公厅、国务院办公厅印发的《关于引导农村土地经营权有序流转发展农业适度规模经营的意见》（中办发〔2014〕61号），土地规模经营的主要形式有家庭经营、联户经营、集体经营、（股份）合作社经营、企业经营等多种经营方式。② 从前述调研情况，相比较小规模牧户和大规模企业化经营，牧户更倾向于选择规模适度、经营风险较小的联户经营、（股份）合作社经营和家庭牧场经营。

（1）联户经营，或者合作经营

联户经营是传统游牧社会最主要的牧业生产组织方式，在当代牧

---

① 参见周娟《土地流转背景下农业社会化服务体系的重构与小农的困境》，《南京农业大学学报》（社会科学版）2017年第6期。

② 中共中央办公厅、国务院办公厅印发的《关于引导农村土地经营权有序流转发展农业适度规模经营的意见》（中办发〔2014〕61号）发展适度规模经营的基本原则之一是："坚持农村土地集体所有权，稳定农户承包权，放活土地经营权，以家庭承包经营为基础，推进家庭经营、集体经营、合作经营、企业经营等多种经营方式共同发展。"

业经营中仍然具有重要地位。联户经营本质上是牧民通过自发联合实现的以社会为基础的草地资源共管模式，在草地承包经营制实施后，以地缘或血缘关系为纽带，2个或2个以上牧户按照自愿、平等、互利的原则，将所承包的草地和牲畜进行联户经营，以达到提高劳动效率和增加牧民收入的目标。① 相比较单户经营，联户经营方式具有规模小、灵活多样，与当地牧业生产力水平相适应等显著优势，并且可以在保护草地生态的情况下取得更高的经济效益，应当成为牧区新型草地经营主体政策扶持的重点。

（2）家庭牧场经营

家庭牧场是家庭农场在畜牧业领域的新型牧业经营主体。按照农业部《关于促进家庭农场发展的指导意见》（农经发〔2014〕1号），参考《内蒙古自治区家庭农牧场认定工作意见》（内农牧法发〔2015〕16号）的规定，家庭农牧场是以农牧户家庭为基本组织单位，以家庭成员为主要劳动力，以适度规模的农、林、牧、渔等产业为劳动对象，以高效的劳动、现代化的技术为生产要素，从事专业化、集约化农牧业生产，以农牧业收入为家庭主要收入来源，实行自主经营、自我积累、自我发展、自负盈亏和自我管理的新型农牧业经营实体。与承包牧户经营相比较，家庭牧场是专门从事牧业生产的实体，通过流转承包地实现草地规模化经营，通过生产机械化和集约化提高牧业产出率和畜产品商品率。家庭农场保留了农牧户家庭经营的内核和家庭经营的基础性地位，可以看作20世纪80年代初农村改革推行的普通农牧户家庭承包经营的升级版，已成为引领适度规模经营、发展现代农牧业的有生力量。②

---

① 参见王锡波主编《新疆草原畜牧业转型研究》，中国农业出版社2016年版，第15页。
② 参见赵凤鸣《草原生态文明之星——兼论内蒙古生态文明发展战略》，中国财政经济出版社2016年版，第311页。

(3) 股份合作经营

在草地家庭承包后,股份合作经营是将草地经营权或牲畜作为资本入股,将分散的家庭草地连片经营,统一管理,统一放牧,按资(量)固定分红(物)的农牧民专业合作社。① 例如昌吉回族自治州人民政府出台《昌吉回族自治州2012年创建牧区草畜联营合作社指导意见》(昌州牧发〔2012〕72号),将股份合作经营定位为"以牧区草场管护使用权、牲畜生产经营权、设施使用权作为资本入股,实行统一放牧、统一改良、统一防疫、统一销售,按资(量)固定分红(物)"的草畜联营合作社,其以实现规模化养殖、集约化经营、标准化生产为目标,通过提高牧民组织化程度和养殖效益,促进定居牧民向其他产业转移。股份合作经营在草地产权明晰的基础上,通过将草地经营权和牲畜作价入股,不仅可以密切和厘清牧民和合作社之间的利益关系,而且可以实现草地的适度规模经营和牲畜的规模化养殖。当然,从前述调研看,目前股份合作社仍然处于逐步探索阶段,还难以实现适度规模经营和统一放牧的效果。

(4) 新型牧业合作社经营

20世纪50年代的社会主义改造时期,牧业合作经营作为过渡形态的公有制经济的实现形式,曾经是符合牧业生产规律的有效经营方式,但随着人民公社化和草地承包制的实行,这种经营方式逐渐成为历史。目前的新型牧业合作社与土地改革后的初级合作社最大的差别是其建立在草地家庭承包经营的基础上。由《农民专业合作社法》对专业合作社的定义,新型牧业合作社是指以家庭承包经营为基础,同类牧产品的生产经营者或者同类牧业生产经营服务的提供者、利用者,自愿联合、民主管理的互助性经济组织。新型合作经济能够增强牧民抵御

---

① 参见王锡波主编《新疆草原畜牧业转型研究》,中国农业出版社2016年版,第114页。

自然风险和市场风险的能力，减少市场交易成本，帮助牧民持续稳定快速增收。①在牧业经营过程中，合作社成员可以通过草地联户或合作经营，实现统一放牧，或在牲畜销售、饲草料采购以及牲畜防疫方面进行联合降低生产销售成本，提高经济效益。构建和创新牧区新型合作经济组织可以协调和整合组成现代牧区社会的生态保护、草原产权、社区契约等基本制度要素，实现人与自然、人与人的和谐发展。②

总之，在草地家庭承包的基础上，采用何种方式解决草地规模化利用的问题，并不能一刀切地强制推行，但总体的改革目标应当是草地经营中能够保证适度规模经营和划区轮牧制度的运行。从某种程度上，草地家庭承包制度的改革实质上是草地经营主体制度的改革，即不断完善草牧场经营的组织载体，根据草原畜牧业生产经营的历史特点以及不同的自然、经济条件，采取逐步的、多样化的方式实现草地适度规模经营。③

第三节　牧区集体经济组织法人组织形式重塑

党的十八届三中全会之后，中央对发展壮大农村集体经济高度重视。2014年农业部、中央农办、国家林业局出台《积极发展农民股份合作赋予农民对集体资产股份权能改革试点方案》（以下简称《方案》）（农经发〔2014〕13号），2016年中共中央、国务院印发《关于稳步推进农村集体产权制度改革的意见》（以下简称《意见》），在《方案》和《意见》出台后，农村集体产权制度改革快速推进。从已

---

① 参见孟慧君、富志宏《牧区新型合作经济：类型·问题·成因·对策》，《内蒙古大学学报》（哲学社会科学版）2010年第5期。
② 参见敖仁其《牧区新型合作经济组织初探》，《内蒙古财经学院学报》2011年第2期。
③ 参见敖仁其《草牧场产权制度中存在的问题及其对策》，《北方经济》2006年第4期。

完成试点任务地区的经验来看，试点地区对农村集体组织法人组织形式已做出有益探索，有效推进了农村集体产权制度改革的落实。虽然《民法典》第 99 条规定农村集体经济组织依法取得法人资格，但是以何种组织形式取得法人资格，仍然欠缺法律明确规定。借鉴试点经验，建立健全牧区集体经济组织法人组织形式对于保障牧区草地承包经营制度有效落实和适度规模经营，实现草地管理模式从管制向共治的转变，都具有基础性作用。

一　牧区集体经济组织法人的典型类型：试点经验

（一）农村集体经济组织法人组织形式的历史追溯

追溯农牧区集体经济制度改革的历史，可以发现农牧区股份合作社等新型农村集体经济组织并不是新时期农村集体产权制度改革的产物，而是在家庭承包制推行后人民公社解体之时就已经开始探索并稳步推进。20 世纪 80 年代初，随着家庭联产承包责任制的逐步确立，人民公社在政社分离的乡村政治体制改革中逐步瓦解，其作为基层政权组织的功能为新成立的乡镇政府和基层群众自治组织所取代。在此过程中，承载人民公社经济职能的社区合作经济组织却没有得到同步重建，多数地区没有设立集体经济组织，而是与村民委员会合为一体，或者即使名义上设立合作经济组织，也长期处于虚置状态，名存实亡。虽然《民法通则》和《土地管理法》明确规定集体土地由农村集体经济组织或者村民委员会经营和管理，但是，在各地农牧区集体经济组织缺位的情况下，实践中，集体资产多由村委会经营和管理，由此导致集体资产管理中政经不分，侵害农民集体利益的情况时有发生。为解决上述问题，自 20 世纪 80 年代以来，在一些集体经济比较发达的地区、城乡接合部以及部分能人型贫困村落已经开始探索农村集体经济和实现集体资产有效管理的出路，例如广州市天河区登峰村、广东省佛山市南海区、北京丰台区南苑乡、深圳宝安区沙井镇万丰村等先后对集体资产进行股份制改造，将原有的集体经济组织进行重组，成立股份合作社或股份合作制企业。①

（二）农村集体经济组织法人组织形式的试点经验

自 2015 年经中央深化改革领导小组审议和国务院同意，全国 29 个县（市、区）开展集体资产股份权能改革试点开始，农业农村部等部门先后部署五批试点地区开展集体产权改革。目前，集体产权改革阶段性任务已基本完成，改革成效显著，集体账面资产持续较快增长，股东分红效应逐渐显现。截至 2020 年年底，全国完成产权制度改革的村达到 53.1 万个，占全国总村数 94.9%，已完成产权制度改革的村量化资产总额为 2.5 万亿元，村均 471.4 万元，确认农村集体经济组织成员约 9 亿人，当年村级人均分红 54 元。② 从已经完成改革试点任务的地区来看，在集体产权改革中，除个别地方仍然由村委会代行村集体经济组织的职能，或者采用有限责任公司、镇级集体经济联合社、村民小组合作社等组织形式外，大多数试点地区是在村级成立新型农村集体经济组织。③ 典型的组织形式有三类。

1. 村股份经济合作社

股份经济合作社是《方案》和《意见》中实施集体资产股份合作改革所倡导的主要组织形式。从试点地区的情况来看，大部分试点地

---

① 参见王玉梅《从农民到股民：农村社区股份合作社基本法律问题研究》，中国政法大学出版社 2015 年版，第 16—22 页。
② 参见农业农村部政策与改革司编《中国农村政策与改革统计年报（2020 年）》，中国农业出版社 2021 年版，第 136 页。
③ 在首先完成试点任务的 29 个县（市）中，天津市宝坻区 755 个村在改制中有 529 个村仍然由村委会代行集体经济组织的职能，辽宁海城市改制中部分采用有限责任公司的形式，上海市松江区新桥镇则采用农村集体经济联合社形式，广西梧州市长洲区改制中则成立了 202 个村民小组合作社。

区主要针对经营性资产进行量化，成立股份经济合作社，并且明确由县级农业部门向其发放组织登记书或组织证明书，甚至部分试点地区亦能获得 18 位的统一社会信用代码。但是，个别试点地区亦有所突破，将量化资产的范围扩大到全部集体资产；有的地方，还将政策性资金（扶贫资金）折股量化到成员。①

2. 村经济合作社

从试点情况来看，由于缺乏经营性资产，个别试点地区村集体选择成立村经济合作社。例如天津市宝坻区在改制时，有 70 个村由于村民已经整体迁入新型居住社区、仍持有土地等集体资产但没有经营活动和持续稳定经营性收入，则成立村经济合作社；山西省潞城市、上海市闵行区、安徽省天长市部分村在改制过程中则仅成立村经济合作社，没有进行股份化改革。

3. 土地股份合作社

对于土地等资源性资产，《方案》和《意见》的要求是重点落实土地承包经营权确权登记颁证工作，探索发展土地股份合作制。但从试点情况来看，土地股份合作制亦有所创新，主要有两种类型：一种是以土地承包经营权入股，由设立的土地股份合作社对入股的承包地等统一经营，经营所得收益按股分红，例如云南省大理市阳波村和河北承德双滦区的部分村在农户自愿基础上将土地承包经营权入股成立土地股份合作社。另一种是将属于集体所有的未确权到户的"四荒地"、机动地等以份额形式量化到成员组建社区型土地股份合作社，或

---

① 例如北京市大兴区、天津市宝坻区 143 个村、湖南省资兴县、广东省佛山市南海区、四川成都市温江区、贵州省湄潭县改制时，对于集体的全部账面资产，包括集体经营性和非经营性资产，全部以股份形式折股量化到集体经济组织成员，作为参与集体收益分配的依据；而四川成都市温江区、山西潞城市则仅将不宜确权到户的资源性资产和经营性资产折股量化到集体经济组织成员；山东省昌乐县、青海省湟中县则将没有确权到户的资源性资产，政策性资金（扶贫资金）和经营性资产等可量化资产均折股量化。

者引导农户将承包到户的土地入股成立混合式土地股份合作社,例如河南省济源市三河村和花园村即采用这些方式。

总之,从试点地区情况来看,虽然农村集体产权改革中《方案》和《意见》比较倾向于建立股份经济合作社,但是并没有做出强行规定。实践中,农村集体经济较为发达的村或者城乡近郊的村,由于集体资产较多或者撤村改制,多选择股份经济合作社;而资金较少,土地较多的村则选择建立经济合作社,或者成立土地股份合作社。

二 重塑牧区集体经济组织法人组织形式的考量因素

农牧区集体经济组织法人的组织形式,或称为农牧区集体经济组织法人存在的形态。不同类型的农牧区集体经济组织法人在资产构成、经营管理和利益分配方式等方面有明显的差别。在未来农村集体经济组织立法中,集体经济组织法人组织形式的选择必须考量以下因素,即能否允许农牧区集体经济组织自由选择组织形式,哪些组织形式符合农牧区集体经济组织法人的功能定位和特定内涵。

(一) 结社自由与类型强制

《宪法》第35条规定公民享有结社自由等基本权利。所谓"结社自由",按《牛津法律大辞典》的解释,是指"为追求或推动任何社会的、艺术的、文学的、科学的、文化的、政治的、宗教的或其他的目标而与他人相结合的自由"。[1] 结社自由,不仅应涵盖公法意义上的参加政治团体和社会团体的自由,也涵盖私法意义上自愿组成和参与社团的自由。依结社自由的应有含义,集体经济组织法人采取何种组织形式当属农民集体团体自治的结果。当然,结社自由并不意味着集体经济组织可以任意创设法律没有规定的组织形式,或者擅自改变法

---

[1] [英] 戴维·M. 沃克:《牛津法律大辞典》,法律出版社2003年版,第444页。

定组织形式的基本内容。普遍的观点认为，无论是民事主体的类型，还是法人的组织形式，都存在类型强制的问题。对于社团而言，除法律明文规定的类型外，不得任意创设，此非结社自由之限制，而是出于维护社会秩序和公共利益（包括债权人等第三人的利益）之需要。①农村集体经济组织作为特别法人，其组织形式的选择亦应贯彻类型强制之要求，通过对其外观和内容的严格法定，从而避免非典型的农村集体经济组织法人形态及非规范的内部关系为第三人和社会公共利益带来不安全状态。②

实践中，由于法律和地方立法并没有强制规定农村集体经济组织的组织形式，各地可采取有限责任公司、股份有限公司、农民专业合作社和社区股份合作社等多种形式。部分学者就此认为，农村集体经济组织法人的组织形式不必加以限制或作出统一的规定，可以在农民专业合作社法人、有限责任公司和股份有限公司等组织形式中自愿选择。③ 本书不能赞同，因为这些组织形式并不是《民法典》所指的农民集体经济组织，其在法人属性和财产性质上都不同于农牧区集体经济组织，需要依据其他法律确认其经营管理规则。④ 如果任由农村集体经济组织采用不符合农村集体经济组织的功能定位和属性的组织形式，例如公司或合伙，则会导致农牧区集体经济组织和其他组织形式的混同，不利于市场交易安全和交易秩序的维护。

从类型强制出发，亦有学者提出，农牧区集体经济组织类型应当

---

① 参见王泽鉴《民法总则》，中国政法大学出版社2001年版，第153页。
② 参见徐强胜《企业形态法定主义研究》，《法制与社会发展》2010年第1期。
③ 参见杨一介《我们需要什么样的农村集体经济组织》，《中国农村观察》2015年第5期；马俊驹：《中国城市化与农村土地财产权结构的变革》，《私法研究》2014年第1卷；张兰兰：《农村集体经济组织形式的立法选择——从〈民法总则〉第99条展开》，《中国农村观察》2019年第3期。
④ 参见王利明《民法总则研究》，中国人民大学出版社2018年版，第363页。

单一化，不宜在该类型下再作区分。① 本书亦不能赞同。因为从试点地区集体产权制度改革的实践来看，全国农村经营性资产存在严重的分布不均问题，经营状况良莠不齐，而非经营性资产和资源性资产量化成本较高，全面同步推进集体产权股份制改革阻力较大。未来农村集体经济组织法应当为那些不适宜开展股份制或暂时不具备股份制改革的农村集体经济组织的法人化保留适当空间。

总之，平衡结社自由和类型强制原则，农村集体经济组织法人组织形式的选择应当保持适度的开放性，允许农村集体经济组织根据集体资产的情况选择不同的组织形式。一方面，允许农牧区集体经济组织选择立法所规定的特定类型的组织形式，例如股份经济合作社和经济合作社；但另一方面，不允许其选择法定类型以外的其他组织形式，例如自行选择农村集体经济组织法所没有规定的组织形式。

（二）牧区集体经济组织的功能定位

基于《民法典》第三章第四节的规定，牧区集体经济组织应当定位为特别法人，其既不是营利性法人，也不是非营利性法人。农村集体经济组织法中法人组织形式的选择必须充分考量《民法典》对农村集体经济组织特别法人的功能定位。

牧区集体经济组织是农村集体资产的运营和管理主体，主要承担经济职能。根据《意见》的指引，牧区集体经济组织的首要功能是要发展和壮大农村集体经济，实现集体资产的增值和集体成员利益最大化。牧区集体经济组织首先应当是参与市场经济活动的市场主体，理应通过持续的营利性行为获取利益，并将部分利益分配给集体成员，从外在形式上来说，其更类似于商主体。② 未来农村集体经济组织立法

---

① 参见张保红《农村集体经济组织立法四论》，《晋阳学刊》2020 年第 3 期。
② 参见王玉梅著《从农民到股民：农村社区股份合作社基本法律问题研究》，中国政法大学出版社 2015 年版，第 117 页。

的首要任务就是要重塑牧区集体经济组织的法人资格，使其成为独立的市场主体。显然，非营利法人和合伙等非法人组织形式都不是牧区集体经济组织法人组织形式的首选。

牧区集体经济组织需额外承担社区公共服务职能。《意见》提出"农村集体经济组织承担大量农村社会公共服务支出，不同于一般经济组织"。虽然从本质上，由牧区集体经济组织来承担本应当由政府承担的农村社会服务职能并不合理，但却是现实需要。据统计，截至2020年年底，全国农村集体经济组织负债总计2.95万亿元，其中经营性负债0.515万亿元，占比17.46%，兴办公益事业负债0.2756万亿元，占比9.34%。① 大量本应当由政府提供的公共服务，被牧区集体经济组织所承担。同时，《宪法》所规定的鼓励集体经济组织兴办公益事业和设施的倡导性规范，和《民法通则》《村民委员会组织法》《农村土地承包法》《物权法》等法律赋予村委会管理村集体资产的职权，又为村委会合法利用集体经济组织的财产为行政村提供公共福利设施以便利。由于这种状况短期内无法彻底改变，《意见》提出"要研究制定支持农村集体产权制度改革的税收政策"。学说上，有观点认为，农村集体经济组织应定位为营利法人，以企业法的特殊规则加以调整。② 但由于牧区集体经济组织在法律和政策上需要承担公共服务职能，明显不同于营利性法人，上述观点并不符合法律和政策意图。

可见，现行《民法典》有关法人组织形式的规定是无法回应法律和政策对于牧区集体经济组织功能的特殊定位的，法律必须通过创设

---

① 参见农业农村部政策与改革司编《中国农村政策与改革统计年报（2020年）》，中国农业出版社2021年版，第46页。

② 参见郭洁《论农村集体经济组织的营利法人地位及立法路径》，《当代法学》2019年第5期。

新的组织形式赋予牧区集体经济组织法人资格。

(三) 牧区集体经济组织法人的内涵

从农村集体产权制度改革的进程来看，由于法律对农村集体经济组织的内涵缺乏明确规定，学者对集体经济组织的外延存在明显认识偏差[①]，由此造成实践中牧区集体经济组织存在诸多名称繁杂和名实不副的现象[②]。未来集体经济组织立法中首先必须准确界定牧区集体经济组织的内涵，否则牧区集体经济组织法人组织形式的规定必然失去前提。

虽然我国目前法律法规和政策性文件都没有农牧区集体经济组织概念的明确规定，但是结合"三级所有、队为基础"的农村集体所有制，大多数地方性法规都不约而同做出相似的界定。[③] 结合地方立法和牧区集体经济组织的功能定位，本书认为未来农村集体经济组织立法中宜确认地方立法经验，明确规定农村社区集体经济组织是农村社区范围内的农民集体成员以农民集体所有的财产为基础建立的合作经营、民主管理、服务成员的经济组织，包括乡（镇）、村、组（社）集体

[①] 例如廉高波教授认为我国现阶段农村集体经济组织具体表现形式有：有限公司、股份有限公司、股份合作有限公司、承包经营户、集体独资企业以及称为农村社区合作经济组织的经济合作社、经济联合社等。参见廉高波《当代中国农村经济组织体系研究》，西北大学出版社2008年版，第79页。

[②] 例如对于集体经济组织的名称，大部分地方立法并没有对其名称作出规定。少数地方，如北京、广东、湖北等，名称多不统一，北京称为乡（镇）合作经济联合社，广东称为乡镇经济联合总社、经济联合社、社区经济合作社；湖北称为乡（镇）经济联合总社、村经济联合社、组经济合作社。实践中还有投资管理公司、农工贸集团公司、有限责任公司、土地股份合作社等名称。参见董景山《农村集体土地所有权行使模式研究》，法律出版社2012年版，第95页。

[③] 典型的如《甘肃省农村集体资产管理条例（2010修正）》第2条规定："本条例所称农村集体经济组织是指乡（镇）、村、组（社）农民以生产资料集体所有形式组建的独立核算的经济组织。"《上海市农村集体资产监督管理条例》第2条的规定："本条例所称农村集体经济组织，是指乡镇、村、组成员以生产资料集体所有制为基础建立的合作经营、民主管理、服务成员的组织。"

经济组织。其内涵如下。

首先，财产的集体公有。无论何种形式的牧区集体经济组织，包括经济合作社和股份经济合作社，都应建立在农民集体所有的财产之上。从性质上，农民集体所有的财产既不同于共有，也不属于农民集体经济组织所有，而是农民集体成员所公有，任何集体成员都无权请求分割。① 财产的集体公有是集体所有制的产权表现形式，牧区集体经济组织则是经营管理集体公有财产的组织形式。这是牧区集体经济组织法人区别于以私人财产为基础的私法人和以公共财产为基础的公法人的本质特征。同时，其也不同于土地承包经营权入股合作社、农民专业合作社和乡镇企业等农村经济组织，因为后者成立的基础在于农民私有财产或财产权，其财产并不属于农民集体所有。

其次，成员的社区性。牧区集体经济组织是以原人民公社集体成员为基础，在特定地域范围内成立的经济组织。牧区集体经济组织成员身份的取得具有天然性，与集体土地之间存在天然的依附关系，成员不能无限制地自由流动。② 牧区集体经济组织一般仅为该社区范围内的成员提供服务，经营所得利润仅供其成员分配，具有相对的固定性和封闭性。由此决定，牧区集体经济组织既不同于公司法人，也不同于农民专业合作社、乡镇企业等，其成员仅局限于特定地域范围，不能够自由入社或者退社。

最后，合作经营、民主管理、服务成员。从历史发展来看，现在牧区集体经济组织的财产基础乃是20世纪50年代开始的农业合作化和集体化运动的结果。农业社会主义改造过程中形成的初级合作社和高级合作社仍然是阐释现今农村集体产权改制合法性的源头。只不过建立在双层经营体制和市场经济基础之上的新型集体经济组织与建立

---

① 参见王利明《物权法研究》（上），中国人民大学出版社2016年版，第512—513页。
② 参见张荣顺《中华人民共和国民法总则解读》，中国法制出版社2017年版，第330页。

在计划经济基础之上的人民公社已经有所区别。在家庭分散经营和统一经营相结合双层经营体制下，集体所有制实现的经营形式已经不再要求集体成员集体劳动、统一经营，而是可以通过家庭承包经营、统一经营和合作社经营等多种方式经营集体资产。但是，农民集体生产资料的初始取得和牧区集体经济组织财产的公有性上，强调牧区集体经济组织的经营建立在集体成员的联合财产或合作财产之上仍然有其必要性。同时，在经营过程中，虽然市场经济体制下的牧区集体经济组织并非"高效而严格的社会治理工具"和"城市与工业及强制性社会约束、管控的有力工具"①，而是直接参与市场经济活动的经济组织，但是强调集体经济组织的合作制原则，实行成员集体所有、民主控制，将经营所获得利润在社员之间公平分配，仍然有助于实现集体所有制的功能和社员利益的最大化。因此，集体经济组织与现有的营利性法人和非营利性法人在价值目标和治理原则方面都有所不同。

总之，基于《意见》对牧区集体经济组织的功能定位，其兼具经济功能和公共服务职能，其成立的基础在于财产的农民集体公有，在成员构成方面具有社区性和封闭性，并且实行社员民主管理和利益均等分配的治理机制。牧区集体经济组织的这种特殊的功能定位明显区别于《民法典》规定的任何法人组织形式，这是未来集体经济组织法必须重新塑造集体经济组织法人组织形式的根本原因。

三　牧区集体经济组织法人组织形式的选择

鉴于牧区集体经济组织特别法人的定位和特定的功能，未来农村集体组织法人组织形式必须进行创新，而不能直接采用营利性法人或

---

① 刘云生：《农村土地股权制改革：现实表达与法律应对》，中国法制出版社2016年版，第129页。

非营利性法人的组织形式。未来牧区集体经济组织法应当从层级设置和组织类型两方面设计新型牧区集体经济组织法人的组织形式。

(一) 牧区集体经济组织法人的层级设置

对于牧区集体经济组织的层级设置，有学者认为一定社区范围内农村集体组织多个法人共存不科学，未来改革应当将农村社区三级集体组织体系变为一级集体组织体系，即村农民集体。[1] 本书认为此种观点并不合理。

首先，从组织形式上来看，牧区集体经济组织虽然可以追溯到20世纪50年代合作化和集体化运动，最终以人民公社的形式长期保持"三级所有、队为基础"的体制，但是现在新型牧区集体经济组织并不能等同于人民公社时期的集体经济组织。作为集体所有权的行使主体而非所有权主体，未来牧区新型集体经济组织仍然需要根据《民法典》三级所有的规定设置三级集体经济组织，否则历史上农民将土改后获得的私有土地入股合作社并最终形成的不同层级集体财产，将无对应的集体所有权行使主体（集体经济组织）经营管理。

其次，乡镇集体资产和村民小组集体资产仍然存在，不能一刀切归并到村集体经济组织。从现实情况来看，尽管村民小组中成立集体经济组织的比例仅有15%[2]，而且从调查结果来看，农民对村集体的认可度较村民小组更高[3]。但是，从集体资产的分布状况来看，无论是乡镇一级，还是村民小组，仍然有大量相对独立的集体

---

[1] 参见丁关良《农村社区集体主体问题研究——以农民集体土地所有权为例剖析》，《南京农业大学学报》（社会科学版）2008年第4期。

[2] 参见农业农村部农村合作经济指导司、农业农村部政策与改革司编《中国农村经营管理统计年报（2018年）》，中国农业出版社2019年版，第1页。

[3] 参见陈小君等《农村土地法律制度研究——田野调查解读》，中国政法大学出版社2004年版，第6—7页。

资产。① 由于农民集体成员范围的不同，这些资产不能在农村集体产权改制中一律由村集体经济组织来承接，否则就是对其他农民集体利益的侵犯。

最后，从试点地区的情况来看，在此轮农村集体产权制度改革中，虽然大部分试点地区都仅建立村集体经济组织，但是亦有个别试点地区建立乡镇集体经济组织法人，甚至村民小组集体经济组织。例如上海市松江区的集体资产改制即实行"以街镇一级为重心，镇村两级同步推进，主要做实街镇级，适当保留村级"的做法，由街镇一级资产经营公司统一经营管理村镇资产；② 广西梧州市长洲区在改制中则成立了202个村民小组合作社。未来牧区集体经济组织法必须为这些地区的试点经验保留空间。

因此，考虑到我国牧区集体经济组织的历史延续性和目前的经营状况，牧区集体经济组织法人的层级设置不宜采取"一刀切"的做法，应坚持宜村则村（行政村）、宜组则组的原则③，在对不同层级的集体资产进行清产核资、产权界定的基础上，在各层级分别成立集体经济组织法人。

（二）牧区集体经济组织法人的类型设计

从适度自由和类型强制原则出发，未来农牧区集体经济组织法可以借鉴《公司法》的立法经验，对于实践中典型的牧区集体经济组织法人组织形式在组织设立、治理结构、股份转让等方面进行规范。

---

① 据统计，截至2018年年底，全国农村经营性资产总额1.42万亿元，其中组级1499.3亿元，村级1.1万亿元，镇级1736.2亿元。参见农业农村部农村合作经济指导司、农业农村部政策与改革司编《中国农村经营管理统计年报（2018年）》，中国农业出版社2019年版，第97页。

② 数据显示，上海镇级集体资产占农村集体资产总量比例高达72.5%，其中松江镇级集体资产占比更高达83.5%，村级集体资产仅占16.5%。

③ 参见陈小君《我国农村集体经济有效实现的法律制度研究：理论奠基与制度构建》，法律出版社2016年版，第114页。

建议未来集体经济组织法仅规定股份经济合作社和经济合作社两种类型。

1. 股份经济合作社

基于试点经验和政策定位，股份经济合作社应当作为农村集体产权改革的主要组织形式，是农民集体所有的财产以股份或份额形式量化到本集体成员，集体收益按股份或份额分配的牧区集体经济组织。股份制改革的本质在于通过折股明确股值或份额，确定集体资产的归属和集体成员对集体资产的利益关系①，其重大意义在于"解决单个农民作为集体成员的一分子通过何种途径参与到集体土地所有权的行使中去，分享行使土地所有权带来的收益"②。当然，此处所谓的"股份"并非资合意义上的资本份额，只是参照股份制的治理原则，将集体资产通过折股量化到成员，作为其参加集体收益分配的基本依据，并不作为其参与集体经济组织决策的依据。③而所谓的"合作社"，也并非通常理解的以社员个人产权为前提的资本为社员联合所有、民主管理的自治共同体。④但是，从历史渊源和习惯称谓上，将股份制改革后的集体经济组织仍然称为"合作社"也是可以接受的。当然，股份经济合作社并不是简单地将股份制与合作制混合而成，而是以合作制为本，股份制为用形成的新型的牧区集体经济组

---

① 参见韩松《论农民集体成员对集体土地资产的股份权》，《法商研究》2014年第2期。

② 陈小君等：《后农业税时代农地权利体系与运行机理研究论纲——以对我国十省农地问题立法调查为基础》，《法律科学》2010年第1期。

③ 中共中央、国务院：《关于稳步推进农村集体产权制度改革的意见》（2016年12月26日）规定："有序推进经营性资产股份合作制改革。将农村集体经营性资产以股份或者份额形式量化到本集体成员，作为其参加集体收益分配的基本依据。改革主要在有经营性资产的村镇，特别是城中村、城郊村和经济发达村开展……农村集体经营性资产的股份合作制改革，不同于工商企业的股份制改造，要体现成员集体所有和特有的社区性，只能在农村集体经济组织内部进行。"

④ 唐宗焜编：《合作社真谛》，知识产权出版社2012年版，第15—21页。

织形式。①

对于股份经济合作社的具体名称，参考农业农村部等部门颁布的《关于开展农村集体经济组织登记赋码工作的通知》（农经发〔2018〕4号）（简称《登记赋码通知》）文件，未来集体经济组织法可以规定，农村集体资产以股份或份额形式量化到组称为股份经济合作社、量化到村称为股份经济合作联合社、量化到乡（镇）称之为股份经济合作联合总社，对仅有村级农村集体经济组织的可以称为股份经济合作社。同时，未来立法可以将股份经济合作社作为牧区集体经济组织的典型组织加以规范，在此基础上再规定经济合作社的特殊规则或准用规则，由此可为牧区集体经济组织提供更多的组织形式选择。

2. 经济合作社

经济合作社是人民公社解体后在原有生产队和生产大队基础上形成的没有进行股份制改革的牧区集体经济组织。在试点改制中，个别试点地区的村落并没有对集体资产进行股份化改造，而仅建立经济合作社作为集体所有权的行使主体，行使集体资产管理职能，例如前述天津市宝坻区的做法。与股份经济合作社相比较，经济合作社的建立多因集体资产较少，或者主要是无法量化的土地等资源类资产，仅需要建立经济合作社以法人形式行使法律赋予的农村集体资产管理职能。在具体名称上，参考《登记赋码通知》的规定，经济合作社应含有"经济合作（经济联合）"字样，农村集体资产确权到组、村、乡（镇）三级的可以分别称为经济合作社、经济联合社、经济联合总社，仅有村级农牧区集体经济组织的，名称可以称为经济合作社。

---

① 参见徐勇主编《土地股份合作与集体经济有效实现形式》，中国社会科学出版社2015年版，第52页。

3. 土地股份合作社的取舍

鉴于新修订的《农民专业合作社法》已将"土地经营权"纳入社员可出资财产范围①，政策文件和实践中所认可的土地股份合作社亦多指农户将土地承包经营权入股后以实现规模经营和按股分红为目的成立的农民专业合作社，未来此类土地股份合作社完全可以纳入农民专业合作社法的调整范围，在《农民专业合作社法》修法中就土地承包经营权入股的特殊问题专门规定。② 当然，由于土地股份合作社是以资产作为联合的基础，与农民专业合作社以劳动为基础的联合有所区别，股份基础的不同对于合作社利益分配或有所影响，但这并不影响两者在治理机制方面的类同性。

同时，基于节约立法资源和组织类型法定的考虑，未来集体经济组织法也不必再规定社区型的土地股份合作社，以免徒增实践困扰和立法混乱。若对未发包的集体土地（主要表现为"四荒地"、机动地和经营性建设用地）进行集体资产产权改革，可根据村民意愿进行股份化改革成立股份经济合作社，或者不进行股份化改革只成立经济合作社。如果需要将集体土地纳入农民专业合作社统一经营，则牧区集体经济组织可以先成立股份经济合作社或者经济合作社后，再以股东身份将集体所有土地上的土地经营权和其他农户的土地经营权一并折股量化入股到新成立的农民专业合作社。如此，可纯化农民专业合作社的股份性质，避免现有农地股份合作社入股资产性质不同导致的集体土地所有权和土地承包经营权混合、股份设置复杂（需要就集体资产单独设置集体股）等问题。

---

① 《农民专业合作社法》第13条规定："农民专业合作社成员可以用货币出资，也可以用实物、知识产权、土地经营权、林权等可以用货币估价并可以依法转让的非货币财产，以及章程规定的其他方式作价出资；但是，法律、行政法规规定不得作为出资的财产除外。"

② 参见高海《土地承包经营权入股合作社法律制度研究》，法律出版社2014年版，第241—245页。

第六章

生态保护与草地承包经营法律制度的完善

社会主义生态文明观和现代草地管理理论为我国草地承包经营法律制度的完善提供了坚实的理论基础和科学依据。按照更新草地管理模式，完善草地承包方式和经营方式，重塑牧区集体经济组织法人组织形式的改革思路，未来草地承包经营法律制度的改革不但需要以生态文明观理顺草地承包经营法律体系，健全有利于草地生态保护的草地财产权制度和流转规则，而且需要完善相关草地生态保护制度。

第一节 草地承包经营法律制度的完善

草地承包经营法律制度是涵盖草地承包经营之主体制度、承包方式、草地承包经营权和草地经营权流转的制度体系，以社会主义生态文明观理论为基础，本书从草地生态保护的角度重点对草地承包经营相关法律规范的完善提出立法建议。

一 草地承包经营法律体系的完善

（一）草地承包经营纵向法律体系的完善

从前述对于我国草地承包经营纵向法律体系的梳理可见，我国草地承包经营的诸多重要制度仍然停留在政策层面,在2018年《农村土地承包法》和《民法典》颁布后,相关地方立法亟待修改或废止,重要的授权性立法需要制定和修改。

1. 草地承包经营政策的法律化

通常而言,政策作为国家、政党为实现特定的目标而以纲领、宣言、声明、意见、建议等形式确立的行动准则、措施和方针,内容一般较为抽象,具有指令性、指导性和原则性。① 法律则是具有约束力的规范,由国家强制力保证实施,具有普遍适用性、确定性和强制力。政策和法律之间往往存在多重关联,一方面,政策对法律具有指导作用,制定法律往往以政策为依据,通过法律形式把政策定型化、条文化、规范化,保障法律能够体现全体人民的利益和意志;另一方面,法律亦体现政策的精神和内容,可以推动和保证政策的贯彻和实现。②

由前述草地承包经营政策和法律文件的实证考察可以发现,为推动草地承包经营制度的改革,党和政府通过联合发文的形式,颁布了较多的政策性文件,例如中共中央、国务院颁布的《关于保持土地承包关系稳定并长久不变的意见》(2019),中共中央办公厅、国务院办公厅《关于引导农村土地经营权有序流转发展农业适度规模经营的意见》(中办发〔2014〕61号),中共中央办公厅、国务院办公厅《关于完善农村土地所有权承包权经营权分置办法的意见》(2016)等文件。这些政策对于推动农村土地制度和草地承包经营制度改革目标的顺利实现具有较大的灵活性和便捷性,但是仍然需要强化法治的引领作用。因为政策法治化将会强化决策的科学性,既可以有效地避免国家和政

---

① 参见李龙、李慧敏《政策与法律的互补谐变关系探析》,《理论与改革》2017年第1期。

② 张文显主编:《法理学》(第5版),高等教育出版社2018年版,第396—397页。

府政策部门化，又可以防止政策出台的随意性，从而最终保障政府政策的优化，进而实现政策的民主性和科学性，维护政策的合法性和正当性。① 按照党的十八届四中全会《中共中央关于全面推进依法治国若干重大问题的决定》（以下简称《依法治国的决定》）的要求："实现立法和改革决策相衔接，做到重大改革于法有据、立法主动适应改革和经济社会发展需要。实践证明行之有效的，要及时上升为法律。实践条件还不成熟、需要先行先试的，要按照法定程序作出授权。"对于农村土地制度（包括草地承包经营制度）改革中行之有效和成熟稳定的重大政策，需要及时将其上升为法律，以确保草地承包经营制度的稳定性和可预见性。

首先，草地第二轮承包结束后延包政策的法律化。《农村土地承包法》规定"保持土地承包关系稳定并长久不变"，草地承包期限届满相应延长，但是具体如何落实没有详细的规则，例如可否调整，具体期限如何确定等。作为中共中央、国务院颁布的《关于保持土地承包关系稳定并长久不变的意见》（2019）政策性文件，明确规定第二轮到期后原则上不得调整，继续提倡"增人不增地、减人不减地"的原则，承包期再延长三十年，第三轮承包期以各地第二轮土地承包到期为起点计算等规则。这些政策已成为本轮农村土地制度改革的基础性规范，应当按照《中共中央关于全面推进依法治国若干重大问题的决定》的精神，修改《农村土地承包法》的规定，使其上升为农村土地承包经营法律的组成部分。

其次，集体统一经营政策的法律保障。集体统一经营作为我国农村双层经营体制的重要组成部分，虽然已经有丰富的地方实践和政策支持，但是仍然没有健全的法律保障机制。对此，我国农地立法应当

---

① 参见肖金明《为全面法治重构政策与法律关系》，《中国行政管理》2013年第5期。

在法律中严格界定统一经营的法律内涵,尽快出台农村集体经济组织法,健全集体土地所有权权能,建立经营方式选择机制,完善统一经营中的权利配置。①

最后,草原生态补奖政策的法律化。草原生态保护补奖政策作为我国生态保护补偿机制的组成部分,已经实施到第三轮,补奖政策和实施机制已经较为成熟,已成为牧区较为稳定的政策措施。作为一项针对禁牧、休牧和草畜平衡实施的长期性的草原生态保护补偿制度,需要制定专门的生态保护补偿法或在《草原法》中明确规定该项制度。

2. 草地承包经营相关地方立法与中央立法的协调

我国《宪法》和《立法法》规定中央立法和地方立法体制,前者主要是指法律、行政法规及部门规章,由全国人大及其常委会、国务院及其部委制定,后者主要指地方性法规和地方政府规章。中央立法和地方立法应当有各自的立法权限和效力范围,草地承包经营立法亦应当注重中央立法和地方立法的协调,避免不必要的重复立法、立法错位和更新不及时。

首先,草地承包经营的地方性立法中应避免不必要的重复性立法。重复性地方立法是我国地方立法中长期存在和未能有效化解的问题,不必要的重复性地方立法不仅增加立法成本、降低法律条文的严谨性,而且损害中央立法的权威性,必须予以纠正。②《立法法》第 73 条第 4 款亦明确规定:"制定地方性法规,对上位法已经明确规定的内容,一般不作重复性规定。"地方立法制定草地承包经营和草地管理的相关实施条例、实施办法和单行条例时,应当尽量避免与《民法典》《农

---

① 参见祝之舟《论农村集体土地统一经营的制度实践与立法完善》,《南京农业大学学报》(社会科学版) 2012 年第 4 期。

② 参见孙述洲《地方立法重复的反思——以 4 省市人大消费者权益保护立法为例》,《人大研究》2016 年第 3 期。

村土地承包法》《草原法》和《土地管理法实施条例》等中央立法的简单重复。除为确保规范结构的完整性重复上位法中的立法目的、适用范围、基本原则以及法律概念的解释等条款，为明确其他条款的适用，对说明性、限制性条款的重复，为细化法律责任条款的规定，对行为模式条款的重复等情形外，地方立法一般不得重复中央立法的条款。①

其次，应当尽量避免草地承包经营和草地管理立法中中央立法和地方立法的事权错位。从立法权的纵向配置来看，中央立法应调整的是中央专属事务和需要制定全国统一的管理规则的事务，地方性立法则就地方性事务或执行法律、行政法规的需要以及和尚未制定法律、行政法规的中央地方共同立法事项进行立法。② 例如对于《草原法》第48条规定的退耕还草和禁牧、休牧不仅对于农牧民草地承包经营权影响重大，而且属于需要制定全国统一的管理规则的事务，应当属于中央立法，由国务院制定行政法规或各部委制定部门规章，而不是授权省、自治区、直辖市人民政府规定。

最后，应当根据最新立法清理和更新地方性立法。《农村土地承包法》和《土地管理法》的修订涉及"三权分置"，土地承包关系长久不变，承包经营权的有偿退出、土地经营权的流转、土地征收等重要土地制度的改革，地方性立法需要根据新的法律及时修改和清理，否则会导致新法和旧地方性法规的冲突，阻碍新法的顺利实施。

3. 加快草地承包经营和草地管理授权性立法的出台

"授权立法条款"是立法机关为保障其所制定的法规范性文件能够

---

① 参见黄锴《地方立法"不重复上位法"原则及其限度——以浙江省设区的市市容环卫法为例》，《浙江社会科学》2017年第12期。
② 参见王克稳《论中央与地方立法机关立法事项的划分》，《行政法学研究》2022年第3期。

得到有效实施,在法律文本中将关于某个专门事项、专门问题或关于法的变通、补充规定的制定权力授予其他立法主体行使的条款。[①] 在《草原法》和《农村土地承包法》制定的过程中,由于涉及事项的专门性或专业性,以及复杂性,两部法律中都存在很多授权立法条款。通过检索这些授权立法条款的进程,可以发现有很多授权立法仍然未出台,主要涉及这些条文:一是《农村土地承包法》第45条授权林业和草原主管部门就建立社会资本流转土地经营权风险防范制度和管理费等做出规定。二是《农村土地承包法》第47条规定的授权国务院有关部门就土地经营权融资担保办法做出规定。三是《草原法》第33条授权国务院草原行政主管部门就草原载畜量标准和草畜平衡管理办法做出规定。四是《草原法》第35条规定授权国务院和国务院有关部门就草原禁牧、休牧、轮牧后实行舍饲圈养的给予粮食和资金补助做出规定。五是《草原法》第42条授权国务院制定基本草原保护管理办法。六是《草原法》第48条授权国务院或者省、自治区、直辖市人民政府就退耕还草和禁牧、休牧做出规定。从草原保护、建设和利用的角度,上述授权立法都是非常重要的,但是目前这些授权性立法仍然未得到贯彻落实,这显然违背《立法法》第10条关于授权立法时限性的规定。

(二)草地承包经营横向法律体系的完善

虽然《农村土地承包法》的适用范围不仅包括耕地,也包括林地和草地等土地资源,但是由于草地本身的生态功能属性,草地承包经营立法还应当体现生态保护的价值目标。《草原法》应当从草地生态保护角度对草地承包经营的特殊问题进行规定,而不是照搬《农村土地

[①] 参见汪全胜、张鹏《法律文本中授权立法条款的设置论析》,《云南师范大学学报》(哲学社会科学版)2012年第2期。

承包法》的规定。

首先,草地承包经营的立法理念应当体现社会主义生态文明观。草地承包经营不能仅考虑草地的经济效益,更应当重视草地生态的保护,将生态文明的核心要义和现代草地管理理论贯彻其中。例如,在处理草地生态保护和经济发展的关系上,应当体现人与自然和谐共生的生态文明发展观念,不能简单地禁牧或减畜,不考虑牧民生计和经济发展,也不能只考虑牧区经济发展而放任草原生态破坏。在草地利用方面,应当遵循草原生态系统的整体观,尽量按照草地生态系统单元利用草地,实现划区轮牧和适度规模经营。在草畜平衡管理方面,应当考虑非平衡草地生态系统的特殊性,实施弹性的草畜平衡管理措施。在草地生态治理方面,应当运用草地生态综合治理观,充分利用传统放牧知识,调动牧民积极性主动参与草地生态治理。

其次,草地承包经营的制度设计应当体现草地生态保护的特殊性。生态文明的立法理念贯彻在具体制度设计方面,就是应当在《草原法》草地承包经营和利用的制度设计方面体现出有别于农村土地承包的特殊性。例如,在承包方式的选择方面,应当注意区别干旱草地和普通草地而实行不同的承包方式,特别是应当制定联户承包的具体规则。在发包方权利设计上,从草地生态保护的角度,应当强化草地承包经营权人和草地经营权人的生态保护义务,特别是在草地生态严重破坏和滥用草地承包经营权的情形下,应当强化发包方的调整权和收回权,以及草地生态破坏的情况下收取草地使用费的权利。在草地利用方面,应当尽快出台草地适度规模经营涉及的草地经营权流转管理办法。

二 草地承包经营具体制度的完善

草地承包经营制度的完善不仅涉及相关主体制度的完善,亦涉及草地承包经营后所形成的财产制度的完善。本书主要从草地承包经营的特殊性出发，以生态文明的视角对现行草地承包经营立法中的重要条文提出修改建议。

（一）草地集体所有权和集体使用权制度的完善

1. 草地集体所有权和集体使用权的主体

尽管目前为止关于集体所有权的主体为农民集体，抑或农村集体经济组织仍然存在争议，但是依据《民法典》第262条的规定，农民集体和农村集体组织是不同的主体，前者并非《民法典》所明确规定的民事主体，后者则是依据《民法典》第99条所确立的特别法人。从解释论上来说，草地集体所有权的主体应当是农民集体而非农村集体经济组织，但是农村集体经济组织是法定的集体所有权的行使主体。其理由是：第一，从历史维度，改革之前计划经济体制中的集体经济组织同现在的新型集体经济组织之间并不存在天然的继承关系。经过农村经济体制改革，原来的生产队、生产大队和人民公社集体经济组织已经解体，新型农村集体经济组织与原先的生产队、生产大队和人民公社在人员构成、集体财产来源等方面都存在巨大差异，由此决定在客观上农民集体所有权的主体不宜由新型集体经济组织承担。[1]

第二，从集体所有制和农村集体经济组织的功能角度，集体所有权的主体和农村集体经济组织两者不能相互替代。按照通说，集体所有权是实现集体所有制的法律形式。从中央政策文件精神解读，集体所有制具有一定的政治功能，即实现共同富裕。作为集体所有权的主体不仅应当保障现有集体成员的利益，也应当能够保障集体成员的代际利益。如果将新型农村集体经济组织作为集体所有权的主体，由于

---

[1] 参见韩松《论农民集体所有权的成员集体所有与集体经济组织行使》，《法商研究》2021年第5期。

其成员身份的固化，则无法确保新增人员和新出生人员的利益，与共同富裕的政治功能相违背。

第三，从现实角度来说，新型农村集体经济组织与旧的农村集体经济组织的政策目标不同。旧的农村集体经济组织是计划经济体制和集体化的产物，主要解决的是生产资料私有制问题，带有强烈的意识形态色彩。新型农村集体经济组织是在社会主义市场经济体制下，解决集体产权归属不清、低效率运作和增加农民财产性收入的问题。新型农村集体经济组织优先考虑的是如何构建其市场经济主体地位，所以农村集体经济组织的成员固化、股权的可流转等都是可以理解的。

正是因为农民集体不同农村集体经济组织的显著特征，为保障农民集体成员的利益，立法必须健全农村集体经济的法人组织形式，以此解决集体所有权主体虚化的问题。未来农村集体经济组织法中应当明确农村集体经济组织的概念和组织形式，试拟条文如下：

第X条【农村集体经济组织的概念】农村集体经济组织是农村社区范围内的农民集体成员以农民集体所有的财产为基础建立的合作经营、民主管理、服务成员的经济组织，包括乡（镇）、村、组（社）集体经济组织。

第X+1条【农村集体经济组织法人的组织形式】农村集体经济组织依照本法设立股份经济合作社或经济合作社，取得法人资格。

第X+2条【股份经济合作社的定义和名称】股份经济合作社是农民集体所有的财产以股份或份额形式量化到本集体成员，集体收益按股份或份额分配的农村集体经济组织法人。

股份经济合作社名称中应含有"股份经济合作"字样，农村集体资产以股份或份额形式量化到组、村、乡（镇）三级的，可以分别称为股份经济合作社、股份经济合作联合社、股份经济合作联合总社，仅有村级农村集体经济组织的，名称可以称为股份经济合作社。

其立法理由如下。

首先，农村集体经济组织设立的基础在于财产集体（社区范围的成员）所有和社员民主管理，是公有制经济的实现形式之一。基于当前农村集体产权改革政策所赋予的经济职能和公共服务职能，农村集体经济组织无法采用《民法典》所规定的营利性或非营利性法人形式，也无法采用其他非法人组织形式。立法必须通过创设新型的组织形式以赋予其法人资格，回应政策和现实的需求。

其次，农村集体经济组织可以采用法人组织形式，也可以维持目前的非法人团体的状态，但法人化改造显然是目前农村集体产权制度改革的主流。基于类型强制和结社自由的平衡、农村集体经济组织的功能定位和内涵界定以及对试点地区实践经验的尊重，未来农村集体经济组织法应当对农村集体经济组织法人组织形式采取有限开放，积极引导的原则，仅规定股份经济合作社、经济合作社两种类型的组织形式。

2. 草地集体所有权权能的完善

草地集体所有权权能的不完全主要表现为在草地承包后作为发包人的收回权和调整权的限制。新修改的《农村土地承包法》从保障农户土地承包经营权和保持农村土地承包关系稳定并长久不变的角度，进一步限制发包人的收回权和调整权，从草地生态保护的角度，这并不是最优的选择。基于加强草地生态保护的需要，未来在《草原法》修改中应当强化发包方在草地生态保护方面的权利，赋予发包方在草地承包经营权人严重破坏草地生态环境时的收回权[①]和基于草地生态保护的需要连片整合草场的调整权。具体修改建议如下。

（1）在《草原法》第14条增加第3款：承包经营草原的单位和个人违反本条第二款的规定，导致草地严重退化的，发包方可以解除草地承包合同，收回承包的草地。其理由在于虽然草地承包经营权对于保障牧户生计具有重要意义，但是在生态保护优先的原则下，应当强化发包方的收回权。《关于完善农村土地所有权承包权经营权分置办法的意见》亦提出："农民集体是土地集体所有权的权利主体，在完善'三权分置'办法过程中，要充分维护农民集体对承包地发包、调整、监督、收回等各项权能，发挥土地集体所有的优势和作用。"从调研来看，对于"非法采挖，导致草地生态严重破坏""擅自改变草地的牧业用途的"等严重破坏草地生态环境的行为，大多数牧民对发包方收回草地是持支持态度的。

（2）修改《草原法》第13条第2款为：在草原承包经营期内，不得对承包经营者使用的草原进行调整；因自然灾害严重毁损承包草地等特殊情形和考虑承包草原生态系统的完整性确需适当调整的，必须经本集体经济组织成员的村（牧）民会议三分之二以上成员或者三分之二以上村（牧）民代表的同意，并报乡（镇）人民政府和县级人民政府草原行政主管部门批准。根据《国务院办公厅关于加强草原保护修复的若干意见》（国办发〔2021〕7号）的规定："在落实草原承包经营制度和规范经营权流转时，要充分考虑草原生态系统的完整性，防止草原碎片化。"为草地生态保护的需要，在落实第三轮承包时应当允许发包方为实现草地整体利用，合理地分割，对承包的草地做出适当调整。

[①] 参见王俊霞《草原承包经营权生态化研究》，《内蒙古社会科学》2010年第3期。

3. 草地集体使用权规则的完善

作为《草原法》第 11 条规定的一项特别法上的用益物权,草地集体使用权是在国家所有的草地上设立的由农村集体经济组织所享有的专门从事畜牧业生产的特殊用益物权。依据现行法的规定解释,集体草地使用权是无偿取得的,没有期限限制,在性质和内容上区别于草地承包经营权,更接近于实质意义上的所有权。从权利保障的角度,草地使用权仍然需要明确规定草地集体使用权的期限、费用、流转和消灭规则。

首先,应在《草原法》第 11 条增加第 2 款,明确规定:"草原使用权由农村集体经济组织无偿取得,长期使用。"其理由在于国有草原取得使用权后一般由农村集体经济组织统一经营或者承包经营,具有某种对农村集体经济组织成员的社会福利和生产生活保障功能,这与农村土地承包法的立法价值是相同的。同时,根据《国务院关于全民所有自然资源资产有偿使用制度改革的指导意见》(国发〔2016〕82号)的规定"对已确定给农村集体经济组织使用的国有草原,继续依照现有土地承包经营方式落实国有草原承包经营权"。这是基于草地承包经营权的生产生活保障功能的必然要求,在牧区牧民社会保障水平较低的情况下,继续坚持无偿使用是现实需要。

其次,应在《草原法》第 11 条增加第 3 款,明确规定:"集体草原使用权不得转让和抵押。"其理由在于确认给农村集体经济组织的草原使用权带有类似划拨的性质,是专门确认给特定农村集体经济组织使用的牧业用地,带有某种身份属性,与土地所有权类似,属于禁止转让和抵押的财产权。

最后,应在《草原法》第 11 条增加第 4 款,明确规定草原使用权的收回规则:"因生态移民等原因不再使用国有草原的,由县级以上人民政府依法收回草原使用权,注销草原使用权证书。"在实践中,因生态移民等原因牧民整村搬迁后，原承包的国有草地事实上已经无法由原农村集体经济组织继续使用，在对生态移民妥善安置和补偿后应当由原发证单位依法收回。①

（二）草地承包方式的完善

由农村土地承包制和牧区草地承包制演变的历史可以发现，承包制最初落实的时候，根据1987年《会议纪要》的精神，是提倡采用"草场公有，承包经营；牲畜作价，户有户养；服务社会化"和"专业承包，包干分配"等多种形式的生产责任制，并且指出"各级领导部门在制定政策的时候，必须照顾到牧区与其他地区的差异，不要照搬农区的经验和做法"。但是，随着农区家庭联产承包责任的推行，并且将家庭承包经营作为农村双层经营体制的基础后，牧区最初所提倡的多种形式的生产责任制和"不照搬"的原则被家庭承包经营为基础的双层经营体制所取代。虽然《草原法》第13条规定联户承包方式，但是实践中，草地家庭承包经营却成为政策推行的主要承包方式，甚至唯一承包方式，某些地方规范性文件甚至明确要求以"家庭承包为原则"。② 但是，由生态文明观和现代草地生态理论分析，单一的草地家庭承包方式是无法适应草地生态环境较为复杂的干旱半干旱牧区的，《草原法》应当借鉴牧区承包制实施之初的经验，吸收现代草地生态学理论，实现多元化的草地承包方式。

1. 牧区的基本经营制度应当有别于农区

建议未来修改《民法典》第330条第1款的规定："农村集体经济

---

① 例如《宁夏回族自治区人民政府关于印发中部干旱带生态移民规划区土地权属处置的若干政策意见》（宁政发〔2008〕99号）规定："（六）迁入区农户原承包的、被调整置换的属于国家所有的耕地、林地、草地，依法收回。但对其培肥地力等前期开发性投入，可根据当地实际情况，给予适当补偿。"

② 例如《内蒙古自治区进一步落实完善草原"双权一制"的规定》（内政发〔1996〕138号）规定："草原集体所有单位及草原使用权单位，可以将所属草原分片承包给基层生产组织或农牧民经营，原则上提倡承包到户。"

组织实行家庭承包经营为基础、统分结合的双层经营体制，其他法律另有规定的除外。"《农村土地承包法》第 3 条第 2 款修改为："农村土地承包采取农村集体经济组织内部的家庭承包方式，不宜采取家庭承包方式的荒山、荒沟、荒丘、荒滩等农村土地，可以采取招标、拍卖、公开协商等方式承包，法律另有规定的除外。"其理由在于：

首先，《草原法》第 13 条已经明确规定家庭承包之外的联户承包方式，草地承包方式事实上已经突破"家庭承包经营为基础、统分结合的双层经营体制"，应当将《草原法》规定的多种承包方式作为《农村土地承包法》的例外进行规定。

其次，民族自治地方可以变通执行《农村土地承包法》规定的家庭承包为基础的基本经营制度。草地无疑是多数民族自治地方土地的典型形态，根据《民族区域自治法》第 27 条的规定，"民族自治地方的自治机关根据法律规定，确定本地方内草地和森林的所有权和使用权"。因此，民族自治地方可以变通执行《民法典》和《农村土地承包法》中关于"家庭承包经营为基础的经营体制"的规定，牧区可以实施"以家庭承包经营为主体、统分结合的双层经营体制"。

2. 草地应当实施多元化的承包方式

牧区草地承包方式的单一化是造成草地细碎化经营和无法轮牧的主要原因，草地承包方式的完善就是要改变单一化的承包经营方式，承包经营的主体可以是家庭，也可以是联户，甚至是牧区集体经济组织。在经过农村集体经济组织成员共同决议后，可以不实行承包制而由农村集体经济组织统一经营。建议修改《草原法》第 13 条第 1 款为："集体所有的草原或者依法确定给集体经济组织使用的国家所有的草原，可以由本集体经济组织内的家庭、联户或者其他集体经济组织承包经营。"增加第 13 条第 2 款："经本集体经济组织成员的村（牧）民会议三分之二以上成员或者三分之二以上村（牧）民代表的同意，并报乡（镇）人民政府和县级人民政府草原行政主管部门批准，集体经济组织可以不实行承包经营，由集体经济组织统一经营。"其理由是：草地实行何种承包方式或不实行承包经营应当是牧民集体或农村集体经济组织的自治事项，但是从稳定现行农村基本经营制度的角度，亦不能由各个农村集体经济组织选择法律所没有规定的承包方式，否则会造成牧区草地财产权制度的混乱。

3. 明确联户承包和农村集体经济组织承包的规则

联户承包是农村集体经济组织内部的家庭牧户联合起来承包草地的方式。农村集体经济组织承包是农村集体经济组织内部的其他农村集体经济组织承包草地的方式，如村集体经济组织内部的村民小组整体承包村集体的草地。与家庭承包方式不同的是，两者承包的主体是家庭牧户的联合体，或者其他农村集体经济组织。在草地承包法律关系的处理上，其他农村集体经济组织则和家庭承包没有实质差别，但是联户承包则需要解决家庭牧户联合体内部和外部的关系，本书认为可以参照《民法典》按份共有的规则处理。建议《草原法》第13条增加第3款："联户承包的承包方为联户，其承包关系参照《民法典》按份共有的规则处理。"

（三）草地承包经营权的完善

在2018年《农村土地承包法》颁布后，受到"三权分置"政策和土地承包权入法的影响，草地承包经营权的性质和内涵模糊化问题开始凸显。同时，受到禁牧、休牧和草畜平衡管理等草地生态保护政策的影响，草地承包经营权的行使受到严重限制，如何处理生态保护与牧民生计的矛盾，需要设计合理的制度。

1. 明确土地（草地）承包经营权的内涵

《农村土地承包法》基于"三权分置"政策修改后，学者对于土地承包经营权与土地承包权的理解出现多种分歧，从而影响农户对既有土地承包经营权的认识。① 依据"三权分置"的政策内涵，有代表性的学说认为此处的承包权实质上就是土地承包经营权，它既含有农户作为本集体成员初始取得承包经营权之资格，也含有对农地实际经营或交由他人经营的权利。② 土地承包经营权是承包农户依法享有的用益物权，即承包农户有权在其经营的草地、耕地、林地从事畜牧业、种植业和林业，其不包括依其他承包方式取得的土地经营权。③ 据此建议《民法典》第331条修改为："承包方依法对其承包经营的耕地、林地、草地等享有占有、使用和收益的权利，有权从事种植业、林业、畜牧业等农业生产。"《农村土地承包法》第9条修改为："承包方承包土地后，享有土地承包经营权，可以自己经营，也可以流转其承包地的土地经营权，由他人经营。"其理由是：在《农村土地承包法》修改后，以其他方式承包"四荒地"取得的土地经营权不具有身份属性，不属于土地承包经营权的含义范围，应当将土地承包经营的主体界定为承包方，而非土地承包经营权人。同时，由于"三权分置"政策中土地承包权与土地承包经营权的内涵具有一致性，为避免两者的混淆，《农村土地承包法》第9条应当删除"保留土地承包权"的规定。

2. 草地承包经营权权利限制的补偿

与农地承包经营权相比较，由于草地生态保护的要求，草地承包经营权的行使往往受到更多的行政管制，例如禁牧、草畜平衡等。这些措施虽然没有产生草地承包经营权被征收的效果，但是其会在一定

---

① 参见高飞《农村土地"三权分置"的法理阐释与制度意蕴》，《法学研究》2016年第3期。

② 参见单平基《分解、舍弃抑或改造：〈民法典〉编纂中土地承包经营权的定位》，《南京农业大学学报》（社会科学版）2020年第3期。

③ 参见高圣平《农地三权分置改革与民法典物权编编纂——兼评〈民法典各分编（草案）〉物权编》，《华东政法大学学报》2019年第2期。

期限内剥夺或限制承包户对草地的利用,造成承包户的经济损失。依据管制性征收理论,该种管制措施的过度会造成财产权益尤其是土地利用权益的减损,需要参照征收进行补偿。① 为保障牧民的草地承包权益,我国应当建立完善的草地生态保护补偿制度,在《草原法》或专门的《生态补偿法》中明确规定实施禁牧或草畜平衡管理等草地管理措施的,承包牧户有权获得草地生态保护补偿。

3. 统一土地承包经营权的期限

《民法典》《农村土地承包法》和《土地管理法》都是按照土地的不同用途规定不同的承包期,草地和林地的承包期在法律上都是不确定的,可以在承包合同内由发包方和承包方在法定期限范围内自由协商确定承包期。虽然目前的规定可以适应现实中各地上一轮承包期的不同规定,但是可能会造成土地承包经营权人之间事实上的不平等,特别是现实中存在耕地可能向林地、草地转换,例如退耕还草林的情形下,《农村土地承包法》与《民法典》物权编按照用途来划定农村土地承包经营权期限的合理性就有待商榷。② 以"山水林田湖草"生命共同体思想为指导,建议修改《民法典》第332条、《农村土地承包法》第21条和《土地管理法》第13条,明确规定:"土地承包期为30年。除法律另有规定外,承包期届满后可以依法自动续期。"其理由是:一是避免不同土地类型内部转换导致土地承包经营权人之间期限差异造成的权利不平等;二是要强化集体所有权主体的权利,为承包期届满后发包人适当调整承包地预留政策空间。

4. 妥善解决草地和林地的"一地两证"问题

"一地两证"出现的根本原因是林地和草地界限不清。解决的办

---

① 参见彭涛《管制性征收研究:以土地利用管制为中心》,商务印书馆2019年版,第21页。

② 参见孙宪忠、朱广新主编《民法典评注·物权编》,中国法制出版社2020年版,第61页。

法，一是要统一林地和草地的划分标准，特别是统一现有的国家标准、行业标准和地方标准，例如《土地利用现状分类标准》（GB/T 21010—2017）与《森林资源规划设计调查主要技术规定》中的林地标准要一致，否则同一块土地必然出现多头管理的问题。二是要加快自然资源统一确权登记改革，对林地、草原等所有自然生态空间进行统一确权登记，坚持土地属性唯一、土地使用权人唯一的原则，合理划分林地、草原范围。①

（四）草地经营权及其流转法律制度的完善

土地经营权作为"三权分置"政策入法的成果，其政策目的是农业现代化背景下随着新型农业经营主体的不断涌现，土地适度规模经营需要坚实制度保障。②草地经营权作为确保新型草地经营权主体，例如家庭牧场、新型牧业合作社、股份合作社等，通过草地流转实现适度规模经营的基础性制度安排。

1. 尽快出台草地经营权流转的专门立法和授权立法

虽然《农村土地承包法》已经就土地经营权的取得、流转和消灭等做出规定，但是仍然欠缺土地经营权融资担保、流转管理、土地经营权入股等规定。涉及草地经营权流转的有以下立法内容。

第一，应当制定包括草地经营权流转管理和入股等内容的草地流

---

① 参见王义贵、王维家《关于林权证草原证"一地两证"问题的思考——以青海省为例》，《华东森林经理》2019年第3期。
② 参见刘振伟《关于〈中华人民共和国农村土地承包法修正案（草案）〉的说明》，其指出农村土地承包法修改的背景，即从农业农村的现实情况看，随着富余劳动力转移到城镇就业，各类合作社、农业产业化龙头企业等新型经营主体大量涌现，土地流转面积不断扩大，规模化、集约化经营水平不断提升，呈现"家庭承包，多元经营"格局。农业产业化、水利化、机械化及科技进步等，都对完善农村生产关系提出新的要求。把实践检验行之有效的农村土地承包政策和成功经验及时转化为法律规范，是修改农村土地承包法首要考虑的问题。适应农村生产力发展的新要求，稳定和完善适合国情的农村基本经营制度，是修改农村土地承包法的基本出发点。

转管理办法。根据《农村土地承包法》第45条规定，授权林业和草原主管部门制定草地经营权流转主体资格审查、项目审核和风险防范等具体办法。由于农业农村部已制定《农村土地经营权流转管理办法》，则自然资源部可以参考制定《草地经营权流转管理办法》。其内容主要包括草地流转合同的管理，草地经营权流转的租金管理，草地经营权流转主体资格审查、项目审核和风险防范，草地经营权入股规则等。特别是对于实践中比较突出的草地流转租金无保障和任意涨价等问题要给予规范。

第二，应当制定土地（草地）经营权融资担保管理办法。根据《农村土地承包法》第47条的规定，土地经营权融资担保办法由国务院有关部门规定。未来《土地经营权融资担保办法》应当明确规定融资担保的主体范围、设立方式、设立条件、登记规则、当事人的权利和义务，担保权的行使条件和消灭等内容。

2. 完善其他方式取得的土地经营权法律适用规则

以其他方式取得的土地（草地）经营权与家庭承包经营权流转取得土地经营权最大的区别在于前者派生于土地所有权，而且本农村集体经济组织以外的单位或者个人承包需按照《农村土地承包法》第52条规定的程序批准。但是，派生于土地所有权的土地经营权，与派生于土地承包经营权的土地经营权一样，均因当事人之间的土地经营权合同而设立，同样具备登记能力和再流转的能力，因此可以参照适用《农村土地承包法》第二章第五节土地经营权的规则。① 建议《农村土地承包法》第48条修改为："不宜采取家庭承包方式的荒山、荒沟、荒丘、荒滩等农村土地，通过招标、拍卖、公开协商等方式承包的，适用本章规定。本章没有规定的，参照适用本法第二章第五节土地经

---

① 参见高圣平《土地经营权登记规则研究》，《比较法研究》2021年第4期。

营权的规定。"

3.《草原法》缺失草地经营权人生态义务的规定

在"三权分置"政策入法后,《草原法》亦应当根据《农村土地承包法》的新规定就草地经营权的特殊规则进行立法修改,其中最为重要的是从生态保护的角度对草地经营权人的生态保护义务及其责任做出规定。主要涉及以下条文的修改。

第一,建议《草原法》第14条第2款修改为:"承包经营草原的单位和个人以及草地经营权人,应当履行保护、建设和按照承包合同、流转合同约定的用途合理利用草原的义务。"修改理由是增加草地经营权人合理利用草原的义务。

第二,建议《草原法》第15条修改为:"草地承包经营权受法律保护,可以按照自愿、有偿的原则依法互换、转让和流转草地经营权。""草原承包经营权转让的受让方和草地经营权人必须具有从事畜牧业生产的能力,并应当履行保护、建设和按照承包合同和流转合同约定的用途合理利用草原的义务。"修改理由是按照《农村土地承包法》的规定区分草地承包经营权的互换、转让和流转草地经营权。增加草地承包经营权受让人和草地经营权人的生态保护义务。

第三,建议《草原法》第33条、第34条、第35条和第52条的规定中增加草地经营权人作为草地生态保护的权利义务主体和征收补偿的主体。

第二节　草地生态保护法律制度的完善

草地承包经营过程中如何合理利用草原,实现经营者的经济效益和草地生态系统的平衡,是草地管理和治理需要重点解决的问题。根据前述对草地承包经营权和生态保护法律制度的梳理,本书认为应当以划区轮牧、草畜平衡管理和禁牧休牧以及草地生态保护补奖政策为中心构建完善的草地合理利用制度。

一 划区轮牧制度的构建

划区轮牧作为一种按照季节性、区块性集约式放牧的草地利用方式，不仅有利于提高饲草产量和利用率，而且有利于草地生态保护，应当作为草地管理的基础性制度加以推广运用。虽然《草原法》第34条牧区规定草原承包经营者应当实行划区轮牧，但是如何从制度上保障划区轮牧的实现，需要精密的规则设计。未来《草原法》第34条应当明确由国务院草原行政主管部门规定划区轮牧的实施办法，具体内容包括划区轮牧的原则，方案设计和监督管理等。

（一）划区轮牧制度的原则

划区轮牧作为建立在草地承包经营基础上的草地利用方式，必须有相应的制度构建和规范设计保证其顺利实施。参考地方立法和规范性文件，本书认为划区轮牧制度构建必须坚持以下原则。

1. 科学合理的方案设计

划区轮牧不仅是一种放牧的技术方案，也是实现草畜平衡的草地利用制度。轮牧方案必须建立在科学测算草地产草量和载畜量的基础上，通过联户经营、家庭牧场和合作社等方式集中适度规模的草地，合理划分放牧的区域，轮牧周期和轮牧频率。相比较自由连续放牧，划区轮牧对于区块规模、放牧强度等要求的约束参数更为严格，载畜率、放牧时间、放牧频次以及选择性采食等四个要素需要在划区轮牧方案中得到充分具体的体现。[①]

---

① 参见刘娟等《划区轮牧与草地可持续性利用的研究进展》，《草地学报》2017年第1期。

2. 牧民共同参与和民主决策

划区轮牧方案应当由当地牧民共同参与制订,并且应当由农村集体经济组织或参与划区轮牧的牧民以民主决策的方式通过。这不仅在于保障划区轮牧方案能够吸收当地牧民的放牧经验因地制宜地制订划区轮牧方案,而且是为确保划区轮牧方案能够获得广泛的支持和有效的实施。

3. 有效的政策激励和管理

划区轮牧作为科学的放牧方式,亦是实现草畜平衡的最佳途径,在实施的过程中,可以结合草畜平衡奖励政策对划区轮牧给予政策扶持,例如《内蒙古自治区人民政府办公厅关于完善和落实促进牧民增收政策的通知》(内政办发电〔2010〕41号)规定:"为了鼓励和扶持牧民合作经济组织发展规模化经营,对牧民合作经济组织实施的划区轮牧项目给予奖励,按照每年1元/亩,每人每年最高不超过2000元的标准给予奖励。……划区轮牧围栏按照14元/亩的标准给予补助。"同时,划区轮牧的有效实施必须依赖行政管理部门、农村集体经济组织或参与划区轮牧的牧民组织实施和共同监督。轮牧方案可以结合草畜平衡管理规定对违反轮牧方案超载放牧的行为给予处罚。

(二)划区轮牧的方案设计

按照原农业部草原监理中心建设指导处制定的《草原划区轮牧技术规程》,划区轮牧要根据草原的载畜量先将草原划分成季节放牧地,然后把季节放牧地分成若干个小区,按照规定的放牧顺序、放牧周期和分区放牧时间逐区放牧,轮回利用。具体方案设计包含以下内容。

1. 前期调查

前期调查主要是通过轮牧区现状的调查,掌握划区轮牧方案设计所需要的详细基础性资料,并根据地区规划和畜牧业发展要求,提出土地利用结构调整意见和可行方案。① 调查的主要内容包括牧户或联户所拥有的草地类型(人工草地或天然草地)、牲畜数量、畜种、畜群结构、经营和管理情况,野外调查牧户实际拥有的草地面积(包括人工草地),确定草地植物群落类型,估测牧草产量。

2. 方案制订

在草地共管或共治模式下,轮牧方案需要由牧业管理部门指导,农村集体经济组织或村委会主持,在当地牧户或牧户代表参与共同完成。方案的内容应包括以下要点。

(1) 轮牧季带的划分

划区轮牧是一种放牧饲养方式,目标是根据饲草生长特性,充分利用牧草生长活跃期的高营养,匹配牲畜生长需要,获得较高的放牧收益。② 放牧季带的划分是根据不同草原类型的物质特点,规定时间和空间上较大范围的利用次序。③ 从调研情况来看,各地对于放牧季带的划分有四季牧场(春、夏、秋、冬),三季牧场(冬、春秋、夏)和两季牧场(冷季牧场和暖季牧场)等不同形式。当然,季节牧场的划分除考虑地形、土壤、植被等条件外,还需要通过天然放牧场冷季和暖季面积的合理划分,使饲草料资源达到最佳配置,并且与家畜的季节动态相匹配,实现草畜平衡。④ 其划分方法如下:⑤

$$暖季放牧场面积 = \frac{(家畜头数 \times 日食量 \times 放牧天数)}{(牧草产量 \times 利用率\%)}$$

---

① 参见石长辉等《划区轮牧的设计方法》,《内蒙古草业》2005 年第 2 期。
② 参见周道玮等《草地划区轮牧饲养原则及设计》,《草业学报》2015 年第 2 期。
③ 参见任继周、牟新待《试论划区轮牧》,《中国农业科学》1964 年第 1 期。
④ 参见石长辉等《划区轮牧的设计方法》,《内蒙古草业》2005 年第 2 期。
⑤ 参见张立中主编《中国草原畜牧业发展模式研究》,中国农业出版社 2004 年版,第 167 页。

冷季放牧场面积＝草原总面积—暖季放牧场面积—饲草料面积

(2) 季带内放牧单元的划分

放牧单元是足够形成一个完整的轮牧周期所需要的草原面积。根据上述季带面积划分的方法，在确定所需要的牧场面积之后，划区轮牧还需要通过草地流转、联户、合作社等形成足够面积的尽量集中连片的轮牧单元。

(3) 轮牧区载畜量的确定

在前述调查的基础上，参考农业部制定的《NY－T635－2015－天然草地合理载畜量的计算》，依据估测的草地产草量、牧草再生率、草地合理利用率、草地面积、测算的羊单位日食量和放牧天数等要素，计算出各类型草地各季节的合理载畜量。如果暖季草地全部划区轮牧，则暖季载畜量就是轮牧区的载畜量；若轮牧单元采用联户的组织形式，应以每户草地面积占单元面积的比重为权数，确定每户应该放养的牲畜数。[①]

(4) 确定放牧单元内的放牧小区数和面积

对于放牧小区的划分，在确定载畜量后，可以根据放牧间隔日期、放牧天数等要素确定划区轮牧所需要的区块数和区块面积。[②] 具体方法：

$$轮牧所需小区数 = \frac{放牧间隔天数}{(放牧时间天数 + 放牧的畜群数)}$$

$$轮牧小区面积 = 季节放牧草场面积 / 轮牧所需小区数$$

其中放牧间隔天数或轮牧周期是指牧草被采食以后，恢复到采食

[①] 参见石长辉等《划区轮牧的设计方法》，《内蒙古草业》2005年第2期。
[②] 参见周道玮等《草地划区轮牧饲养原则及设计》，《草业学报》2015年第2期。

前个体大小及营养状态所需要的时间，需要根据具体草地类型确定，一般草甸草原40天、典型草原50天、荒漠草原50—75天；放牧时间天数可以根据实际情况确定，草甸草原小区最多放牧天数为5—7天，典型草原5—8天；放牧的畜群数一般为1—3个，不能超过3个牲畜群；实践表明，6—9个小区能够满足划区轮牧要求，也与牧民财力基本适应。① 另外，根据《草原划区轮牧技术规程》，除上述常规的轮牧小区外，各轮牧单元应当另设1—3个备用小区，以备灾年放牧，平年、丰年放牧或割草，或用于草原改良。

（5）放牧频率和轮牧始终期的确定

放牧频率取决于放牧周期，根据不同类型草地的放牧经验，一般草甸草原4次，典型草原3次，荒漠草原2—3次，根据小区数目和放牧季长短可做适当调整。② 对于轮牧的始终期，根据《草原划区轮牧技术规程》的指引，要根据牧草返青生长情况和当地休牧时间确定，一般情况下，牧草返青后，牧草生长量达到产草量的15%—20%时开始轮牧，在草原牧草现存量占草原产草量的10%—15%时终止轮牧。

（6）牧场轮换方案

根据《草原划区轮牧技术规程》的指引，放牧小区轮换可以保持长期的均衡利用，具体方式是遵循一定的规律顺次变动，按每年的利用时间周期轮换。放牧单元在划分为轮牧小区后，每年要调整轮牧的次序，不能按照固定的顺序和时间连续利用草地，否则会导致单一牧草过度啃食、发育不良，牧草品种退化。③

3. 工程设计

在划区轮牧实施的过程中，需要必要的基础设施建设，例如建设

---

① 参见石长辉等《划区轮牧的设计方法》，《内蒙古草业》2005年第2期。
② 参见石长辉等《划区轮牧的设计方法》，《内蒙古草业》2005年第2期。
③ 参见任继周、牟新待《试论划区轮牧》，《中国农业科学》1964年第1期。

网围栏或电围栏,设计合理的放牧牧道及门位,建设饮水设施,布设营养舔砖、擦痒架、遮阴等设施。

(三) 划区轮牧的监督管理

划区轮牧方案制订后,为保障方案的顺利实施,需要确定专门的管理人员监督方案的执行。根据《草原划区轮牧技术规程》的指引,主要内容包括四项。

1. 制定畜群轮牧计划

按照基本放牧单元制定轮牧方案,以牧户、联户、合作社为具体放牧单元制定轮牧计划。根据草原类型、牧草再生产率,确定畜群轮牧的日常管理方案,制定如诸轮牧周期、频率以及放牧天数、补盐及疾病防治等方案。

2. 制定饲草料生产及储备计划

在冷季,需饲草料量的计算可以根据饲养畜群存栏数量、畜群结构来定,按照人工饲草料地提供饲草料或者按割草地、冷季草地及时储备,并充分考虑春季休牧时及灾年等因素储备饲草料。

3. 围栏及饮水设施管护制度

为了保障畜群放牧时穿越轮牧小区围栏,要定时检查饮水设施及围栏,饮水设施若有破损必须及时检修,围栏损坏时应及时修补。为保障饮水槽次年能正常使用,在冷季轮牧区休牧时须排空供水系统管道的存水。

4. 轮牧草原利用情况公示制度

将轮牧草原所有者、各小区轮牧日期、放牧天数、产草量、适宜载畜量等基本情况制牌公示,便于监督管理。

二 草畜平衡管理和禁牧休牧制度的完善

草畜平衡管理和禁牧休牧制度是我国草地生态保护制度的核心,

是通过对草地利用的监管实现对草地承载力和放牧压力的管控,实现草地资源的永续利用。以社会主义生态法治观和生态系统论思想为指导,草畜平衡管理制度和禁牧休牧立法应当恢复草地生态管理的本质,科学精准地确定载畜量和禁牧周期,依法保障牧民的草地承包经营权益。

(一)草畜平衡管理制度的完善

1. 恢复草地生态系统管理本质,依放牧单元生态系统质量变化调节牲畜数量

草畜平衡管理应恢复草地生态系统管理的本质,依据放牧单元草地生态系统质量变化调节牲畜数量,而不是简单的数量平衡管理。目前的草畜平衡管理本质上是饲草量和牲畜数量的数量管理模式,管理的重心在牲畜数量的控制而非草地生态系统的可持续发展。草畜平衡管理制度的改革首先应当转变观念,转变为依据草地生态系统质量变化而非饲草量来调节牲畜数量的管理,采用国际认可的以生态系统作为管理的最基本单位自然资源管理模式。①

2. 落实草畜动态平衡理念,科学核定草原载畜量

目前的草畜平衡管理是以平衡论为基础的固定的载畜量管理模式,不仅载畜量的核定周期较长(五年),而且载畜量计算标准忽视气候变化对草原生产力的影响。根据现代草地管理的非平衡理论和恢复力理论等,现有草畜平衡数量管理模式是无法适用我国具有较强异质性的草原管理实践的。未来草畜平衡管理应当基于草畜动态平衡理念,改进草原载畜量的计算方法。

---

① 参见杨理、侯向阳《草畜平衡管理与草地资源可持续利用》,《中国农业经济评论》2005年第3期。

(1) 落实草畜动态平衡理念

从草地生态系统论的角度，草畜平衡管理应当回归到对草原生态质量的管理和草地承载力的管理。对于异质性较强的非平衡生态系统应当改变固化的牲畜存栏数量管理方式，根据草地植被状况评估草地承载力，实现弹性的草畜平衡管理。为此应当改变现有的基于平衡论的草地管制模式，引入草地共治或共管模式，大力推行划区轮牧，实现草地治理中草地行政管理部门和牧民之间权力的共享。同时，应当改进现有的草原载畜量计算办法，将气候变化、放牧方式改进等因素纳入载畜量计算的考虑因素。

(2) 改进草原载畜量计算方法

目前的草原载畜量计算方法尽管已经考虑到不同类型的草地盛草期产草量的时间差异、不同热量带和不同草地类型牧草再生率的差异、不同草地类型合理利用率的差异、不同利用时间段的产草量以及不同牲畜品种的日食量等要素，但是仍然有改进的余地。

首先，改进草原载畜量的核定办法。目前草原载畜量以五年为周期进行核定，显然无法适应较强异质性的草地管理。改进的办法有以下几种：一是在草地植被监测技术和成本允许的情况下尽量缩短核定周期，最好能够实现按照放牧季节确定放牧草地载畜量，即采用生态载畜量计算载畜量；① 二是采用弹性的载畜量计算办法，在定期监测草地产草量的基础上，根据正常年份的载畜量标准考虑影响草原产草量变动的偶然因素，例如降水变化、鼠虫害、风蚀水蚀等，对载畜量作适当调整；三是将载畜量核定主体下放至村集体经济组织，县级草地行政管理部门负责监管，由村集体经济组织根据监测的草地产草量动态调整载畜量。

---

① 参见李洪泉等《草原生态载畜量测算核定方法研究》，《草地学报》2018年第6期。

其次，应当采用以植被覆盖度为基础的载畜量计算办法。根据农业部制定的《NY－T635－2015－天然草地合理载畜量的计算》和《NY－T－1233－2006－草原资源与生态监测技术规程》，草原产草量采用地面监测结合遥感监测方法获得，按照不同草原类型的再生率计算可食牧草产量。该计算方法没有考虑到干旱半干旱草地基于草地生态保护的最低植被覆盖度要求。在干旱半干旱草地，草地真正适宜的载畜量就是超过有效覆盖度的牧草所能供养的牲畜数量，确定载畜量应当循着"植被有效覆盖度→牧草可采食率→牧草可采食量→载畜量"的思路进行。①

再次，按放牧方式确定载畜量的计算方法。在存在休牧和轮牧的情况下，草地的牧草产量与完全自由放牧的牧草产量是有所差异的，为鼓励牧户采取休牧和划区轮牧的方式利用草地，可以适当提高休牧和轮牧的载畜量作为激励。草畜平衡核定时，在完全自由放牧、季节性休牧、划区轮牧等不同的利用方式下可以有不同的载畜率。②

最后，草畜平衡管理应当区分草原载畜量和允许的最大饲养量。草原载畜量应当是指某个放牧单元在特定时间段内在维持草地可持续生产的前提下所能承载的最多家畜数量。草原载畜量的核定只有明确到具体的放牧单元和具体的放牧时间才是有意义的，超载的判定才是符合草地利用状况的。同时，在现代畜牧业生产方式下，牧业经营者对饲养方式和饲草料的来源往往有很大的选择权和灵活性，牲畜饲草料的来源已经多元化，除自由放牧草地外，多数牧户往往采取租赁草地、购买饲草饲料、采取舍饲圈养等牧业经营方式。在这种情况下，单纯以承包草原面积或草原产草量来核算饲养量，显然不够合

---

① 参见黄富祥等《生态学视角下的草地载畜量概念》，《草业学报》2000年第3期。
② 参见李青丰《草畜平衡管理：理想与现实的冲突》，《内蒙古草业》2005年第2期。

理，不利于专业养殖大户的发展。① 草畜平衡管理应当回归草地生态质量管理，其核定的草原载畜量应当是具体放牧单元和具体放牧时间段内允许放牧的家畜数量，而非针对特定牧民的牲畜存栏数量或饲养量。

3. 草畜平衡的责任主体应当落实到具体的超载放牧户

在科学合理地以放牧单元为对象确定草原载畜量后，草畜平衡管理的重点应当落实到具体放牧时间段内的放牧牲畜数量的管理方面。监管部门和农村集体经济组织或放牧单元管理者可以通过先进的技术设备，如电子围栏、监控设备和无人机监控等方式，对特定时间段内该放牧单元的牲畜数量实时监控，控制单位时间内进入放牧单元的牲畜数量（类似于景区的观众数量总量控制及动态调控措施）。如果发现超载，在经过核实确定具体的超载放牧者后，责令其限时限期改正，否则予以处罚。

4. 应当加大草畜平衡的处罚力度，明确规定超载处罚的种类

随着畜牧业牛羊价格的上升，部分地方性法规中的处罚力度明显没有威慑作用，因此应当根据市场行情设定处罚限度。基于法律的权威性和防止地方性法规滥设处罚种类的考虑，建议《草原法》修改时应当明确废除《草原法》第73条的授权，明确规定超载处罚的种类和金额计算办法，可以规定如下："违反本法规定，超过核定的载畜量放牧的，由县级以上人民政府草原和林业行政主管部门核实牲畜数量和牲畜所有者后，责令改正，拒不改正的，对违法放牧者按照违法放牧羊单位的当地市场价格的20%罚款。草地承包经营者和草地经营者超载放牧三次以上的，同时取消其享受的草地生态保护奖励。"其理由是：在按照放牧单元核定特定时间段内的放牧数量后，通过监测发现

---

① 参见李青丰《草畜平衡管理：理想与现实的冲突》，《内蒙古草业》2005年第2期。

超载的，草原监管部门和管理人员有权及时制止违法放牧者，并责令限期限时改正，对于拒不改正的，可以按照当地放牧羊单位的市场利润率给予处罚。此处的违法放牧者不仅指超过核定的载畜量放牧的草地经营者，也包括越界放牧导致超载的放牧者。草原监管部门应当在发现放牧单元超载后及时制止，收集证据核实情况，对违法放牧者给予行政处罚。对于草地经营者多次超载放牧的，应取消其享受的草地生态保护奖励，以便将草地生态补奖政策和草地生态保护效果相结合，加强草地生态保护补奖政策的激励效果。

（二）禁牧休牧制度的完善

《草原法》第48条授权国务院或者省、自治区、直辖市人民政府就退耕还草和禁牧、休牧作出规定，但是本书认为应当从有利于统一地方执法的角度，应当由国务院草原行政管理部门就禁牧休牧的范围、期限、禁牧休牧的转换、处罚措施和流转等问题作出专门规定。

1. 休牧纳入禁牧补助范围，按禁牧时间给予补助

休牧作为一种草地行政管理措施，是指在特定时间段禁止放牧，本质上是季节性的禁牧，应当纳入禁牧制度范围。为激励牧民采取休牧措施，对休牧造成的损失给予补偿，在草原行政主管部门对特定放牧单元实施休牧措施后，休牧草地的承包经营者和经营者可以按照禁牧政策按照禁牧时间段享受禁牧补贴和其他生产性补贴。

2. 科学确定禁牧的期限，动态调整禁牧措施

由调查和访谈可见，禁牧政策短期见效，但是长期贯彻下去却有较多的负面效应。《第三轮草原生态保护补助奖励政策实施指导意见》提出："通过优化调整草原禁牧区和草畜平衡区，实现对草原科学有序利用，在有效保护草原生态的同时，兼顾农牧民发展生产的权益。"地方草原行政管理部门应当定期评估草地质量和草地等级，确定草地管

理模式（禁牧区、休牧区、草畜平衡管理区等）。在草地等级发生变化时，由牧业监管部门主动调整草地等级，或者由草地经营者根据草地等级变化情况申请牧业监管部门调整草地管理模式，将完全禁牧区转换为阶段性禁牧区或者草畜平衡区并执行相应的草原生态保护政策和补奖政策。

3. 完善休牧和禁牧处罚规定

尽管《草原法》第48条授权国务院或者省、自治区、直辖市人民政府就退耕还草和禁牧、休牧作出规定，但是基于休牧和禁牧处罚涉及公民权利，为规范各地方性立法的行政处罚措施，应由《草原法》明确规定违法禁牧、休牧的处罚措施。建议《草原法》明确规定："违反本法规定，在休牧和禁牧地区放牧的，由县级以上人民政府草原和林业行政主管部门责令改正，拒不改正的，对违法放牧者按照违法放牧羊单位的当地市场价格的20%罚款。草地承包经营者和草地经营者违法放牧三次以上的，同时取消其享受的草地生态保护补助。"

4. 禁牧休牧不影响草地承包经营权和草地经营权流转

草地禁牧和休牧实质上是对草地利用的限制性规定，并非根本上剥夺草地财产权利，不应当导致草地处分权能的剥夺。当然，由于草地生态补奖政策的实施，在草地承包经营权转让和草地经营权流转后，应当明确由受让者而非原先的草地承包经营者享受补奖政策，以避免补奖政策享受者和草地实际经营者权利、责任和利益的脱节和错位。

（三）草地生态保护监管的完善

未来草畜平衡管理改革应当是基于多元化的草地管理模式，推行草地共管共治模式下，对草地生态保护监管立法进行完善。

1. 划清保护机构职责范围，提高执法部门执法能力

应当划清地方草原监督部门和自然保护区、国家公园之间职责范围，加强草原管护队伍建设和装备水平，提高监管部门的执法能力和效率。①《草原法》第56条规定的草原监督管理部门主要是各级人民政府草原行政主管部门设立的草原监督管理机构，国家级自然保护区、国家公园等管理机构未列入草原监督管理部门。实践中，各保护机构权属范围内的草原仍由地方人民政府管理，造成地方管理与保护区管理条例之间存在一定矛盾，地方政府与保护机构权责不够清晰，监管存在重叠。建立修改《草原法》第56条的规定为："国务院草原行政主管部门，草原面积较大的省、自治区的县级以上地方人民政府草原行政主管部门以及国家级自然保护区和国家公园设立草原监督管理机构，负责草原法律、法规执行情况的监督检查，对违反草原法律、法规的行为进行查处。"

2. 重视牧民参与生态治理和监管，降低监管的行政成本

从调研情况来看，由于机构调整，草监部门由农业农村部门调整到农业农村工作部，使得草原监督管理的力量进一步削弱。在禁牧和草畜平衡管理方面，单纯依靠行政管理和行政处罚措施面临很高的执法成本，而且效果不明显。为此，基于草地共治模式，要建立保障基层牧民群众、中小牧户广泛参与的规章和组织，确保基层牧户的参与权、知情权、话语权以及自由裁量权。② 建立草原监管中稳定的协商关系、鼓励村民参与和发挥村民集体行动的能力，③ 通过多样化的地方社

---

① 参见潘建伟等《草原生态补助奖励政策效益评估——基于内蒙古呼伦贝尔新巴尔虎右旗的调查》，《农业经济问题》2020年第9期。
② 参见常丽霞、沈海涛《草地生态补偿政策与机制研究——基于黄河首曲玛曲县的调查与分析》，《农村经济》2014年第3期。
③ 参见王晓毅《互动中的社区管理——克什克腾旗皮房村民组民主协商草场管理的实验》，《开放时代》2009年第4期。

区自主治理，实现放牧利用前提下的草地多功能优化管理。①

三　草地生态补偿政策的立法构建

（一）建立草地生态补偿法律制度

1. 草地生态补偿法的立法目的

从政策和理论上，草地生态保护补助奖励政策当属草地生态补偿制度的必然内容之一。从目前草原生态补奖政策文件的内容来看，草原生态保护补助奖励政策的政策目标在于促进草原生态环境稳步恢复的同时，促进牧区经济可持续发展，稳步提高牧民收入水平。未来草原生态补偿法律的立法目的应当贯彻上述政策目标，兼顾生态效益、社会效益和经济效益，将草原生态补偿定位于综合考虑草原生态保护成本、发展机会成本和草原生态系统服务价值的基础上，采取财政转移支付和市场交易等方式，对草原生态保护给予合理补偿的行为。② 草原生态补偿政策尽管初衷在于保护草原生态，但是亦不能忽视牧民生计问题，更不能将草原生态保护与补助奖励割裂开来，沦为政府对牧民的扶贫政策。基于草原生态补偿的立法目的，未来应当理顺草原生态补偿的工作机制，将农业农村部发放的"农牧民补助奖励资金"划归林业和草原局发放，并且恢复名称为"草原生态保护补助奖励资金"，将生态保护与补奖政策结合起来，以方便资金监管，方能体现草原生态保护补偿政策和立法的目的。

2. 草原生态补偿法的立法模式

虽然《环境保护法》第31条规定："国家建立、健全生态保护补

---

① 参见杨理《中国草原治理的困境：从"公地的悲剧"到"围栏的陷阱"》，《中国软科学》2010年第1期。

② 参见王曙光、王丹莉《减贫与生态保护：双重目标兼容及其长效机制——基于藏北草原生态补偿的实地考察》，《农村经济》2015年第5期。

偿制度"，《草原法》第 35 条和第 48 条亦对退耕还草和禁牧补助有所规定，但是中国目前仍未建立完善的生态补偿立法体系。《生态补偿条例》在 2010 年就列入国务院立法计划，但是至今未能出台。从理论上来说，未来草原生态补偿立法有两种模式，一是基于《环境保护法》第 31 条的原则性条款，国家专门出台统一的生态补偿法律，涵盖各类生态要素的补偿，其中专门规定草原生态补偿。二是在单独的生态保护立法中先行规定各类生态补偿制度，例如在《草原法》中专章规定草原生态保护补偿制度，然后再行抽象出各类生态要素保护补偿的一般规则，统一立法。① 基于立法成本考虑，未来立法可以按照第二种方案在《草原法》中专设篇章规定草原生态保护补偿制度，具体规定草原生态补偿的概念、补偿原则、补偿主体、补偿范围、补偿方式、补偿标准和监管等内容。②

（二）完善草原生态保护补奖政策

1. 规范草原生态保护补奖项目

草原生态补偿的目的在于通过补奖方式弥补草原经营者因禁牧、草畜平衡等遭受的损失，除禁牧补助和草畜平衡奖励外，还包括牧民生产性补贴。对于目前退牧还草工程应当区分生态保护补偿项目和单纯的生态治理项目，例如围栏和设施棚圈、人工饲草地建设的补贴当属于对牧民生态保护补偿项目，应当纳入草原生态补偿项目的范围；退化草原改良、黑土滩治理、毒害草治理等则属于单纯的生态治理项目。未来草原生态补偿立法应当对退牧还草工程中的生态保护补偿项目统一规范纳入草原生态保护补偿的范围。

---

① 参见刘晓莉《我国草原生态补偿法律制度反思》，《东北师大学报（哲学社会科学版）》2016 年第 4 期。

② 参见李静《我国草原生态补偿制度的问题与对策——以甘肃省为例》，《草业科学》2015 年第 6 期。

2. 扩大草原生态补奖范围，实行多元化补奖方式

目前补奖政策的范围仅针对已承包的草地，未将未承包的村集体管理的草地包括在内。这导致实践中村集体对于未承包草地难以纳入禁牧或草畜平衡管理的范围，缺乏生态保护的资金和激励措施，容易导致未承包草地缺乏管理而超载过牧。对于实施休牧的草地应当结合休牧时间，纳入季节性禁牧补贴范围给予禁牧补助。对于实施划区轮牧的，应当按照划区轮牧的实施效果，在草畜平衡奖励中给予略高于自由放牧方式的奖励，以此激励牧民采取划区轮牧的经营方式。同时，生态补偿的方式主要以资金方式直接支付给牧民，这种方式直接简单易操作，但是却忽视不同生态功能区牧民的特殊需求，例如高寒草原区的生态移民更愿意接受现金补助、就业培训和围栏修建，而干旱草原区与荒漠草原区的农牧民则更愿意接受补助饲草料、修建棚圈和改良家畜等补偿方式。[①] 未来生态补偿政策应当根据不同生态功能区牧民的需求因地制宜以牧民饲草料、贷款和养殖设施等方式给予牧民补偿。

3. 建立"草原生态补偿基金"，多渠道筹集草原生态补偿资金

国务院《关于健全生态保护补偿机制的意见》指出生态补偿的基本原则是"政府主导、社会参与"。借鉴国外生态补偿理论和实践，我国生态补偿应以政府补偿为主导，市场补偿为辅，政府补偿可以采取征收生态环境税、建立生态专项基金和财政转移支付等方式，市场补偿则可以由草原资源使用者和破坏者通过协商付费的方式对草原生态的保护者和受损者进行补偿。[②] 特别是，可以借鉴《中央财政森林生态

[①] 参见王小鹏等《基于不同生态功能区农牧户认知的草地生态补偿依据研究》，《中国草地学报》2012 年第 3 期。

[②] 参见叶晗等《我国牧区草原生态补偿机制构建研究》，《中国农业资源与区划》2020 年第 12 期。

效益补偿基金管理办法》的规定建立草原生态效益补偿基金，统筹草原生态补奖的公益资金，实现草原生态补偿长效机制。①

4. 扩大补奖对象范围，真正实现保护者受益的生态补偿原则

草原生态补奖政策的目标在于通过补奖草原生态保护者的损失而促进草原生态的保护，生态补奖的对象是那些真正对草原生态保护有所付出的主体。在落实草原生态补奖政策的过程中，应当将对未承包草地进行管理的牧区集体经济组织纳入补奖对象，而草原流转后取得草地经营权的主体则根据流转合同的约定取得补奖资金。基于生态补奖政策的目的，草原流转后补奖资金的发放应当体现权责一致的原则，加强禁牧和草畜平衡实施情况的监督，将生态保护效果和补奖资金发放相结合。

5. 科学评估补奖标准，实施差异化补奖政策

从调研来看，牧民对于生态补奖标准的主观认可度是较低的，分析其原因不仅是补偿标准低的问题，更重要的是补偿标准欠缺科学化和差异化，牧民认为补奖政策缺乏公平性。未来生态补奖标准的确定，一方面应当采取"直接成本＋机会成本"的方法合理确定不同超载程度的减畜收入的损失和畜牧业经营成本提高的损失，②另一方面各地区不能采取单一化的草原承包面积或人口标准，而应当在确定平均补偿标准的基础上，再根据各地区草原生长能力、人工草地面积、牲畜养殖品种等资源禀赋差异适当的调整补偿标准，并且在补偿机制实施期，结合自然、市场等不确定性风险，动态调整补偿标准。③

---

① 参见王曙光、王丹莉《减贫与生态保护：双重目标兼容及其长效机制——基于藏北草原生态补偿的实地考察》，《农村经济》2015 年第 5 期。

② 参见巩芳等《内蒙古草原生态补偿标准的实证研究》，《干旱区资源与环境》2011 年第 12 期。

③ 参见刘宇晨《草原生态补偿标准设定、优化及保障机制研究》，博士学位论文，内蒙古农业大学，2018 年。

6. 优化激励模式，生态保护效果与生态补奖资金的发放挂钩

草原生态补奖政策的首要目标在于激励牧民采取禁牧休牧和草畜平衡等生态保护措施，实施的效果依赖于禁牧和草畜平衡的实施。《草原法》和相关生态补奖政策应当明确规定违反禁牧休牧和草畜平衡的，应当承担罚款并取消补奖政策等法律责任。

(三) 生态保护补奖政策关联制度的完善

1. 建立草原生态补奖与草原生态保护效果相关联的工作机制

伴随着2018年国务院机构调整，农业农村部的草原监管职能划归国家林业和草原局，原有的"草原生态保护补助奖励政策"变为"农牧民补助奖励政策"，仍然保留在农业农村工作部，而原有的"绩效考核奖励资金"变更为"草原生态修复治理资金"划入国家林业和草原局。名称的变化不但使得原有的草原生态保护补助奖励政策与草原生态保护相脱离，而且导致禁牧和草畜平衡管理与补助奖励政策脱节，无法对违反禁牧和草畜平衡采取有效的处罚措施。基于草原生态补偿的立法目的，未来应当理顺草原生态补偿的工作机制，将现行农业农村部工作部"农牧民补助奖励资金"划归林业和草原局发放，并且恢复名称为"草原生态保护补助奖励资金"，将生态保护与补奖政策结合起来，以方便资金监管，方能体现草原生态保护补偿政策和立法的目的。

2. 全面落实草原确权登记工作，实现草地有序流转和规模经营

草原承包制的落实和确权登记是有效实施草原生态补偿政策和草地有序流转的基础。在调研访谈中，课题组发现由于对草原和林木范围的界定不明，草地划界和颁证的过程中往往会出现"一地两证"和监管范围重叠的问题。一方面，应当在贯彻落实2015年农业部《关于开展草原确权承包登记试点的通知》（农牧发〔2015〕5号）的基础

上，继续深入推进草原承包确权登记工作，特别是将未承包草地和虽然已签订承包合同但未落实承包草原的进行确权颁证，为落实草原补奖政策提供基础。另一方面，应当加强草地流转和适度规模经营的政策引导，促使牧民在提高牧业经营规模的同时，能够通过轮牧、休牧方式实现草地的合理利用，实现草地生态保护和牧民收入提高的良性运行。

3. 增加草原生态保护建设资金，加快推进牧区现代化发展和牧民增收

其一，中央应增加生态建设财政支出，加强退牧还草工程和新型牧业方式的财政扶持力度，特别是加大对牧区规模化养殖的后期建设资金投入，给予地方政府项目资金使用自主权，对效果不显著的项目工程进行缩减，因地制宜地提高资金的使用效益。其二，加快畜牧业的转型升级，实现传统畜牧业的数量取胜转向新型畜牧业的以质量和效益取胜。持续推进舍饲圈养和人工饲草地建设，同时加强圈养的牲畜品种选育、人工饲草的牧草种植等技术支持。其三，通过多渠道增收渠道，促进富余劳动力转产就业，缓解草原承载的人口压力。政府应当加大农牧民和生态移民的就业培训力度，多渠道组织劳务输出，特别是通过生态旅游等项目带动农牧民就地转产转业。其四，政府应出台生态旅游规范建设标准和税收优惠政策，同时开通高效便民的生态旅游申请渠道，简化审批流程，促进牧民通过自家草地搞活生态旅游增加收入。

结　语

　　生态文明是人类遵循自然生态规律和社会经济发展规律，实现人类社会与自然生态有机融合、和谐发展的一种文化伦理形态，生态文明的本质在于建立人与自然和谐共处，实现人类社会的永续发展。社会主义生态文明观是充分汲取人类优秀文明成果和中华优秀传统文化智慧的结晶，是我国生态文明建设的指导方针，也是本书解决草地生态保护和牧民生计保障之间矛盾的指导思想。

　　以生态文明视角，观察我国草地承包经营制度的历史变迁，可以发现在草地承包经营制度推行后，牲畜的私有化和草地家庭承包经营不仅导致草地的细碎化经营，而且打破了传统游牧轮牧的草原经营方式。这种经营方式的改变虽然短期内提高牧民的经济收益，但是由于草地利用的细碎化和放牧空间的压缩，牧民被迫的过度放牧导致草原生态持续恶化。国家为维护草原生态被迫采取强有力的管制性措施，但是在实施过程中，由于监管成本高昂并且以牺牲牧民收入为代价，始终难以取得预期效果。

　　在此基础上，结合现代草地生态学理论，观察我国现行草地承包经营法律制度的立法现状和实施状况，可以发现以家庭承包为基础的草地承包方式和分户经营方式，以及建立在草地家庭承包基础上的草畜平衡管理、禁牧补贴和减畜措施等，本质上是以草地平衡生态系统理论为基础的草地私人利用模式运用结果。这种草地管理模式虽然有利于明晰草地产权，但是在牧区"人多地少"的现实情况下，其导致的必然结果是草地细碎化经营、草地整体生态系统割裂，这违背了草地利用规律。特别是在干旱半干旱草原等非平衡生态系统中，由于草地植被分布在时空尺度内具有明显的异质性，现行的私人利用模式和草地管理方式明显水土不服。同时，现行立法中集体土地所有权和国家土地所有权权能的虚化，发包方草地收回权和调整权的严格限制，"三权分置"下制约草地承包经营权和草地经营权流转的因素普遍存在，实践中农村集体经济组织或村委会很难发挥农村双层经营体制的统一经营的制度优势，实现草地适度规模经营。

基于草地承包经营制度的历史考察，规范检讨和实践省思，以社会主义生态文明观为指导，以现代草地生态学理论为基础，本书提出引入草地共治模式完善我国的草地利用和管理制度。其理由是现行草地公有制为基础的草地集体所有权和使用权在实施草地共管模式上具有天然的制度优势，草地共管模式不仅可以改变官僚化和僵化的草地政府规制模式，以较低的制度成本提高草地管理的效果，而且能够充分吸收牧民经验知识和传统游牧文化精髓，有利于牧业的可持续发展。相比较私人产权模式和政府管制模式，其具有明显的制度成本上的优势。

首先，借鉴非平衡论范式下草地管理的经验，完善草地承包方式，推行承包方式的多元自治。对于草地生态系统相对稳定的牧区，以平衡论范式为基础，可以继续实施以家庭承包经营和载畜量控制为核心的草畜平衡管理模式。对于具有非平衡草地生态系统特征的干旱半干旱牧区，则应当遵循非平衡范式，以牧民集体民主决议的方式，实行多种承包方式或者不实施承包制而由集体统一经营。

其次，大力推行划区轮牧和草地经营方式多元化，实现草地适度规模经营。划区轮牧不但是一项实现草地管理现代化的农业关键技术，而且是一项能够合理利用草地、缓解草畜矛盾，保护草地生态环境的草地管理方法。适度规模经营不仅能够促进草地可持续利用、维护草原生态环境，也能够提高牧业经济效益以实现提高牧民收入水平的目标，其可以采取联户经营、（股份）合作社经营和家庭牧场经营等多种形式。

再次，建立健全牧区集体经济组织法人组织形式对于保障牧区草地承包经营制度有效落实和适度规模经营，实现草地管理模式从管制向共治的转变，都具有基础性作用。未来农村集体经济组织立法可以将股份经济合作社作为牧区集体经济组织的典型组织加以规范，在此基础上再规定经济合作社的特殊规则或准用规则，实现牧区集体经济组织法人组织形式选择的有限自由。

最后，以社会主义生态文明观和现代草地生态理论为指导，按照社会主义生态法治观的要求，应当继续完善《民法典》《农村土地承包法》和《草原法》的相关规定。在纵向法律体系层面，一是应将草地第二轮承包结束后的延包政策、集体统一经营的政策和草原生态补奖政策上升到法律，二是应当梳理现行的草地承包经营立法，协调中央立法和地方立法关系，避免地方立法不必要的重复立法、立法错位和更新不及时，三是应当加快草畜平衡管理办法、基本草原保护管理办法、禁牧和休牧管理办法等授权性立法的出台。在横向法律体系层面，基于草地的生态功能属性，草地承包经营立法应当体现社会主义生态文明观，而不是照搬《农村土地承包法》的规定。

在具体规范层面，从解释论可以明确，草地集体所有权的主体是农民集体而非农村集体经济组织，但是农村集体经济组织是法定的集体所有权的行使主体。未来农村集体经济组织法中应当明确农村集体经济组织的概念和组织形式以此解决集体所有权主体虚化的问题。依据山水林田湖草沙生命同体的综合治理观，《民法典》《农村土地承包法》和《土地管理法》应当统一各类土地的承包期为30年，除法律另有规定外，承包期届满后可以依法自动续期。为避免土地承包权与土地承包经营权混淆，《农村土地承包法》第9条应当删除"保留土地承包权"的规定。对于其他方式承包的土地经营权，应当明确规定参照适用《农村土地承包法》第二章第五节土地经营权的规则。

对于草地承包经营制度的完善，《草原法》应当着眼于草原使用权、发包方收回权和调整权、草地承包方式、草地经营权等制度的修改。例如《草原法》修法应当明确规定草原使用权由农村集体经济组织无偿取得，长期使用，不得转让和抵押，因生态移民等原因不再使用国有草原的，由县级以上人民政府依法收回草原使用权。《草原法》可以规定实施"以家庭承包经营为主体、统分结合的双层经营体制"，而不是以家庭承包经营为基础的经营体制，承包经营的主体可以是家庭，也可以是联户，甚至是牧区集体经济组织。在经过农村集体经济组织成员共同决议后，可以不实行承包制而由农村集体经济组织统一经营。对于实践中出现的草地和林地的"一地两证"问题，应当通过统一林地和草地的划分标准，加快自然资源统一确权登记改革等方式解决。同时，《草原法》应当强化发包方在草地生态保护方面的权利以及草地经营权人的生态保护义务及其责任，赋予发包方在草地承包经营权人严重破坏草地生态环境时的收回权和基于草地生态保护的需要连片整合草地的调整权。在草地经营权规则完善方面，应当尽快制定《草地经营权流转管理办法》，促进草地经营权规范流转，依法保障草地的适度规模经营。对于联户承包和联户经营，《草原法》可以规定参照《民法典》按份共有的规则处理。

对于草地生态保护法律制度的完善，未来立法应当贯彻人与自然和谐共生的生态文明发展观，通过行政法规或部门规章明确规定划区轮牧、禁牧休牧、草畜平衡管理和草地生态补偿等草地管理制度。对于划区轮牧，未来立法应当明确规定轮牧方案的设计、牧民参与制度和激励管理措施等制度。对于草畜平衡管理制度，立法理念上应当恢复草地生态系统管理的本质，依据放牧单元草地生态系统质量变化调节牲畜数量，而不是简单的数量平衡管理，具体制度上应当落实草畜动态平衡理念，科学核定草原载畜量，草畜平衡的责任主体应当落实到具体的超载放牧户，应当加大草畜平衡的处罚力度，明确规定超载处罚的种类。对于禁牧休牧，立法应当将休牧纳入禁牧补助范围，按禁牧时间给予补助，科学确定禁牧的期限，动态调整禁牧措施，完善休牧和禁牧处罚规定，明确规定禁牧休牧不影响草地承包经营权和草地经营权流转。在监管制度方面，立法应当划清地方草原监督部门和自然保护区、国家公园之间的职责范围，加强草原管护队伍建设和装备水平，提高监管部门的执法能力和效率，应当重视牧民参与生态治理和监管，降低监管的行政成本。在草地生态补偿方面，立法应当明确规定承包牧户有权获得草地生态保护补偿，建立完善的草原生态补偿法律制度，在《草原法》专章规定草原生态补偿制度，健全生态补奖项目和范围、补奖方式、补奖资金来源、补奖对象、补奖标准等基本制度，实现草原生态保护和牧民生计的协调发展。

总之，解决草地生态保护和牧民生计之间的矛盾是一项复杂、长期而艰巨的系统工程，不仅需要政策、科技、金融、财税等协同配合，而且需要完备的法治体系加以保障。本书以社会主义生态文明观和现代草地管理理论为指导，从草地承包经营法律制度层面提出完善的路径和具体规则设计，其目的是通过制度设计，为草地生态保护和牧民生计保障之间的矛盾化解提供稳定而有预期的解决方案。当然，上述方案的实现，例如草地共管模式的建立，依赖于实践中诸多条件的满足，具体规则的合理性和可操作性仍然有待实践检验和不断完善。

附录一

条文建议稿

一 《民法典》《土地管理法》《农村土地承包法》相关条款的修改

1. 牧区基本经营制度的完善

建议未来《民法典》第330条第1款的规定修改为："农村集体经济组织实行家庭承包经营为基础、统分结合的双层经营体制，其他法律另有规定的除外。"《农村土地承包法》第3条第2款修改为："农村土地承包采取农村集体经济组织内部的家庭承包方式，不宜采取家庭承包方式的荒山、荒沟、荒丘、荒滩等农村土地，可以采取招标、拍卖、公开协商等方式承包，法律另有规定的除外。"

修改理由如下。

首先，《草原法》第13条已经明确规定家庭承包之外的联户承包方式，草地承包方式事实上已经突破"家庭承包经营为基础、统分结合的双层经营体制"，应当将《草原法》规定的多种承包方式作为《农村土地承包法》的例外进行规定。

其次，民族自治地方可以变通执行《农村土地承包法》规定的家庭承包为基础的基本经营制度。草地无疑是多数民族自治地方土地的典型形态，根据《民族区域自治法》第 27 条的规定："民族自治地方的自治机关根据法律规定，确定本地方内草场和森林的所有权和使用权。"结合《草原法》第 13 条的规定，民族自治地方可以通过制定自治条例变通执行《农村土地承包法》和《民法典》中的家庭承包经营制度，即牧区可以实施"以家庭承包经营为主体、统分结合的双层经营体制"，而不是以家庭承包经营为基础的经营体制。

2. "三权分置"和土地承包经营权规定的完善

建议《民法典》第 331 条修改为："承包方依法对其承包经营的耕地、林地、草地等享有占有、使用和收益的权利，有权从事种植业、林业、畜牧业等农业生产。"《农村土地承包法》第 9 条修改为："承包方承包土地后，享有土地承包经营权，可以自己经营，也可以流转其承包地的土地经营权，由他人经营。"修改理由是：在《农村土地承包法》修改后，以其他方式承包"四荒地"取得的土地经营权不具有身份属性，不属于土地承包经营权的含义范围，应当将土地承包经营的主体界定为承包方，而非土地承包经营权人。同时，由于"三权分置"政策中土地承包权与土地承包经营权的内涵具有一致性，为避免两者的混淆，《农村土地承包法》第 9 条应当删除"保留土地承包权"的规定。

3. 土地承包期的规定

建议修改《民法典》第 332 条、《农村土地承包法》第 21 条和《土地管理法》第 13 条，明确规定："土地承包期为 30 年。除法律另有规定外，承包期届满后可以依法自动续期。"修改理由是：一是避免不同土地类型内部转换导致土地承包经营权人之间期限差异造成的权利不平等；二是要强化集体所有权主体的权利，为承包期届满后发包人适当调整承包地预留政策空间。

4. 其他承包方式取得的土地经营权的法律适用

建议《农村土地承包法》第 48 条修改为："不宜采取家庭承包方式的荒山、荒沟、荒丘、荒滩等农村土地，通过招标、拍卖、公开协商等方式承包的，适用本章规定。本章没有规定的，参照适用本法第二章第五节土地经营权的规定。"修改理由是：派生于土地所有权的土地经营权，与派生于土地承包经营权的土地经营权一样，均因当事人之间的土地经营权合同而设立，同样具备登记能力和再流转的能力，因此可以参照适用《农村土地承包法》第二章第五节土地经营权的规则。

二 《草原法》相关条款的修改

1. 发包方承包合同解除权

建议《草原法》第 14 条增加第 3 款：承包经营草原的单位和个人违反本条第二款的规定，导致草地严重退化的，发包方可以解除草地承包合同，收回承包的草地。修改理由是：虽然草地承包经营权对于保障牧户生计具有重要意义，但是在生态保护优先的原则下，应当强化发包方的收回权。《关于完善农村土地所有权承包权经营权分置办法的意见》亦提出："农民集体是土地集体所有权的权利主体，在完善'三权分置'办法过程中，要充分维护农民集体对承包地发包、调整、监督、收回等各项权能，发挥土地集体所有的优势和作用。"从调研来看，对于"非法采挖，导致草地生态严重破坏""擅自改变草地的牧业用途的"等严重破坏草地生态环境的行为，大多数牧民对发包方收回草地是持支持态度的。

2. 发包方承包合同调整权

修改《草原法》第 13 条第 2 款的规定为：在草原承包经营期内，不得对承包经营者使用的草原进行调整；因自然灾害严重毁损承包草地等特殊情形和考虑承包草原生态系统的完整性确需适当调整的，必须经本集体经济组织成员的村（牧）民会议三分之二以上成员或者三分之二以上村（牧）民代表的同意，并报乡（镇）人民政府和县级人民政府草原行政主管部门批准。修改理由是：原先的草地承包方案往往根据牧民人口和牲畜数量划分为较细碎的单元，导致草地放牧单元被不合理地分割。根据《国务院办公厅关于加强草原保护修复的若干意见》（国办发〔2021〕7号）的规定："在落实草原承包经营制度和规范经营权流转时，要充分考虑草原生态系统的完整性，防止草原碎片化。"为草地生态保护的需要，在落实第三轮承包时应当允许发包方为实现草地整体利用，对承包的草地做出适当调整。

3. 草地使用权的规定

建议《草原法》第11条增加第2款规定，明确规定："草原使用权由集体经济组织无偿取得，长期使用。"修改理由是：国有草原取得使用权后一般由农村集体经济组织统一经营或者承包经营，具有某种对农村集体经济组织成员的社会福利和生产生活保障功能，这与农村土地承包法的立法价值是相同的。同时，虽然根据《国务院关于全民所有自然资源资产有偿使用制度改革的指导意见》（国发〔2016〕82号）的规定要"建立国有草原资源有偿使用制度"，但是亦将草原使用权排除在外，即"对已确定给农村集体经济组织使用的国有草原，继续依照现有土地承包经营方式落实国有草原承包经营权"。这是基于草地承包经营权的生产生活保障功能的必然要求，在牧区牧民社会保障水平较低的情况下，继续坚持无偿使用是现实需要。

建议《草原法》第11条增加第3款规定，明确规定："草原使用权不得转让和抵押。"修改理由是：确认给农村集体经济组织的草原使用权带有类似划拨的性质，是专门确认给特定农村集体经济组织使用的牧业用地，带有某种身份属性，与土地所有权类似，属于禁止转让和抵押的财产权。

建议《草原法》第 11 条增加第 4 款规定，明确规定草原使用权的收回规则，"因生态移民等原因不再使用国有草原的，由县级以上人民政府依法收回草原使用权，注销草原使用权证书。"修改理由是：在实践中，因生态移民等原因牧民整村搬迁后，原承包的国有草地事实上已经无法由原农村集体经济组织继续使用，在对生态移民妥善安置和补偿后应当由原发证单位依法收回。

4. 草地承包方式的修改

建议修改《草原法》第 13 条第 1 款为："集体所有的草原或者依法确定给集体经济组织使用的国家所有的草原，可以由本集体经济组织内的家庭、联户或者其他集体经济组织承包经营。"增加第 13 条第 2 款："经本集体经济组织成员的村（牧）民会议三分之二以上成员或者三分之二以上村（牧）民代表的同意，并报乡（镇）人民政府和县级人民政府草原行政主管部门批准，集体经济组织可以不实行承包经营，由集体经济组织统一经营。"修改理由是：草地实行何种承包方式或不实行承包经营应当是牧民集体或农村集体经济组织的自治事项，但是从稳定现行农村基本经济制度的角度，亦不能由各个农村集体经济组织选择法律所没有规定的承包方式，否则会造成牧区草地财产权制度的混乱。

5. 联户承包方式的修改

建议《草原法》第 13 条增加第 3 款规定："联户承包的承包方为联户，其承包关系参照《民法典》按份共有的规则处理。"修改理由是：联户承包是农村集体经济组织内部的家庭牧户联合起来承包草地的方式，联户承包则需要解决家庭牧户联合体内部和外部的关系，可以参照《民法典》按份共有的规则处理。

6. 草地经营权人生态保护义务的规定

建议《草原法》第14条第2款修改为:"承包经营草原的单位和个人以及草地经营权人,应当履行保护、建设和按照承包合同、流转合同约定的用途合理利用草原的义务。"修改理由是:增加草地经营权人合理利用草原的义务。

建议《草原法》第15条的规定为:"草地承包经营权受法律保护,可以按照自愿、有偿的原则依法互换、转让和流转草地经营权。""草原承包经营权转让的受让方和草地经营权人必须具有从事畜牧业生产的能力,并应当履行保护、建设和按照承包合同和流转合同约定的用途合理利用草原的义务。"修改理由是:按照《农村土地承包法》的规定区分草地承包经营权的互换、转让和流转草地经营权。增加草地承包经营权受让人和草地经营权人的生态保护义务。

建议《草原法》第33条、第34条、第35条和第52条的规定中增加草地经营权人作为草地生态保护的权利义务主体和征收补偿的主体。

7. 禁牧休牧的立法

建议《草原法》第48条第1款为:"国家支持依法实行退耕还草和禁牧、休牧。具体办法由国务院草原行政管理部门制定。"修改理由是:从有利于统一地方执法的角度,应当由国务院草原行政管理部门就禁牧休牧的范围、期限、禁牧休牧的转换、处罚措施和流转等问题作出专门规定。

建议《草原法》明确规定:"违反本法规定,在休牧和禁牧地区放牧的,由县级以上人民政府草原和林业行政主管部门责令改正,拒不改正的,对违法放牧者按照违法放牧羊单位的当地市场价格的20%罚款。草地承包经营者和草地经营者违法放牧三次以上的,同时取消其享受的草地生态保护补助。"修改理由是:由于休牧和禁牧处罚涉及公民权利甚重,为规范各地方性立法的行政处罚措施,应由《草原法》

明确规定违法禁牧、休牧的处罚措施。

8. 草畜平衡管理处罚措施

建议删除《草原法》第73条，明确规定超载处罚的种类和金额计算办法，可以规定如下："违反本法规定，超过核定的载畜量放牧的，由县级以上人民政府草原和林业行政主管部门核实牲畜数量和牲畜所有者后，责令改正，拒不改正的，对违法放牧者按照违法放牧羊单位的当地市场价格的20%罚款。草地承包经营者和草地经营者超载放牧三次以上的，同时取消其享受的草地生态保护奖励。"修改理由是：基于法律的权威性和防止地方性法规滥设处罚种类的考虑。在按照放牧单元核定特定时间段内的放牧数量后，通过监测发现超载的，草原监管部门和管理人员有权及时制止违法放牧者，并责令限期限时改正，对于拒不改正的，可以按照当地放牧羊单位的市场利润率给予处罚。此处的违法放牧者不仅指超过核定的载畜量放牧的草地经营者，也包括越界放牧导致超载的放牧者。草原监管部门应当在发现放牧单元超载后及时制止，收集证据核实情况，对违法放牧者给予行政处罚。对于草地经营者多次超载放牧的，应取消其享受的草地生态保护奖励，以便将草地生态补奖政策和草地生态保护效果相结合，加强草地生态保护补奖政策的激励效果。

9. 划区轮牧

建议《草原法》第34条修改为："牧区的草原承包经营者应当实行划区轮牧，合理配置畜群，均衡利用草原。具体办法由国务院草原行政管理部门制定。"修改理由是：虽然《草原法》第34条牧区规定草原承包经营者应当实行划区轮牧，但是如何从制度上保障划区轮牧的实现，需要精细的制度设计。《草原法》第34条应当明确由国务院草原行政主管部门规定划区轮牧的实施办法，具体内容包括划区轮牧的原则、方案设计和监督管理等。

三 需要制定的法律、法规和规章

1. 《农村集体经济组织法》中关于农村集体经济组织的概念和组织形式的规定

正是因为农民集体不同农村集体经济组织的显著特征,为保障农民集体成员的利益,立法必须健全农村集体经济的法人组织形式,以此解决集体所有权主体虚化的问题。试拟条文如下:

第 X 条【农村集体经济组织的概念】农村集体经济组织是农村社区范围内的农民集体成员以农民集体所有的财产为基础建立的合作经营、民主管理、服务成员的经济组织,包括乡(镇)、村、组(社)集体经济组织。

第 X+1 条【农村集体经济组织法人的组织形式】农村集体经济组织依照本法设立股份经济合作社或经济合作社,取得法人资格。

第 X+2 条【股份经济合作社的定义和名称】股份经济合作社是农民集体所有的财产以股份或份额形式量化到本集体成员,集体收益按股份或份额分配的农村集体经济组织法人。

股份经济合作社名称中应含有"股份经济合作"字样,农村集体资产以股份或份额形式量化到组、村、乡(镇)三级的,可以分别称为股份经济合作社、股份经济合作联合社、股份经济合作联合总社,仅有村级农村集体经济组织的,名称可以称为股份经济合作社。

立法理由如下。

首先,农村集体经济组织是在原人民公社"三级所有、队为基础"的体制上形成的,其设立的基础在于财产集体(社区范围的成员)所有和社员民主管理，是公有制经济的实现形式之一。基于当前农村集体产权改革政策所赋予的经济职能和公共服务职能，农村集体经济组织无法采用《民法典》所规定的营利性或非营利性法人形式，也无法采用其他非法人组织形式。立法必须通过创设新型的组织形式以赋予其法人资格，回应政策和现实的需求。

其次，农村集体经济组织可以采用法人组织形式，也可以维持目前的非法人团体的状态，但法人化改造显然是目前农村集体产权制度改革的主流。基于类型强制和结社自由的平衡、农村集体经济组织的功能定位和内涵界定以及对试点地区实践经验的尊重，未来农村集体经济组织法应当对农村集体经济组织法人组织形式采取有限开放，积极引导的原则，仅规定股份经济合作社、经济合作社两种类型的组织形式。

2.《生态补偿条例》或《草原法》中的草地生态补偿立法

在草地生态补偿方面，立法应当明确规定承包牧户有权获得草地生态保护补偿，建立完善的草原生态补偿法律制度，在《生态补偿条例》或《草原法》专章规定草原生态补偿制度，规定生态补奖项目和范围、补奖方式、补奖资金来源、补奖对象、补奖标准等基本制度。

3.《土地经营权融资担保办法》的制定

根据《农村土地承包法》第47条的规定，土地经营权融资担保办法由国务院有关部门规定。未来《土地经营权融资担保办法》应当明确规定融资担保的主体范围，设立方式，设立条件，登记规则，当事人的权利和义务，担保权的行使条件和消灭等内容。

4.《草畜平衡管理办法》的制定

《草原法》第33条授权国务院草原行政主管部门就草原载畜量标准和草畜平衡管理办法作出规定。涉及草畜平衡管理立法，立法理念上应当恢复草地生态系统管理的本质，依据放牧单元草地生态系统质量变化调节牲畜数量，而不是简单的数量平衡管理，具体制度上应当落实草畜动态平衡理念，科学核定草原载畜量，草畜平衡的责任主体应当落实到具体的超载放牧户，应当加大草畜平衡的处罚力度，明确规定超载处罚的种类。

5. 《禁牧休牧管理办法》的制定

此为具有行业管理性质的立法，应当由国务院草原行政主管部门作出专门规定。对于禁牧休牧，立法应当将休牧纳入禁牧补助范围，按禁牧时间给予补助，科学确定禁牧的期限，动态调整禁牧措施，完善休牧和禁牧处罚规定，明确规定禁牧休牧不影响草地承包经营权和草地经营权流转。

6. 《基本草原保护条例》的制定

基本草原是依法确定实行特殊保护的具有草原生态功能和适用于畜牧业生产的天然草原和人工草地。《草原法》第42条授权国务院制定基本草原保护管理办法，具体内容应包括基本草原的规划、划定、保护、建设、利用和管理等。

7. 《草地经营权流转管理办法》的制定

根据《农村土地承包法》第45条规定，授权林业和草原主管部门制定草地经营权流转主体资格审查、项目审核和风险防范等具体办法。自然自然资源部可以参考制定《草地经营权流转管理办法》。其内容主要包括草地流转合同的管理，草地经营权流转的租金管理，草地经营权流转主体资格审查、项目审核和风险防范，草地经营权入股规则等。特别是对于实践中比较突出的草地流转租金无保障和任意涨价等问题要给予规范。

8. 《划区轮牧管理办法》的制定

此为具有行业管理性质的立法，应当由国务院草原行政主管部门作出专门规定，具体内容包括划区轮牧的原则，方案设计和监督管理等。

附录二

调查问卷

"生态文明视域下牧区草地承包经营法律制度研究"
课题调查问卷及访谈提纲（牧民用）

> 亲爱的牧民朋友，您好！
>
> 　　我们是承担国家社科基金项目"生态文明视域下牧区草地承包经营法律制度研究"课题组（项目批准号：17XFX020）的调研员。为了深入了解我国牧区生态保护和草地承包经营法律制度的实施状况，为国家相关立法、司法和执法服务，特组织本次调查。您的回答对我们至关重要，调查数据将作为科学研究的依据。本问卷不用填写姓名，答案也没有对错之分，相信您会根据自己的情况独立思考并如实填写，谢谢！
>
> 　　衷心地感谢您对我们工作的支持！
>
> 课题组
2018 年 7 月

调研地点：_____省_____县（旗）_____乡（镇）_____村（嘎查）
调研员姓名：_____　　　　调研时间：___年___月___日
样本区域：_____

一　草地承包方式与草地生态退化

1. 您家是以哪种方式获得村（嘎查）的草地的？（单选）

   A. 家庭承包　　　　　　　　B. 联户承包

   C. 村（嘎查）集体统一经营　　D. 其他（请注明）

2. 您认为哪种草地承包方式更有利于保护草地生态？（单选）

   A. 家庭承包　　　　　　　　B. 联户承包

   C. 村（嘎查）集体统一经营　　D. 其他（请注明）

3. 从草地承包制实施到现在，您承包的草地质量有没有变化？（单选）

   A. 明显好转　　　　　　　　B. 基本没有变化

   C. 轻度退化　　　　　　　　D. 中度退化

   E. 严重退化　　　　　　　　F. 有所好转

4. 您认为导致草地退化的主要原因有哪些？（可多选，但最多选5项）

   A. 气候干旱　　　　　　　　B. 虫害和鼠害

   C. 过度放牧　　　　　　　　D. 盲目开垦草地

   E. 乱砍树滥挖药材　　　　　F. 水利建设投入不足

   G. 基础设施和工矿建设占地用水　H. 人口过多

   I. 草地面积过小　　　　　　J. 违法行为执法不力

   K. 草地界限不清　　　　　　L. 其他（请注明）

5. 您认为草地家庭承包对草地生态有没有影响？（单选）

   A. 有影响——→主要表现在哪些方面？（可多选，最多选3项）

   a. 草地面积小，无法轮牧　　b. 分户承包经营，很容易过度放牧

   c. 单个牧业户无法防治草地鼠虫害　d. 承包后水源分布不均，影响草地灌溉

   e. 划分到户后，避免乱牧抢牧　　f. 其他（请注明）

   B. 没有影响　　　　　　　　C. 不清楚

二　草地经营与草地生态保护

6. 您家是＿＿年开始承包村（组）的草地的，承包期限＿＿年。您家共承

包_____亩草地（冬春草地____亩，夏秋草地____亩），其中围栏草地____亩，打草地____亩，饲草料基地____亩。

截至 2018 年 6 月 30 日您家牲畜养殖情况：

附表 1　　　　　　　　　　牲畜养殖情况

	羊	肉牛	奶牛	骆驼	马	牦牛	
现在的饲养量(头、只)	—	—	—	—	—	—	—

7. 草地家庭承包后，您家是采用哪种方式放牧的？（单选）

　　A. 家庭分户放牧　　　　　　B. 家庭联户放牧

　　C. 村集体统一放牧　　　　　D. 牧业合作（社）统一放牧

　　E. 其他

8. 您认为哪种放牧形式更有利于保护草地生态环境？（可多选，最多选 2 项）

　　A. 家庭分户放牧　　　　　　B. 家庭联户放牧

　　C. 村集体统一放牧　　　　　D. 牧业合作（社）统一放牧

　　E. 其他

原因是（请注明）？_____

9. 你们村有牧业合作社吗？（单选）

　　A. 有——（1）您认为成立牧业合作社有哪些作用？（可多选）

　　　　a. 提高牧民收入　　　　　b. 改善草地生态

　　　　c. 提高牲畜产品质量　　　d. 脱贫效果明显

　　　　e. 其他（请注明）_____

（2）你们村的牧业合作社是如何经营管理的？（可多选）

　　　　a. 以草地和牲畜入股　　　b. 牲畜分群饲养

　　　　c. 草地划区轮牧　　　　　d. 社员分工合作

　　　　e. 牲畜统一销售　　　　　f. 用工按劳取酬

　　　　g. 收益按股分红　　　　　h. 其他_____

（3）您认为你村的牧业合作社发挥预期的作用了吗？（单选）

a. 作用明显　　　　　　　　b. 作用一般

　　c. 没有作用　　　　　　　　d. 不清楚

　　原因是（请注明）？_____

　　(4) 您认为牧业合作社发展过程中还存在哪些主要问题？（可多选，但最多选 4 项）

　　a. 组织机构不健全　　　　　b. 人员责任不明晰

　　c. 缺少法律规范　　　　　　d. 没有明确的经营规划

　　e. 欠缺激励机制　　　　　　f. 其他（请注明）_____

　　B. 无

三　草地承包经营权的流转与草地生态保护

10. (1)（如果回答 B，则直接跳到 13 题作答）您家转入或转出草地的情况？A. 有　B. 无

　　(2) 转入草地_____亩（费用_____元/亩）？转出_____亩（A. 全部转出，B. 部分转出，_____元/亩）？

　　(3) 是自发的吗？　A. 是　　　　B. 否

　　(4) 有没有签合同？A. 口头　　　B. 书面

　　(5) 流转情况？　　A. 只有转出　B. 只有转入

　　C. 既有转入，又有转出

11. （如果转出）(1) 您家承包的草地是以哪种方式转出？（根据实际情况填写）

　　A. 转让　　　B. 转包　　　C. 互换　　　D. 出租

　　E. 入股　　　F. 抵押　　　G. 其他_____

　　(2) 您家转出的草地用于哪些生产经营？（可多选）

　　A. 种植业　　B. 畜牧业　　C. 旅游业　　D. 建工厂

　　E. 其他

　　(3) 您家草地转出的对象？（根据实际情况填写）

　　A. 本村人　　　B. 外村人（亲戚）

C. 外村人（其他人）

（4）您家转出草地的原因？（可多选）

A. 草地面积小，增收困难　　　　B. 因年老或者疾病丧失劳动能力

C. 牲畜较少，有富余的草地　　　D. 进城工作或生活

E. 其他（请注明）_____

12.（如果转入）（1）您家放牧的草地是以哪种方式转入？（根据实际情况填写）

A. 转让　　　B. 转包　　　C. 互换　　　D. 出租

E. 其他_____

（2）您家转入的草地是用于哪些生产经营？（可多选）

A. 种植业　　B. 畜牧业　　C. 旅游业　　D. 建工厂

E. 其他_____

（3）您家转入的草地来自哪里？（根据实际情况填写）

A. 本村　　　B. 外村（亲戚）　　C. 外村（其他人）

（4）您家转入草地的原因？（请注明）_____
_____

13. 在草地流转过程中，您所在村的承包户把草地租给外村的人有没有限制？（单选）

A. 没限制，双方愿意就可以

B. 没限制，但要通知（当地）村委会

C. 有限制，需要经过（当地）村委会同意（什么条件？_____
_____）

D. 不清楚

14. 您认为在草地流转中法律是否应当对外村人（租地的人）进行限制？（单选）

A. 应当限制——您认为外村人租赁草地应当满足哪些条件？（可多选）

a. 应当具备从事畜牧业生产的经验和能力

b. 应当经过村民（代表）大会三分之二以上多数人的同意

c. 应当经过村委会的同意

d. 应当提供草地租赁保证金

e. 应当签订书面的草地出租合同

f. 合同内容不得改变草地牧业用途

g. 其他（请注明）_____

B. 不需要限制

C. 无所谓

15. 您认为当地草地流转中是否存在问题？（单选）

A. 存在——您认为存在哪些主要问题？（可多选，限选3项）

a. 草地随意流转，导致草地生态破坏严重

b. 草地流转合同不规范，牧民合法权益难以保障

c. 牧民在草地流转后容易失去生活保障

d. 村委会滥用权力强制牧民流转草地

e. 其他（请注明）_____

B. 不存在

C. 不清楚

16. 当草地承包户出现下列哪些行为，您认为村（嘎查）可以收回承包的草地？（可多选）

A. 违反草畜平衡的规定，超载放牧

B. 非法采挖，导致草地生态严重破坏

C. 擅自改变草地的牧业用途的

D. 承包户随意出租或转包产生以上问题

E. 其他（请注明）_____

四 草地生态保护项目与牧民生计

17. 你家参与了哪些草地生态治理项目？（根据实际情况填写）

A. 退牧还草（禁牧、休牧和轮牧）　　B. 游牧民定居工程

C. 风沙源治理项目　　D. 人工饲草地

E. 生态移民　　　　　　　　F. 围栏建设

G. 草畜平衡　　　　　　　　H. 舍饲棚圈

I. 天然草地保护工程　　　　J. 其他_____

B. 1

附表 2　　　　　　　生态治理项目基本情况

	禁牧	休牧	草畜平衡	围栏建设
开始年份(年)	—	—	—	—
面积(亩)	—	—	—	—
起止时间(年月)	____年至 ____年	____月至 ____月	—	—
现金补奖(元/亩或元/人)	—	—	—	—
补饲草料(公斤/亩)	—	—	—	—

18. 您认为禁牧补偿标准是高还是低？（单选）

　　A. 太低　　　B. 低　　　C. 中等　　　D. 高

　　E. 很高

您认为禁牧补贴多少合理？补偿现金_____元/亩或_____元/人，或补饲草料_____公斤/亩·年。

19. 您认为休牧的补偿标准是高还是低？（单选）

　　A. 太低　　　B. 低　　　C. 中等　　　D. 高

　　E. 很高

您认为休牧多长时间合理？_____天。

您认为补贴多少合理？补偿现金_____元/亩或_____元/人，或补饲草料_____公斤/亩·年。

20. 您希望休牧的补偿国家补贴多少年？（单选）

　　A. 8 年以下　　B. 8—15 年　　C. 15—20 年　　D. 20 年以上

　　E. 只要休牧就补贴　　F. 说不清

21. 退牧还草对于草地生态恢复的效果？（单选）

　　A. 效果明显　　　B. 效果一般　　C. 没有效果　　D. 不清楚

22. 退牧还草的实施对您家庭收入的影响？（可多选）

　　A. 短期看饲养成本增加，但长期看有利于草地恢复和收入增长

　　B. 饲养成本增加，收入下降

　　C. 养殖头数减少，收入下降

　　D. 收入变化不明显

23. 在退牧还草实施后，您最希望政府提供哪些方面的帮助？（可多选，限选3项）_____

　　A. 围栏　　　　　B. 饲草料　　　C. 畜棚暖圈　　D. 青贮窖

　　E. 水利设施　　　F. 贷款优惠　　G. 信息服务　　H. 技术培训

　　I. 其他_____

24. 草畜平衡的奖励标准是高还是低？（单选）

　　A. 太低　　　　　B. 低　　　　　C. 中等　　　　D. 高

　　E. 很高

　　您认为奖励多少合理？_____元/亩，或者_____元/人。

25. 按照2017年的草畜平衡标准，您的养殖量是否超载？（单选）

　　A. 超载 ⟶ 您将如何实现草畜平衡？（可多选）

　　a. 减少牲畜存栏　　b. 舍饲圈养　　c. 租入草地

　　d. 其他方式_____　　　　　　B. 不超载

26. 草畜平衡政策对于草地生态恢复的效果？（单选）

　　A. 效果明显　　　B. 效果一般　　C. 没有效果　　D. 不清楚

27. 草畜平衡的奖励是否能够弥补您减畜的收入损失？（单选）

　　A. 不能弥补　　　B. 部分弥补　　C. 完全弥补

28. 你们村的草地围栏是如何实施的？（单选）

　　A. 围栏到户　　　B. 围栏到联户　　C. 围栏到村

29. 您认为草地围栏建设应该谁出资？（单选）

　　A. 农户出资　　　　　　　　　　B. 集体出资

C. 农户和集体共同出资　　　　　　D. 农户出资、政府补贴

E. 农户和集体出资、政府补贴　　　F. 政府出资

30. 您认为草地围栏对于草地生态恢复的效果？（单选）

A. 效果明显　　　B. 效果一般　　　C. 没有效果　　　D. 不清楚

31. （如果回答 B，则 32 题不再作答）您家属于生态移民吗？

A. 属于——→（1）您认为生态移民对您的生活的影响？（单选）

a. 一切都比原来好，生活十分舒适

b. 大部分比原先好，生活比较舒适

c. 没有大的变化，和原来相差不大

d. 大部分不如原来好，生活比较艰难

e. 一切不如原来好，生活十分艰难

（2）生态移民对您的家庭收入的影响？（单选）

a. 大幅提高　　　b. 小幅提高　　　c. 基本不变　　　d. 小幅下降

e. 大幅下降

（3）生态移民前后，您从事的职业的变化？（单选）

a. 依旧从事原先的职业，如放牧　　b. 在新居住地找到适合自己的职业

c. 离开居住地，去大城市打拼　　　d. 其他（请注明）_____

（4）生态移民后，您的家庭遇到的主要问题有哪些？（可多选，最多选三项）

a. 对生产、生活方式的转变不适应　　b. 饲草料不足

c. 收入水平降低　　　　　　　　　　d. 资金短缺

e. 外出就业机会减少　　　　　　　　f. 其他（请注明）_____

B. 不属于

32. 生态移民对草地生态恢复的效果？（单选）

A. 效果明显　　　B. 效果一般　　　C. 没有效果　　　D. 不清楚

五　对草地家庭承包制的总体评价和改革

33. 您觉得我国当前的草地家庭承包制应该如何实施？（单选）

A. 问题很多，应废止（原因：_____）

B. 应继续坚持，但需要完善──→如何改革？（可多选）

a. 明确草地界限，颁发草地承包经营权证，减少纠纷

b. 采用多种方式合作放牧，扩大放牧的草地面积

c. 鼓励牧民通过草地流转将草地集中到专业牧户经营

d. 拆除草地围栏，恢复轮牧和游牧传统

e. 重新调整承包的草地

f. 其他（请注明）_____

C. 政策很好，不需改革

34. 您认为实施草地家庭承包后，应该如何解决草地退化问题？（可多选，最多选4项）

A. 废除草地家庭分户经营，仍由集体统一经营

B. 废除草地围栏分割，恢复传统游牧方式

C. 鼓励牧民主动参与草地生态治理和恢复

D. 采用强有力的监管措施落实目前的草地生态保护政策和制度

E. 采用多种方式实现草地的规模经营和轮牧

F. 其他（请注明）_____

附录三

访谈提纲

访谈提纲（牧民）

访谈时间：____年____月____日

访谈地点：_____省_____县_____乡（镇）_____村

访谈对象：□村民　□村干部

调研员姓名：_____

1. 您承包草地后，县（旗）政府部门有没有给你们发放草地承包经营权证（如果有能否看看，拍照）？您认为草地确权颁证对您家的生产经营有何好处？

2. 草地家庭承包后，您家生产经营中所遇到的最大问题和困难是什么？您是如何解决的？村集体或政府是如何解决的？

3. 您认为畜牧业和农业有没有区别？草地家庭承包经营和农地家庭承包经营有没有不同的？法律是否应该区别对待？有何意见和建议？

4. 您认为草原围栏对草地保护、自然环境、牲畜品种、野生动物、鼠虫害的防治等是否有影响？有何意见和建议？

5. 您对国家退牧还草政策（禁牧、休牧和轮牧）的其他看法及建议？

6. 您是否了解草地"三权分置"（所有权、承包权和经营权分离）政策？您认为对于牧民增收和草地生态保护有什么作用？

7. 您所在的村有没有发生过草地纠纷（边界纠纷、征收纠纷、放牧纠纷等）？怎么发生的？是如何解决的？

8. 饲养不同种类的牲畜对草原生态的影响？

访谈提纲（草原监管部门和法院）

访谈时间：＿＿＿年＿＿＿月＿＿＿日
访谈地点：＿＿＿＿＿＿省＿＿＿＿＿＿＿县＿＿＿＿＿＿＿＿＿＿
访谈对象：□法官　　□草原监管部门
调研员姓名：＿＿＿＿＿＿＿＿＿＿

一　针对草原监管部门

1. 您所在的县（旗）是哪年实施草地承包制的？当前草地承包确权颁证的进展情况如何？县（旗）在落实草地家庭承包制中有无困难？是如何解决的？您认为确权颁证对牧民生产经营有何好处？

2. 草地承包后，牧民放牧有无困难或存在问题？您所在的县（旗）是如何解决的？您有何意见和建议？

3. 草地承包后，您所在的县（旗）的草地有没有退化？您认为是什么原因造成的？为防治草地退化，您所在的县（旗）采取了哪些措施（例如退耕还草，基本草地保护区，禁牧、休牧，草地围栏，草畜平衡，舍饲圈养）？您认为这些措施实行的效果怎样，有没有影响牧民的家庭收入？存在哪些问题？该如何解决？

4. 您认为在牧区实施的草地家庭承包和在农区实施的农地家庭承包政策有没有不同的地方？

5. 您所在的县（旗）草地流转的情况如何？是怎么流转的（何种程序，是转让、转包、出租等方式，有无合同，是否收费）？在草地流转中存在哪些问题（工商业资本下乡问题、从事草地旅游等）？是如何解决的？您认为国家法律和法规应当采取哪些措施规范草地流转？

6. 您所在的县（旗）有没有发生过草地纠纷（边界纠纷、征收纠纷、放牧纠纷等）？怎么发生的？是如何解决的？

二　针对法官

1. 您所经办的案件中有没有涉及草地（场）纠纷的案件？此类案件的数量多

吗？这些案件中的纠纷是什么原因引起的？审理此类案件最大的困难是什么？法院内部有没有什么特殊要求？您是如何处理的？您认为如何解决是最好的？（典型案例和判决书搜集）

2. 在审理此类案件过程中，您所依据的主要法律和法规有哪些？在适用法律方面有没有困难？您认为应该从哪些方面完善草地承包经营方面的裁判依据？

3. 在审理草地承包纠纷的案件中，有哪些地方习惯可以适用？您认为是否应当适用？如果当地的习惯和国家法律法规存在冲突，您认为应当如何处理？

4. 在处理草地承包纠纷过程中，您采取判决的形式多，还是调解等形式的多？为什么？如果采用判决，执行的效果如何？

附录四

分省调研数据汇总[①]

附表3 "生态文明领域下牧区草地承包经营法律制度研究"课题调查

	全国	内蒙古	青海	新疆	西藏	四川	甘肃
一、草地承包方式与草地退化							
1. 您家是以哪种方式获得村(嘎查)的草地的？（单选）							
A. 家庭承包	361	98	88	98	38	10	29
B. 联户承包	29	0	0	10	6	7	6
C. 村(嘎查)集体统一经营	71	18	4	2	4	30	13
D. 其他（请注明）_____	17	14	2	0	0	1	0
2. 您认为哪种草地承包方式更有利于保护草地生态？（单选）							
A. 家庭承包	317	99	79	82	17	12	28
B. 联户承包	50	7	3	13	8	9	10

[①] 调查问卷回收数量为479份，但问卷个别题目有的被访谈牧民没有作答，部分题目统计作答总数不足479。

续表

	全国	内蒙古	青海	新疆	西藏	四川	甘肃
C. 村(嘎查)集体统一经营	90	16	8	13	21	26	6
D. 其他(请注明)_____	12	6	1	1	1	0	3
3. 从草地承包制实施到现在,您承包的草地质量有没有变化？（单选）							
A. 明显好转	106	14	15	41	28	7	1
B. 基本没有变化	103	34	24	19	15	10	1
C. 轻度退化	87	26	22	15	3	9	12
D. 中度退化	57	21	15	5	0	4	12
E. 严重退化	58	18	14	1	2	3	20
F. 有所好转	61	15	4	25	0	15	2
4. 您认为导致草地退化的主要原因有哪些？（可多选,但最多选5项）							
A. 气候干旱	370	115	48	102	35	28	42
B. 虫害和鼠害	205	33	66	38	27	16	25
C. 过度放牧	268	51	62	67	19	25	44
D. 盲目开垦草地	85	13	16	22	9	18	7
E. 乱砍树滥挖药材	86	17	27	9	4	21	8
F. 水利建设投入不足	138	29	33	43	20	4	9
G. 基础设施和工矿建设占地用水	52	20	14	3	5	8	2
H. 人口过多	97	12	31	21	3	11	19
I. 草地面积过小	173	40	47	24	20	7	35

续表

	全国	内蒙古	青海	新疆	西藏	四川	甘肃
J. 违法行为执法不力	39	14	5	8	0	9	3
K. 草地界限不清	44	3	5	17	1	10	8
L. 其他(请注明)_____	23	8	1	0	1	11	2
5. 您认为草地家庭承包对草地生态有没有影响?（单选）							
A. 有影响——主要表现在哪些方面?（可多选,最多选3项）	301	80	74	58	31	28	30
a. 草地面积小,无法轮牧	212	70	50	20	23	24	25
b. 分户承包经营,很容易过度放牧	160	34	38	38	19	9	22
c. 单个牧业户无法防治草地鼠虫害	119	20	39	17	21	14	8
d. 承包后水源分布不均,影响草地灌溉	98	24	27	17	8	14	8
e. 划分到户后,避免乱牧抢牧	73	9	26	16	3	12	7
f. 其他(请注明)_____	12	4	1	2	1	4	0
B. 没有影响	129	42	12	43	13	5	14
C. 不清楚	39	4	9	8	3	11	4
二、草地经营方式与草地生态保护							
6. 草地家庭承包后,您家是采用哪种方式放牧的?（单选）							
A. 家庭分户放牧	326	103	88	80	18	15	22
B. 家庭联户放牧	53	7	6	20	6	8	6
C. 村集体统一放牧	56	7	0	6	17	11	15
D. 牧业合作(社)统一放牧	10	0	0	2	5	3	0

续表

	全国	内蒙古	青海	新疆	西藏	四川	甘肃
E. 其他	13	7	0	0	1	0	5
7. 您认为哪种放牧形式更有利于保护草地生态环境？（可多选，最多选2项）							
A. 家庭分户放牧	278	89	72	58	15	18	26
B. 家庭联户放牧	85	16	11	24	7	15	12
C. 村集体统一放牧	101	19	4	24	16	23	15
D. 牧业合作（社）统一放牧	59	4	13	14	15	4	9
E. 其他	13	8	2	0	0	2	1
8. 你们村有牧业合作社吗？（单选）							
A. 有	188	49	65	30	9	8	27
B. 无	275	79	29	77	36	34	20
有——(1) 您认为成立牧业合作社有哪些作用？（可多选）							
a. 提高牧民收入	101	26	26	22	5	10	12
b. 改善草地生态	79	23	16	15	3	12	10
c. 提高牲畜产品质量	88	16	22	11	6	11	22
d. 脱贫效果明显	51	13	16	11	3	3	5
e. 其他（请注明）_____	25	8	13	3	0	0	1
(2) 你们村的牧业合作社是如何经营管理的？（可多选）							
a. 以草地和牲畜入股	107	15	51	12	5	9	15
b. 牲畜分群饲养	61	4	28	8	4	9	8

续表

	全国	内蒙古	青海	新疆	西藏	四川	甘肃
c. 草地划区轮牧	55	7	22	15	6	3	2
d. 社员分工合作	50	1	22	13	4	2	8
e. 牲畜统一销售	58	6	38	8	0	0	6
f. 用工按劳取酬	47	4	18	11	4	8	2
g. 收益按股分红	70	5	36	16	0	1	12
h. 其他_____	9	3	3	2	0	0	1
(3)您认为你村的牧业合作社发挥预期的作用了吗？（单选）							
a. 作用明显	49	11	13	19	3	2	1
b. 作用一般	73	16	23	9	1	7	17
c. 没有作用	31	8	17	0	1	0	5
d. 不清楚	19	2	9	3	0	1	4
(4)您认为牧业合作社发展过程中还存在哪些主要问题？（可多选,但最多选4项）							
a. 组织机构不健全	87	23	31	3	1	9	20
b. 人员责任不明晰	71	20	28	4	1	10	8
c. 缺少法律规范	37	6	19	2	1	3	6
d. 没有明确的经营规划	76	11	36	1	1	7	20
e. 欠缺激励机制	57	14	26	9	0	2	6
f. 其他（请注明）_____	18	3	8	6	0	0	1
三、草地承包经营权的流转与草地生态保护							

续表

	全国	内蒙古	青海	新疆	西藏	四川	甘肃
9.(1)(如果回答B,则直接跳到12题作答)您家转入或转出草地的情况?							
A. 有	135	31	50	9	11	13	21
B. 无	325	96	42	98	35	27	27
(2)是自发的吗?							
A. 是	92	20	46	8	5	7	6
B. 否	13	2	1	1	0	7	2
(3)有没有签合同?							
A. 口头	63	4	34	0	5	13	7
B. 书面	47	26	11	8	0	1	1
(5)流转情况?							
A. 只有转出	8	0	5	0	1	2	0
B. 只有转入	37	0	28	0	2	1	6
C. 既有转入,又有转出	21	0	1	0	1	5	14
10.(如果转出)(1)您家承包的草地是以哪种方式转出?(根据实际情况填写)							
A. 转让	16	0	2	0	2	11	1
B. 转包	10	1	2	0	0	2	5
C. 互换	1	0	0	0	1	0	0
D. 出租	13	1	3	0	0	0	9
E. 入股	0	0	0	0	0	0	0

续表

	全国	内蒙古	青海	新疆	西藏	四川	甘肃
F. 抵押	0	0	0	0	0	0	0
G. 其他_____	0	0	0	0	0	0	0
(2)您家转出的草地用于哪些生产经营？(可多选)							
A. 种植业	8	0	0	0	0	6	2
B. 畜牧业	34	2	7	0	2	12	11
C. 旅游业	2	0	0	0	0	1	1
D. 建工厂	2	0	0	0	0	1	1
E. 其他	0	0	0	0	0	0	0
(3)您家草地转出的对象？(根据实际情况填写)							
A. 本村人	25	1	5	0	2	4	13
B. 外村人(亲戚)	11	0	1	0	1	9	0
C. 外村人(其他人)	3	1	1	0	0	1	0
(4)您家转出草地的原因？(可多选)							
A. 草地面积小,增收困难	17	0	2	0	0	8	7
B. 因年老或者疾病丧失劳动能力	13	0	0	0	1	7	5
C. 牲畜较少,有富余的草地	13	0	3	0	1	6	3
D. 进城工作或生活	6	1	1	0	0	2	2
E. 其他(请注明)_____	2	1	1	0	0	0	0
11. (如果转入)(1)您家放牧的草地是以哪种方式转入？(根据实际情况填写)							

续表

	全国	内蒙古	青海	新疆	西藏	四川	甘肃
A. 转让	11	2	4	0	1	3	1
B. 转包	17	0	5	0	1	9	2
C. 互换	0	0	0	0	0	0	0
D. 出租	46	3	20	0	4	2	17
E. 其他_____	0	0	0	0	0	0	0
(2)您家转入的草地是用于哪些生产经营？（可多选）							
A. 种植业	9	0	0	0	0	7	2
B. 畜牧业	70	5	29	0	6	13	17
C. 旅游业	3	1	1	0	0	1	0
D. 建工厂	1	0	0	0	0	0	1
E. 其他_____	0	0	0	0	0	0	0
(3)您家转入的草地来自哪里？（根据实际情况填写）							
A. 本村	46	4	18	0	1	3	20
B. 外村(亲戚)	14	0	2	0	5	7	0
C. 外村(其他人)	10	0	9	0	0	1	0
12. 在草地流转过程中，您所在村的承包户把草地租给外村的人有没有限制？（单选）							
A. 没限制，双方愿意就可以	196	59	51	25	9	32	20
B. 没限制，但要通知(当地)村委会	36	4	3	15	1	0	13

续表

	全国	内蒙古	青海	新疆	西藏	四川	甘肃
C. 有限制,需要经过(当地)村委会同意	91	27	10	33	11	4	6
D. 不清楚	49	7	3	24	4	3	8
13. 您认为在草地流转中法律是否应当对外村人(租地的人)进行限制？（单选）							
A. 应当限制——您认为外村人租赁草地应当满足哪些条件？（可多选）	332	105	72	92	14	16	33
a. 应当具备从事畜牧业生产的经验和能力	142	32	37	42	7	10	14
b. 应当经过村民(代表)大会三分之二以上多数人的同意	117	40	18	24	8	12	15
c. 应当经过村委会的同意	173	54	18	54	14	16	17
d. 应当提供草地租赁保证金	169	40	38	58	6	11	16
e. 应当签订书面的草地出租合同	206	64	45	61	3	16	17
f. 合同内容不得改变草地牧业用途	185	51	35	59	5	11	24
g. 其他(请注明)_____	23	12	3	3	0	1	4
B. 不需要限制	82	9	17	16	11	16	13
C. 无所谓	26	11	4	0	4	6	1
14. 您认为当地草地流转中是否存在问题？（单选）							
A. 存在——您认为存在哪些主要问题？（可多选,限选3项）	257	70	71	49	17	25	25

续表

	全国	内蒙古	青海	新疆	西藏	四川	甘肃
a. 草地随意流转,导致草地生态破坏严重	184	50	53	28	14	22	17
b. 草地流转合同不规范,牧民合法权益难以保障	169	51	43	27	5	24	19
c. 牧民在草地流转后容易失去生活保障	149	36	39	31	11	18	14
d. 村委会滥用权力强制牧民流转草地	35	6	7	6	10	3	3
e. 其他(请注明)＿＿＿＿	14	6	1	1	1	4	1
B. 不存在	122	33	15	41	9	7	17
C. 不清楚	59	14	6	20	7	6	6
15. 当草地承包户出现下列哪些行为,您认为村(嘎查)可以收回承包的草地?(可多选)							
A. 违反草畜平衡的规定,超载放牧	265	59	45	79	23	27	32
B. 非法采挖,导致草地生态严重破坏	324	87	66	66	28	40	37
C. 擅自改变草地的牧业用途的	277	72	55	63	26	24	37
D. 承包户随意出租或转包产生以上问题	170	49	27	54	13	10	17
E. 其他(请注明)＿＿＿＿	29	15	1	6	0	2	5
四、草地生态保护项目与牧民生计							
16. 你家参与了哪些草地生态治理项目?(根据实际情况填写)							
A. 退牧还草(禁牧)	287	74	59	72	38	27	17

续表

	全国	内蒙古	青海	新疆	西藏	四川	甘肃
A. 退牧还草(休牧)	161	41	23	65	6	19	7
A. 退牧还草(轮牧)	131	29	16	64	3	19	0
B. 游牧民定居工程	106	13	27	39	10	12	5
C. 风沙源治理项目	66	14	16	8	22	6	0
D. 人工饲草地	72	15	8	22	6	6	15
E. 生态移民	63	3	6	34	6	7	7
F. 围栏建设	269	74	56	48	30	20	41
G. 草畜平衡	252	52	55	67	31	15	32
H. 舍饲棚圈	132	45	20	43	6	4	14
I. 天然草地保护工程	62	8	11	24	5	9	5
J. 其他_____	13	11	0	2	0	0	0
17. 您认为禁牧补偿标准是高还是低?(单选)							
A. 太低	93	28	35	2	2	7	19
B. 低	127	45	24	16	20	16	6
C. 中等	86	14	20	18	23	5	6
D. 高	10	0	0	2	0	8	0
E. 很高	9	0	0	0	0	0	9
18. 您认为休牧的补偿标准是高还是低?(单选)							
A. 太低	99	32	36	5	8	5	13
B. 低	101	35	20	11	4	16	15

续表

	全国	内蒙古	青海	新疆	西藏	四川	甘肃
C. 中等	106	15	13	48	20	6	4
D. 高	15	0	0	2	0	5	8
E. 很高	0	0	0	0	0	0	0
19. 您希望休牧的补偿国家补贴多少年？（单选）							
A. 8 年以下	22	2	5	7	0	1	7
B. 8—15 年	14	2	5	4	0	2	1
C. 15—20 年	13	1	2	6	1	2	1
D. 20 年以上	41	9	3	6	18	4	1
E. 只要休牧就补贴	204	66	47	39	11	16	25
F. 说不清	35	3	10	5	2	10	5
20. 退牧还草对于草地生态恢复的效果？（单选）							
A. 效果明显	190	29	40	57	24	13	27
B. 效果一般	181	58	36	39	16	19	13
C. 没有效果	25	13	3	1	0	5	3
D. 不清楚	34	8	6	7	4	8	1
21. 退牧还草的实施对您家庭收入的影响？（可多选）							
A. 短期看饲养成本增加，但长期看有利于草地恢复和收入增长	168	27	18	64	22	25	12
B. 饲养成本增加，收入下降	202	55	37	51	22	15	22

续表

	全国	内蒙古	青海	新疆	西藏	四川	甘肃
C. 养殖头数减少,收入下降	193	60	34	21	34	19	25
D. 收入变化不明显	67	19	21	4	6	8	9
22. 在退牧还草实施后,您最希望政府提供哪些方面的帮助?(可多选,限选3项)_____							
A. 围栏	131	27	29	32	19	16	8
B. 饲草料	233	73	43	45	23	24	25
C. 畜棚暖圈	153	39	30	40	15	7	22
D. 青贮窖	45	10	17	3	7	0	8
E. 水利设施	102	21	23	17	19	16	6
F. 贷款优惠	181	20	58	46	11	24	22
G. 信息服务	72	15	15	20	7	9	6
H. 技术培训	119	15	24	41	5	10	24
I. 其他_____	18	4	1	1	0	11	1
23. 草畜平衡的奖励标准是高还是低?(单选)							
A. 太低	99	20	33	10	9	5	22
B. 低	119	36	21	13	17	15	17
C. 中等	144	32	18	64	19	5	6
D. 高	6	1	0	2	1	2	0
E. 很高	0	0	0	0	0	0	0
24. 按照2017年的草畜平衡标准,您的养殖量是否超载?(单选)							

续表

	全国	内蒙古	青海	新疆	西藏	四川	甘肃
A. 超载——您将如何实现草畜平衡？（可多选）	106	23	36	9	3	4	31
a. 减少牲畜存栏	56	13	18	4	2	10	9
b. 舍饲圈养	32	4	15	6	0	0	7
c. 租入草地	70	10	21	5	1	9	24
d. 其他方式_____	8	3	3	0	0	0	2
B. 不超载	306	86	51	91	43	18	17
25. 草畜平衡政策对于草地生态恢复的效果？（单选）							
A. 效果明显	160	33	29	50	27	6	15
B. 效果一般	213	63	43	45	19	15	28
C. 没有效果	26	11	6	1	0	6	2
D. 不清楚	21	1	8	5	1	5	1
26. 草畜平衡的奖励是否能够弥补您减畜的收入损失？（单选）							
A. 不能弥补	161	55	32	18	19	13	24
B. 部分弥补	219	47	49	55	28	18	22
C. 完全弥补	25	2	2	17	1	2	1
27. 你们村的草地围栏是如何实施的？（单选）							
A. 围栏到户	272	101	69	60	5	6	31
B. 围栏到联户	62	14	11	15	7	11	4

续表

	全国	内蒙古	青海	新疆	西藏	四川	甘肃
C. 围栏到村	91	7	1	18	34	19	12
28. 您认为草地围栏建设应该谁出资？（单选）							
A. 农户出资	56	38	6	9	1	0	2
B. 集体出资	26	2	6	2	0	1	15
C. 农户和集体共同出资	22	2	3	12	0	4	1
D. 农户出资、政府补贴	103	41	17	14	9	7	15
E. 农户和集体出资、政府补贴	112	11	27	22	27	16	9
F. 政府出资	126	31	24	41	11	14	5
29. 您认为草地围栏对于草地生态恢复的效果？（单选）							
A. 效果明显	192	39	42	49	29	13	20
B. 效果一般	165	61	23	35	16	11	19
C. 没有效果	42	18	8	2	2	5	7
D. 不清楚	25	4	7	5	0	7	2
30.（如果回答 B，则 32 题不再作答）您家属于生态移民吗？							
A. 属于──(1) 您认为生态移民对您的生活的影响？（单选）	88	9	13	39	9	10	8
B. 不属于	358	116	68	69	37	29	39
a. 一切都比原来好，生活十分舒适	24	0	3	11	4	5	1
b. 大部分比原先好，生活比较舒适	36	2	4	19	3	7	1

续表

	全国	内蒙古	青海	新疆	西藏	四川	甘肃
c. 没有大的变化,和原来相差不大	20	6	4	7	1	2	0
d. 大部分不如原来好,生活比较艰难	11	1	2	0	0	1	7
e. 一切不如原来好,生活十分艰难	7	4	0	2	0	1	0
(2)生态移民对您的家庭收入的影响？（单选）							
a. 大幅提高	20	0	2	12	0	6	0
b. 小幅提高	32	3	3	13	7	4	2
c. 基本不变	20	0	5	10	1	4	0
d. 小幅下降	8	2	1	1	0	2	2
e. 大幅下降	11	3	1	1	1	0	5
(3)生态移民前后,您从事的职业的变化？（单选）							
a. 依旧从事原先的职业,如放牧	54	2	8	31	0	9	4
b. 在新居住地找到适合自己的职业	27	2	3	4	7	6	5
c. 离开居住地,去大城市打拼	4	3	0	0	0	1	0
d. 其他（请注明）_____	3	1	0	0	2	0	0
(4)生态移民后,您的家庭遇到的主要问题有哪些？（可多选,最多选3项）							
a. 对生产、生活方式的转变不适应	26	2	8	6	1	4	5
b. 饲草料不足	43	5	6	22	6	3	1
c. 收入水平降低	41	5	2	15	1	11	7
d. 资金短缺	41	4	4	17	2	8	6

续表

	全国	内蒙古	青海	新疆	西藏	四川	甘肃
e. 外出就业机会减少	19	1	2	9	0	4	3
f. 其他(请注明)_____	1	0	0	1	0	0	0
31. 生态移民对草地生态恢复的效果？(单选)							
A. 效果明显	48	2	3	29	5	2	7
B. 效果一般	42	3	9	12	4	11	3
C. 没有效果	15	6	2	2	2	3	0
D. 不清楚	10	1	1	2	4	2	0
五、对草地家庭承包制的总体评价和改革							
32. 您觉得我国当前的草地家庭承包制应该如何实施？(单选)							
A. 问题很多，应废止	23	4	3	2	1	13	0
B. 应继续坚持，但需要完善——如何改革？(可多选)	335	94	64	72	42	24	39
a. 明确草地界限，颁发草地承包经营权证，减少纠纷	197	49	40	37	24	19	28
b. 采用多种方式合作放牧，扩大放牧的草地面积	157	35	33	39	23	7	20
c. 鼓励牧民通过草地流转将草地集中到专业牧户经营	138	26	30	31	19	19	13
d. 拆除草地围栏，恢复轮牧和游牧传统	98	33	17	16	6	13	13
e. 重新调整承包的草地	82	12	20	28	11	10	1

续表

	全国	内蒙古	青海	新疆	西藏	四川	甘肃
f. 其他(请注明)_____	22	9	3	5	2	2	1
C. 政策很好,不需改革	84	26	10	36	0	5	7
33. 您认为实施草地家庭承包后,应该如何解决草地退化问题?(可多选,最多选4项)							
A. 废除草地家庭分户经营,仍由集体统一经营	76	14	14	14	9	24	1
B. 废除草地围栏分割,恢复传统游牧方式	115	32	16	19	9	19	20
C. 鼓励牧民主动参与草地生态治理和恢复	352	84	71	87	42	30	38
D. 采用强有力的监管措施落实目前的草地生态保护政策和制度	264	52	47	72	28	30	35
E. 采用多种方式实现草地的规模经营和轮牧	230	64	50	48	20	14	34
F. 其他(请注明)_____	36	14	4	9	1	6	2

参考文献

一 中文著作

［美］泰坦伯格:《环境与自然资源经济学》,严旭阳等译,经济科学出版社2003年版。

［英］戴维·M.沃克:《牛津法律大辞典》,法律出版社2003年版。

［美］埃莉诺·奥斯特罗姆等:《公共事物的治理之道:集体行动制度的演进》,上海译文出版社2000年版。

暴庆五、王关区:《草原生态经济协调持续发展》,内蒙古人民出版社1997年版。

卞耀武主编:《中华人民共和国草原法释义》,法律出版社2004年版。

蔡守秋:《基于生态文明的法理学》,中国法制出版社2014年版。

蔡守秋:《生态文明建设的法律和制度》,中国法制出版社2017年版。

陈洁等:《中国草原生态治理》,上海远东出版社2009年版。

陈祥军:《回归荒野准噶尔盆地野马的生态人类学研究》,知识产权出版社2014年版。

陈小君:《农村土地法律制度的现实考察与研究》,法律出版社2010年版。

陈小君:《我国农村集体经济有效实现的法律制度研究:理论奠基与制

度构建》，法律出版社 2016 年版。

陈小君等：《农村土地法律制度研究——田野调查解读》，中国政法大学出版社 2004 年版。

陈小君等：《农村土地立法问题研究》，经济科学出版社 2012 年版。

董景山：《农村集体土地所有权行使模式研究》，法律出版社 2012 年版。

范远红：《西藏草场产权制度变迁研究》，重庆四川大学出版社 2009 年版。

范长风：《自然之道文化眼里的青藏牧民及其自然资源管理》，中国发展出版社 2017 年版。

盖志毅：《制度视域下的草原生态环境保护》，辽宁民族出版社 2008 年版。

高海：《土地承包经营权入股合作社法律制度研究》，法律出版社 2014 年版。

高圣平等：《〈中华人民共和国农村土地承包法〉条文理解与适用》，人民法院出版社 2019 年版。

郭兆晖：《中国生态文明体制改革 40 年》，河北人民出版社 2019 年版。

国家民族事务委员会研究室编著：《新中国民族工作十讲》，民族出版社 2006 年版。

韩俊等编：《中国草原生态问题调查》，上海远东出版社 2011 年版。

胡康生主编：《中华人民共和国农村土地承包法释义》，法律出版社 2002 年版。

黄薇主编：《中华人民共和国民法典总则编解读》，中国法制出版社 2020 年版。

贾慎修：《草地学》，中国农业出版社 1995 年版。

江山：《制度文明》，中国政法大学出版社 2005 年版。

姜春云主编：《拯救地球生物圈 论人类文明转型》，新华出版社 2012 年版。

姜明安：《行政法》，北京大学出版社 2017 年版。

黎克明主编：《生态学哲学》，云南人民出版社 1991 年版。

李建东、方精云主编：《中国草原的生态功能研究》，科学出版社 2017 年版。

李文军、张倩：《解读草原困境——对于干旱半干旱草原利用和管理若干问题的认识》，经济科学出版社 2009 年版。

李元主编：《中国土地资源》，中国大地出版社 2000 年版。

廉高波：《当代中国农村经济组织体系研究》，西北大学出版社 2008 年版。

刘湘溶：《生态文明论》，湖南教育出版社 1999 年版。

刘晓莉：《中国草原保护法律制度研究》，人民出版社 2015 年版。

刘云生：《农村土地股权制改革：现实表达与法律应对》，中国法制出版社 2016 年版。

刘钟龄：《中国草地资源现状与区域分析》，科学出版社 2017 年版。

卢风等：《生态文明》，中国科学技术出版社 2019 年版。

罗康隆、吴合显：《草原游牧的生态文化研究》，中国社会科学出版社 2017 年版。

马克思恩格斯：《马克思恩格斯选集》第 1 卷，人民出版社 1995 年版。

孟和乌力吉：《沙地环境与游牧生态知识——人文视域中的内蒙古沙地环境问题》，知识产权出版社 2013 年版。

内蒙古自治区畜牧业厅修志编史委员会编：《内蒙古畜牧业发展史》，内蒙古人民出版社 2000 年版。

内蒙古自治区档案馆：《内蒙古自治区畜牧业政策资料摘编 1947—1983》，内部资料 1983 年。

农业部农村经济体制与经营管理司、农业部农村合作经济经营管理总站：《中国农村经营管理统计年报（2017）》，中国农业出版社 2018 年版。

农业农村部农村合作经济指导司、农业农村部政策与改革司编：《中国农村经营管理统计年报（2018 年）》，中国农业出版社 2019 年版。

潘家华：《生态文明建设的理论构建与实践探索》，中国社会科学出版社 2019 年版。

彭涛：《管制性征收研究：以土地利用管制为中心》，商务印书馆 2019 年版。

全国人大法工委国家法室编著：《中华人民共和国立法法解读》，中国法制出版社 2015 年版。

全国人大环境保护委员会办公室编：《国际环境与资源保护条约汇编》，中国环境科学出版社 1993 年版。

仁钦：《内蒙古牧区工作成就启示研究（1947—1966）》，中国社会科学出版社 2019 年版。

施志源：《生态文明背景下的自然资源国家所有权研究》，法律出版社 2015 年版。

史玉成、郭武：《环境法的理念更新与制度重构》，高等教育出版社 2010 年版。

苏大学：《中国草地资源调查与地图编制》，中国农业大学出版社 2013 年版。

孙宪忠、朱广新主编：《民法典评注·物权编》，中国法制出版社 2020 年版。

唐宗焜编：《合作社真谛》，知识产权出版社 2012 年版。

陶蕾：《论生态制度文明建设的路径——以近 40 年中国环境法治发展的回顾与反思为基点》，南京大学出版社 2014 年版。

王金堂：《土地承包经营权制度的困局与解破》，法律出版社 2013 年版。

王利明：《民法总则研究》，中国人民大学出版社 2018 年版。

王利明：《物权法研究》（上），中国人民大学出版社 2016 年版。

王锡波主编：《新疆草原畜牧业转型研究》，中国农业出版社 2016 年版。

王晓毅、张倩、荀丽丽编著：《非平衡、共有和地方性草原管理的新思考》，中国社会科学出版社 2010 年版。

王晓毅：《环境压力下的草原社区——内蒙古六个嘎查村的调查》，社会科学文献出版社 2009 年版。

王玉梅：《从农民到股民：农村社区股份合作社基本法律问题研究》，中国政法大学出版社 2015 年版。

王泽鉴：《民法总则》，中国政法大学出版社 2001 年版。

王正平：《环境哲学——环境伦理的跨学科研究》，上海人民出版社 2004 年版。

乌兰夫革命史料编研室：《乌兰夫论牧区工作》，内蒙古人民出版社 1990 年版。

乌尼尔：《与草原共存哈日干图草原的生态人类学研究》，知识产权出版社 2014 年版。

乌日陶克套胡：《内蒙古自治区牧区经济发展史研究》，人民出版社 2018 年版。

吴传钧、郭焕成：《中国土地利用》，科学出版社 1994 年版。

《习近平关于社会主义生态文明建设论述摘编》，中央文献出版社 2017 年版。

夏征农主编：《辞海》，上海辞书出版社 2009 年版。

邢莉、邢旗：《内蒙古区域游牧文化的变迁》，中国社会科学出版社

2013 年版。

邢莉：《草原牧俗》，山东教育出版社 2017 年版。

徐勇主编：《土地股份合作与集体经济有效实现形式》，中国社会科学出版社 2015 年版。

严耕、杨志华：《生态文明的理论与系统建构》，中央编译出版社 2009 年版。

张立中主编：《中国草原畜牧业发展模式研究》，中国农业出版社 2004 年版。

张荣顺：《中华人民共和国民法总则解读》，中国法制出版社 2017 年版。

张文显主编：《法理学》（第 5 版），高等教育出版社 2018 年版。

张悦：《中国农村土地制度变迁基于意识形态的视角》，经济管理出版社 2011 年版。

赵凤鸣：《草原生态文明之星兼论内蒙古生态文明发展战略》，中国财政经济出版社 2016 年版。

中共内蒙古自治区委员会党史研究室编：《中国共产党与少数民族地区的民主改革和社会主义改造》（上册），中共党史出版社 2001 年版。

中共内蒙古自治区委员会党史研究室编：《中国共产党与少数民族地区的民主改革和社会主义改造》（下册），中共党史出版社 2001 年版。

中共中央统战部编：《民族问题文献汇编 1921.7—1949.9》，中共中央党校出版社 1991 年版。

中共中央文献研究室：《建国以来毛泽东文稿》（第 5 册），中央文献出版社 1991 年版。

中共中央文献研究室：《十八大以来重要文献选编》，中央文献出版社 2016 年版。

中国社会科学院农村发展研究所农业资源与农村环境保护创新团队：

《内蒙古草原可持续发展与生态文明制度建设研究》，中国社会科学出版社 2015 年版。

中华人民共和国国家统计局编：《中国统计年鉴 2011》，中国统计出版社 2011 年版。

中华人民共和国国土资源部、国务院第二次全国土地调查领导小组办公室编著：《中国土地资源与利用》，地质出版社 2017 年版。

二　中文期刊

阿不满：《甘南牧区草原承包到户后的现状调查》，《草业科学》2012 年第 12 期。

敖登托娅、乌斯：《内蒙古草原所有制和生态环境建设问题》，《内蒙古社会科学》（汉文版）2004 年第 6 期。

敖仁其、达林太：《草原牧区可持续发展问题研究》，《内蒙古财经学院学报》2005 年第 2 期。

敖仁其、邢丽萍：《试论草地经营的股份化》，《内蒙古财经学院学报》1998 年第 1 期。

敖仁其：《草牧场产权制度中存在的问题及其对策》，《北方经济》2006 年第 4 期。

敖仁其：《草原放牧制度的传承与创新》，《内蒙古财经学院学报》2003 年第 3 期。

敖仁其：《合作利用牧场制度的理论思考与案例分享》，《原生态民族文化学刊》2011 年第 3 期。

敖仁其：《牧区新型合作经济组织初探》，《内蒙古财经学院学报》2011 年第 2 期。

包文忠等：《我国北方草地资源面临的生态危机及对策》，《中国草地》1998 年第 2 期。

曹建军等：《玛曲草地联户经营 SWOT 分析及其发展对策建议》，《草业科学》2009 年第 10 期。

曹晔：《中国草地制度改革的实践与理论思考》，《民族经济与社会发展》1996 年第 5 期。

常丽霞、沈海涛：《草地生态补偿政策与机制研究——基于黄河首曲玛曲县的调查与分析》，《农村经济》2014 年第 3 期。

陈秋红：《社区主导型草地共管模式：成效与机制——基于社会资本视角的分析》，《中国农村经济》2011 年第 5 期。

陈寿朋、杨立新：《生态文明建设的结构形态与路径选择》，《职大学报》（自然科学版）2006 年第 4 期。

陈小君、肖楚钢：《农村土地经营权的法律性质及其客体之辨——兼评〈民法典〉物权编的土地经营权规则》，《中州学刊》2020 年第 12 期。

陈徐奉：《草原承包经营权与环境保护法律问题研究》，《西南民族大学学报》（人文社科版）2009 年第 3 期。

达林太、娜仁高娃：《对内蒙古草原畜牧业过牧理论和制度的反思》，《北方经济》2010 年第 11 期。

达林太、郑易生：《真过牧与假过牧——内蒙古草地过牧问题分析》，《中国农村经济》2012 年第 5 期。

达林太等：《规模化还是组织化：内蒙古牧区发展主要困境》，《北方经济》2016 年第 6 期。

代琴、杨红：《草原承包经营制度功能间的矛盾与草原"三权分置"的法权构造》，《中国农村观察》2019 年第 1 期。

代琴：《草原承包制度的困境及改革路径》，《社科纵横》2013 年第 2 期。

单平基：《分解、舍弃抑或改造：〈民法典〉编纂中土地承包经营权的定位》，《南京农业大学学报》（社会科学版）2020 年第 3 期。

丁关良：《农村社区集体主体问题研究——以农民集体土地所有权为例剖析》，《南京农业大学学报》（社会科学版）2008 年第 4 期。

丁开杰、刘英、王勇兵：《生态文明建设：伦理、经济与治理》，《马克思主义与现实》2006 年第 4 期。

恩和：《草原荒漠化的历史反思：发展的文化维度》，《内蒙古大学学报》（人文社会科学版）2003 年第 3 期。

恩和：《内蒙古牧区过度放牧发生原因及生态危机研究》，《内蒙古财经学院学报》2009 年第 1 期。

樊江文等：《50 年来我国草地开垦状况及其生态影响》，《中国草地》2002 年第 5 期。

高飞：《〈民法典〉集体所有权立法的成功与不足》，《河北法学》2021 年第 4 期。

高飞：《农村土地"三权分置"的法理阐释与制度意蕴》，《法学研究》2016 年第 3 期。

高圣平：《论承包地流转的法律表达——以我国〈农村土地承包法〉的修改为中心》，《政治与法律》2018 年第 8 期。

高圣平：《农地三权分置视野下土地承包权的重构》，《法学家》2017 年第 5 期。

高圣平：《土地经营权登记规则研究》，《比较法研究》2021 年第 4 期。

巩芳等：《内蒙古草原生态补偿标准的实证研究》，《干旱区资源与环境》2011 年第 12 期。

郭洁：《论农村集体经济组织的营利法人地位及立法路径》，《当代法学》2019 年第 5 期。

韩松：《论成集体与集体成员——集体所有权的主体》，《法学》2005 年第 8 期。

韩松：《论农民集体成员对集体土地资产的股份权》，《法商研究》2014年第 2 期。

韩松：《论农民集体所有权的成员集体所有与集体经济组织行使》，《法商研究》2021年第 5 期。

韩松：《农民集体所有权主体的明确性探析》，《政法论坛》2011年第 1 期。

侯向阳等：《中国草原适应性管理研究现状与展望》，《草业学报》2011年第 2 期。

胡敬萍：《在希望的草原上——内蒙古自治区牧区的变迁与发展》，《中国民族》2007年第 8 期。

黄富祥、高琼、赵世勇：《生态学视角下的草地载畜量概念》，《草业学报》2000年第 3 期。

黄锴《地方立法"不重复上位法"原则及其限度——以浙江省设区的市市容环卫立法为例》，《浙江社会科学》2017年第 12 期。

金彤、刘永功、朱映安：《共管机制下草地资源管理的行为主体分析》，《安徽农业科学》2011年第 19 期。

金伟峰、张效羽：《论国务院规范性文件与省级地方性法规冲突的处理》，《法治论丛》（上海政法学院学报）2008年第 6 期。

李国强：《〈民法典〉中两种"土地经营权"的体系构造》，《浙江工商大学学报》2020年第 5 期。

李鹤：《我国荒漠化土地和沙化土地面积连续10年"双缩减"》，《中国林业》2016年第 2 期。

李洪泉等：《草原生态载畜量测算核定方法研究》，《草地学报》2018年第 6 期。

李静、杨哲：《草地承包政策及在藏区实施情况的调查研究——以甘肃玛曲县、西藏当雄县为例》，《西藏大学学报》（社会科学版）2013

年第 1 期。

李静：《我国草原生态补偿制度的问题与对策——以甘肃省为例》，《草业科学》2015 年第 6 期。

李龙、李慧敏：《政策与法律的互补谐变关系探析》，《理论与改革》2017 年第 1 期。

李勤奋等：《划区轮牧制度在草地资源可持续利用中的作用研究》，《农业工程学报》2003 年第 3 期。

李青丰：《草畜平衡管理：理想与现实的冲突》，《内蒙古草业》2005 年第 2 期。

李绍东：《论生态意识和生态文明》，《西南民族学院学报》（哲学社会科学版）1990 年第 2 期。

李向林：《草原管理的生态学理论与概念模式进展》，《中国农业科学》2018 年第 1 期。

李毓堂：《中国草原政策的变迁》，《草业科学》2008 年第 6 期。

李元书、何影：《论制度文明的中介地位和功能》，《理论探讨》2006 年第 4 期。

李媛媛、盖志毅、马军：《内蒙古牧区政策的变迁与农牧业发展研究》，《农业现代化研究》2010 年第 1 期。

刘海霞：《不能将生态文明等同于后工业文明——兼与王孔雀教授商榷》，《生态经济》2011 年第 2 期。

刘加文：《大力开展草原生态修复》，《草地学报》2018 年第 5 期。

刘加文：《加快推进草原承包确权登记颁证工作》，《中国畜牧兽医报》2013 年 9 月 1 日第 5 版。

刘利珍：《草原承包经营权探析》，《广播电视大学学报》（哲学社会科学版）2015 年第 2 期。

刘思华：《对建设社会主义生态文明论的若干回忆》，《中国地质大学学报》（社会科学版）2008 年第 4 期。

刘学敏：《西北地区生态移民的效果与问题探讨》，《中国农村经济》2002 年第 4 期。

龙瑞军、董世魁、胡自治：《西部草地退化的原因分析与生态恢复措施探讨》，《草原与草坪》2005 年第 6 期。

鲁春霞等：《中国草地资源利用：生产功能与生态功能的冲突与协调》，《自然资源学报》2009 年第 10 期。

陆剑：《我国农村集体统层法律制度缺失及其完善——基于湖北省"一镇三村"的实证研究》，《南京农业大学学报》（社会科学版）2015 年第 1 期。

陆元彪、倪青耀、武晓雄：《海北藏族自治州草原鼠虫害调查报告》，《四川草原》1997 年第 1 期。

马范、邹继范：《甘肃省天然草场的退化及对策（上）》，《甘肃省科技情报》1985 年第 2 期。

马俊驹：《中国城市化与农村土地财产权结构的变革》，《私法研究》2014 年第 1 卷。

孟慧君、富志宏：《牧区新型合作经济：类型·问题·成因·对策》，《内蒙古大学学报》（哲学社会科学版）2010 年第 5 期。

农业部：《2016 年全国草原监测报告》，《中国畜牧业》2017 年第 8 期。

潘建伟、张立中、辛国昌：《草原生态补助奖励政策效益评估——基于内蒙古呼伦贝尔新巴尔虎右旗的调查》，《农业经济问题》2020 年第 9 期。

裴成芳、卓玉璞、王庆华：《天祝县草原有偿承包工作的几点思考》，《草业科学》2001 年第 1 期。

钱贵霞、张娜、钱福檬：《不同目标导向的草原畜牧业适度经营规模研究——基于内蒙古四种草原类型牧户数据》，《农业经济与管理》

2019 年第 2 期。

乔松等:《牲畜归户、草场承包是草原畜牧业经营管理的新形式——牧区调查报告》,《理论研究》1984 年第 16 期。

青海少数民族社会历史调查组:《民主改革前青海藏族牧区社会性质的几个问题》,《民族研究》1960 年第 2 期。

任保秋:《我国农村土地经营方式创新的现实选择》,《理论导刊》2006 年第 12 期。

任继周、侯扶江、胥刚:《放牧管理的现代化转型——我国亟待补上的一课》,《草业科学》2011 年第 10 期。

任继周、牟新待:《试论划区轮牧》,《中国农业科学》1964 年第 1 期。

任健、墨继光、张树斌:《草地共管在滇西北退化草地治理中的实践》,《云南农业大学学报》(社会科学版) 2010 年第 4 期。

申曙光:《生态文明及其理论与现实基础》,《北京大学学报》(哲学社会科学版) 1994 年版。

石长辉、邢旗、刘志遥:《划区轮牧的设计方法》,《内蒙古草业》2005 年第 2 期。

宋志红:《论农民集体与农村集体经济组织的关系》,《中国法学》2021 年第 3 期。

孙述洲:《地方立法重复的反思——以 4 省市人大消费者权益保护立法为例》,《人大研究》2016 年第 3 期。

孙雪、刘晓莉:《我国草原生态补偿法制建设的时代意义》,《贵州民族研究》2019 年第 11 期。

特力更、敖仁其:《游牧文明与草原畜牧业》,《前沿》2002 年第 12 期。

吐娜:《民主改革时期党在新疆蒙古族牧区的工作》,《新疆社会经济》2000 年第 1 期。

汪全胜、张鹏：《法律文本中授权立法条款的设置论析》，《云南师范大学学报》（哲学社会科学版）2012 年第 2 期。

汪信砚：《生态文明建设的价值论审思》，《武汉大学学报》（哲学社会科学版）2020 年第 3 期。

王关区：《我国草原退化加剧的深层次原因探析》，《内蒙古社会科学》（汉文版）2006 年第 4 期。

王洪平：《发包方土地经营权流转合同终止权研究》，《法学论坛》2019 年第 5 期。

王俊敏：《一种新型社区——牧区社区》，《内蒙古大学学报》1993 年第 2 期。

王俊霞：《草原承包经营权生态化研究》，《内蒙古社会科学》2010 年第 3 期。

王克稳：《论中央与地方立法机关立法事项的划分》，《行政法学研究》2022 年第 3 期。

王曙光、王丹莉：《减贫与生态保护：双重目标兼容及其长效机制——基于藏北草原生态补偿的实地考察》，《农村经济》2015 年第 5 期。

王小鹏等：《基于不同生态功能区农牧户认知的草地生态补偿依据研究》，《中国草地学报》2012 年第 3 期。

王晓毅：《从承包到"再集中"——中国北方草原环境保护政策分析》，《中国农村观察》2009 年第 3 期。

王晓毅：《互动中的社区管理——克什克腾旗皮房村民组民主协商草场管理的研究》，《开放时代》2009 年第 4 期。

王续琨：《从生态文明研究到生态文明学》，《河南大学学报》（社会科学版）2008 年第 6 期。

王义贵、王维家：《关于林权证草原证"一地两证"问题的思考——以青海省为例》，《华东森林经理》2019 年第 3 期。

王勇：《"栏内青草栏外沙"——草场承包加剧了草原生态退化?》，《绿叶》2013年第8期。

王雨辰：《论生态文明的本质与价值归宿》，《东岳论丛》2020年第8期。

邬建国：《生态学范式变迁综论》，《生态学报》1996年第5期。

肖金明：《为全面法治重构政策与法律关系》，《中国行政管理》2013年第5期。

熊小刚、韩兴国、周才平：《平衡与非平衡生态学下的放牧系统管理》，《草业学报》2005年第6期。

徐斌：《"三牧问题"的出路：私人承包与规模经营》，《江西农业大学学报》（社会科学版）2009年第8期。

徐强胜：《企业形态法定主义研究》，《法制与社会发展》2010年第1期。

许志信、赵萌莉、韩国栋：《内蒙古的生态环境退化及其防治对策》，《中国草地》2000年第5期。

鄢姣：《中国农业适度规模经营研究：一个文献综述》，《农业经济与管理》2021年第1期。

阎竣、陈传波：《推进承包地经营权融资担保的困境与对策——基于承包方、受让方、银行与担保机构的多相关利益主体调研》，《农业经济问题》2020年第12期。

杨理、侯向阳：《草畜平衡管理与草地资源可持续利用》，《中国农业经济评论》2005年第3期。

杨理：《草原治理：如何进一步完善草原家庭承包制》，《中国农村经济》2007年第12期。

杨理：《基于市场经济的草权制度改革研究》，《农业经济问题》2011年第10期。

杨理：《完善草地资源管理制度探析》，《内蒙古大学学报》（哲学社会科学版）2008年第6期。

杨理：《中国草原治理的困境：从"公地的悲剧"到"围栏的陷阱"》，《中国软科学》2010年第1期。

杨汝荣：《我国西部草地退化原因及可持续发展分析》，《草业科学》2002年第1期。

杨一介：《我们需要什么样的农村集体经济组织》，《中国农村观察》2015年第5期。

姚兆麟：《论民主改革前藏族牧区的牧主式经营》，《中国藏学》1990年第4期。

叶晗等：《我国牧区草原生态补偿机制构建研究》，《中国农业资源与区划》2020年第12期。

岳伟、鲍宗豪：《改革开放40年我国物质文明与精神文明关系的实践及理论探索》，《学术论坛》2018年第5期。

泽柏等：《草地共管在红原的实践》，《草业与畜牧》2007年第2期。

张保红：《农村集体经济组织立法四论》，《晋阳学刊》2020年第3期。

张华、安慧敏：《基于GEE的1987—2019年民勤绿洲NDVI变化特征及趋势分析》，《中国沙漠》2021年第1期。

张兰兰：《农村集体经济组织形式的立法选择——从〈民法总则〉第99条展开》，《中国农村观察》2019年第3期。

张蕾：《改革开放初期内蒙古牧区经济体制改革与畜牧业发展研究》，《农业考古》2014年第1期。

张立中：《草原畜牧业适度规模经营问题研究》，《经济问题探索》2011年第12期。

张美艳、张立中、单永娟：《半农半牧区联户承包下草原治理与利用研究——以河北省丰宁县为例》，《北方经济》2016年第3期。

张美艳、张立中:《农牧交错带草原确权承包问题探析——以河北省丰宁县为例》,《农村经济》2016 年第 1 期。

张倩、李文军:《分布型过牧:一个被忽视的内蒙古草原退化的原因》,《干旱区资源与环境》2008 年第 12 期。

张首先:《生态文明:内涵、结构及基本特性》,《山西师大学报》(社会科学版) 2010 年第 1 期。

张雯:《剧变的草原与牧民的栖居——一项来自内蒙古的环境人类学研究》,《开放时代》2010 年第 11 期。

张雯:《内蒙古的草原生态与社会变迁——既有的研究发现》,《中国研究》2009 年第 1 期。

张翔:《财产权的社会义务》,《中国社会科学》2012 年第 9 期刊。

张英杰:《我国北方半干旱草原沙漠化防治中压力转移模式的检讨——以内蒙古巴林右旗为例》,《水土保持研究》2002 年第 4 期。

张云飞:《试论生态文明的历史方位》,《教学与研究》2009 年第 8 期。

张云飞:《习近平生态文明思想的标志性成果》,《湖湘论坛》2019 年第 4 期。

之明:《论青海藏族牧区封建制度的基础与特点——民主改革前青海藏族牧区社会性质探讨之二》,《中国民族》1963 年第 1 期。

周道玮等:《草地划区轮牧饲养原则及设计》,《草业学报》2015 年年第 2 期。

周娟:《土地流转背景下农业社会化服务体系的重构与小农的困境》,《南京农业大学学报》(社会科学版) 2017 年第 6 期。

周丽等:《退化高寒草甸植被与土壤特征》,《草业科学》2016 年第 11 期。

周生贤:《中国特色生态文明建设的理论创新和实践》,《求是》2012 年第 19 期。

朱广新：《土地承包权与经营权分离的政策意蕴与法制完善》，《法学》2015年第11期。

朱俊凤：《中国的沙漠化发展趋势与防治对策》，《中国林业》2002年第13期。

朱晓阳：《语言混乱与草原"共有地"》，《西北民族研究》2007年第1期。

祝之舟：《论农村集体土地统一经营的制度实践与立法完善》，《南京农业大学学报》（社会科学版）2012年第4期。

左停、苟天来：《自然保护区合作管理（共管）理论研究综述》，《绿色中国》2005年第4期。

三 学位论文

谭贵华：《农村双层经营体制法律制度完善研究》，博士学位论文，西南政法大学，2008年。

库金娜·安娜：《俄中土地法律制度比较研究》，博士学位论文，中国政法大学，2012年。

刘宇晨：《草原生态补偿标准设定、优化及保障机制研究》，博士学位论文，内蒙古农业大学，2018年。

四 外文文献

Acheson, J. M., "Institutional Failure in Resource Management". *Annual Review of Anthropology*, 35（1），2006.

Dunlop, Sarah & D. M. Williams, "Beyond Great Walls: Environment, Identity, and Development on the Chinese Grasslands of Inner Mongolia". *The China Journal* 52, 2004.

Fetscher, I. "Conditions for the Survival of Humanity: On the Dialectics of

Progress", *Universitas*, 20 (1), 1978.

Hardin, G., "The Tragedy of the Commons", *Science*, Vol. 162, No. 3859, 1968.

Hardin, G., "The Tragedy of the Unmanaged Commons". *Trends in ecology & evolution*, 9 (5), 1994.

Humphrey C, Sneath D., *The End of Nomadism: Society, State and the Environment in Inner Asia*. Durham: Duke University Press, 1999.

Lloyd, W. F., "Two Lectures on the Checks to Population", *Population and Development Review*, Vol. 6, No. 3, Sep., 1980.

Longworth, J. W., "Wool Industry in China: some Chinese Perspectives", *The China Journal*, Volume 28, 1990.

Paulson, D. D., *Collaborative Management of Public Rangeland in Wyoming: Lessons in Co - management*. The Professional Geographer, 50 (3), 1998.